CROC ATTACK

Assaf Gavron

CROC ATTACK

Roman

TRADUIT DE L'HÉBREU
PAR SYLVIE COHEN & MARTA TEITELBAUM

Rivages

Retrouvez l'ensemble des parutions
des Éditions Payot & Rivages sur

www.payot-rivages.fr

Ce livre est édité sous la direction de Christel Paris

Titre original : *Ein schönes Attentat*

Originally published in Israel in 2006 by Kinneret-Zmora-Bitan
sous le titre : תנין פיגוע (Tanin Pigu'a)

ISBN : 978-2-7436-2265-7

À MES PARENTS

Passant par là, je me suis arrêté devant la stèle
La route goudronnée, les rochers, les collines,
À la tombée du soir, quand souffle la brise marine
Que brille la première étoile au-dessus de Beit Mahsir

Bab al-Oued,
Souviens-toi de nos noms pour l'éternité
Les convois forçant le passage vers la ville !
Les bas-côtés jonchés de morts
Les carcasses d'acier muettes comme mon compagnon, mon frère.

Bab al-Oued, Haïm Gouri, 1949

1

COMME CHAQUE MATIN, j'avais sauté dans le 9 *bis* pour aller au travail. Il s'agit d'un taxi collectif de la taille d'un minibus effectuant le trajet de la ligne numéro 9. En fait, c'est un hybride, un croisement entre un autobus et un taxi. Il a les avantages de l'un et de l'autre : il suit un itinéraire immuable, il n'est pas plus cher que le bus, et puis on peut monter et descendre quand on veut.

Depuis le début de la vague d'attentats, j'empruntais systématiquement le 9 *bis* pour effectuer l'aller-retour entre mon bureau et mon domicile. Et même si le 9 arrivait avant le minibus, je préférais m'abstenir. L'autobus est une cible facile pour un terroriste. Surtout le 9, toujours bondé et qui, en plus, a déjà explosé dans un attentat. Je n'étais pas totalement convaincu, mais j'avais juré à Douchi de ne pas déroger à mes habitudes. Je croyais que le 9 *bis* serait épargné. Primo, il ne transporte que dix passagers au maximum, onze avec le chauffeur. Deuzio, vu qu'il n'y a qu'une porte à l'avant, le conducteur peut surveiller qui embarque.

Ce jour-là, je l'avais pris à l'endroit habituel. Il était environ neuf heures, en ce matin d'hiver. Un pâle soleil brillait dans le ciel limpide, et des feuilles mouillées jonchaient le boulevard.

À la hauteur de la rue Dizengoff, une vieille dame m'a apostrophé :

« Il ne vous paraît pas louche, celui-là ? » a-t-elle lancé en lorgnant un type brun coiffé d'un bonnet de laine grise, une housse à vêtements à la main, quelques rangées devant nous.

Je l'ai observé en douce. La ceinture d'explosifs était à la mode. C'était assez mince pour être attaché autour du corps, alors qui sait s'il n'en transportait pas dans sa housse ?

« N'exagérons pas, il n'a pas l'air dangereux, je trouve. Vous vous inquiétez pour rien. »

Elle m'a jeté un regard aigre et s'est tournée vers un jeune homme assis au fond à côté de nous. Elle lui a murmuré quelque chose à l'oreille. Il a regardé en direction du suspect et a fait non de la tête avec un geste vague de la main. Encore une parano, ai-je pensé. Ils l'étaient tous, dans ce pays. On ne pouvait plus monter dans un bus si on avait la peau mate ou quoi ?

Quelqu'un via le central radio constatait que c'était le calme plat ce matin-là, on se serait cru dans un cimetière. Au bulletin d'informations, on a parlé d'un attentat à Wadi Ara. Les passagers écoutaient en silence. A suivi une chanson, je ne me rappelle plus laquelle.

La vieille est descendue rue Jabotinsky. Elle se méfiait. En sortant, elle a dévisagé le brun à la housse et au bonnet de laine. Il lui a rendu son regard. Sur le moment, je n'ai pas pensé que cet échange avait une quelconque signification. L'idée qu'elle avait raison, que je devrais l'imiter m'a traversé l'esprit, mais je l'ai vite chassée. Ma sécurité n'était pas vraiment au centre de mes préoccupations. Je serais descendu si j'avais eu du temps à perdre, mais ce n'était pas le cas. Comme tout le monde, non ?

« Les gens sont nerveux », a remarqué le garçon à côté de moi. Il portait une barbiche et de grosses lunettes d'aviateur aux verres miroirs. Ses cheveux couleur de miel étaient plaqués en arrière avec une tonne de gel. Le genre cool, du moins le croyait-il. Il avait un beau sourire. Il s'appelait Guiora. Je le sais maintenant. Guiora Guetta, habitant à Jérusalem. J'ai appris un tas de choses depuis.

« Tout le monde verse dans la paranoïa, c'est dingue, ai-je renchéri.

– Il est réglo, à votre avis ? » a-t-il ajouté quelques minutes plus tard.

J'ai zieuté l'individu en question, je n'étais pas sûr. Impossible de rien affirmer avec certitude.

« Oui, je pense. »

Guiora et moi avons regardé par la fenêtre, chacun de son côté. J'ai remarqué l'affiche d'un film *Monstres & Cie*, et une camionnette de la laiterie Gad. Un maçon est monté en tempêtant. Il était père de deux petites filles, ai-je découvert plus tard sur Internet. « Pourquoi les deux autres ne se sont pas arrêtés ? Le temps c'est de l'argent. » « Comme vous dites », a approuvé quelqu'un.

Le temps, c'est mon boulot, et ce que j'apprécie dans la ligne 9 *bis*, c'est la ponctualité. Le règlement de la course, par exemple, s'effectue lorsque le véhicule est en marche, contrairement à l'autobus, qui redémarre après que tous les voyageurs ont payé. Vous remettez l'argent au passager assis devant vous, qui le transmet à son tour, et ainsi de suite jusqu'au chauffeur, et la monnaie vous revient par le même chemin en sens inverse. Les pièces passent de main en main, un peu comme le sang circulant dans les veines. Et il faut voir aussi le chauffeur faire de la monnaie avec ses collègues : ils se concertent par radio, préparent l'argent, ils ouvrent la vitre et, au moment de se croiser, ils s'arrêtent deux secondes pour procéder à l'échange. Et quelles ruses ils déploient : ils multiplient les acrobaties pour doubler les voitures, dépasser les bus (les « jumbos », comme ils les appellent à la radio), ils grattent quelques précieuses secondes aux feux rouges, évitent les grands axes par les rues transversales pour contourner les bouchons, ils improvisent… Ils ont un de ces culots. Ça vaut le coup d'œil !

Quelqu'un m'a touché l'épaule. J'ai sursauté. C'était Guiora Guetta, un Palm Pilot au creux de la main. Quel frimeur, celui-là, j'en ai un moi aussi. Oui, enfin, j'en avais un. Il ne marchait plus depuis deux mois.

« Écoutez, s'il m'arrivait malheur, j'aimerais que vous disiez à ma petite amie à Jérusalem, Shouli, que… »

Il cherchait ses mots.

J'ai ricané. S'il lui arrivait malheur ? De quoi parlait-il ? Il s'y mettait lui aussi ? La vieille, d'accord, elle était sûrement dérangée depuis la Shoah, mais lui ?

« Si cette hypothèse très improbable se vérifiait, je ne serais plus là pour le communiquer, votre message. Ne vous inquiétez pas, il ne va rien se passer.

– Oui, mais au cas où… si vous voulez, moi aussi je peux transmettre quelque chose à quelqu'un… si je… vous savez…

– Non ! »

Et si je laissais quand même un message ? me suis-je dit après réflexion. Un testament peut-être ? Il serait temps d'y songer, pas vrai ? Qui sait ? En tout cas, si je devais adresser un message à quelqu'un, ce serait à Douchi. Malgré tout.

Bon sang ! Qu'est-ce qui me prenait de penser à mon testament dans le bus en partant travailler ? Un garde de la reine d'Angleterre vêtu de rouge se découpait à l'arrière de l'autobus qui nous précédait : *Vous partez à l'étranger ?*

N'oubliez pas votre portable, proclamait-il. À la radio, on interviewait le conducteur du véhicule qui roulait derrière le bus détruit à Wadi Ara. « Je suis optimiste, optimiste, optimiste, optimiste », répétait Rafi Reshef. Nous nous trouvions rue Dizengoff, très animée en cette heure matinale. Un téléphone a sonné, une femme a répondu. J'ai tiré mon carnet de ma poche – depuis que mon Palm Pilot était en panne, j'étais revenu au Moyen Âge. *Se renseigner combien coûte maison à louer Nouvelle-Zélande. En parler à Douchi*, ai-je noté.

« Vous habitez à Jérusalem ? ai-je demandé au jeune homme. Moi aussi, avant. »

Il regardait ailleurs, la mine grave. Après coup, j'ai pensé que les gens avaient parfois des prémonitions. Telles les allusions contenues dans les dernières paroles de mon ami Danny Lam avant de mourir, ou la chanson qu'il avait composée le mois précédent. Idem pour les soldats tués à la guerre : au cours de leur ultime conversation téléphonique, semble-t-il, ils font leurs adieux d'une façon particulière, tiennent d'étranges discours, comme s'ils avaient un mauvais pressentiment.

En fait, il n'y a rien de bizarre là-dedans. Tout le monde parle de cette façon. On s'en souvient seulement quand ils ont disparu. Moi aussi, j'ai vu le présage de ma mort – des oiseaux volant dans l'obscurité. Des oiseaux volant dans l'obscurité, voilà qui est curieux ! C'est sûrement un signe, ai-je médité. Et pourtant, je suis toujours en vie. Aujourd'hui encore, même après la ligne 9 *bis*, après Sha'ar HaGai, après Emek Refaim. Après Fahmi.

« N'y pensez plus, mon vieux, c'est idiot », ai-je conseillé à Guiora.

Il a souri. Je me suis levé en le saluant de la main et je suis descendu sans mot dire. Sans un regard à l'individu suspect, le kamikaze potentiel, parce que je ne croyais pas vraiment que c'était un terroriste. Ou par simple politesse, peut-être ?

Je suis arrivé dans le centre commercial de Dizengoff par la porte nº 3. En raison des attentats et des alertes à répétition, on aurait dit un vrai bunker : barrières, gardiens, détecteurs de métaux sonnant systématiquement, sans que les vigiles se fatiguent à en chercher la cause. À quoi ça servait alors ? À m'envoyer des radiations dans les os, sans doute ?

Je ne bénéficiais jamais du même traitement. Un matin, je devais montrer mon portefeuille ou mon téléphone portable, le lendemain, j'avais droit au détecteur de métaux, une autre fois, on ne me demandait rien et on m'arrêtait tout de suite après, comme si j'avais hâté le pas, ou manifesté un soulagement intempestif. Le lendemain d'un attentat meurtrier, on exigeait vos papiers, et un poste de contrôle supplémentaire surgissait à l'entrée des ascenseurs menant aux bureaux, à sept mètres environ de l'entrée principale. Quarante-huit heures plus tard, il avait disparu. Le surlendemain, plus besoin de montrer patte blanche, et rebelote après le prochain attentat.

J'avais décidé de ne pas réagir, ne pas m'énerver. Jamais. Même lorsqu'on me laissait passer pour m'arrêter dans la foulée, ou quand un autre gardien me fouillait quelques mètres après le premier. Je restais impavide, même si je devais enlever mon sac à dos, l'ouvrir, sortir mon portefeuille, en extirper ma carte d'identité, la présenter et m'apercevoir qu'ils ne la regardaient même pas. J'aurais aussi bien pu y coller la photo d'Arafat.

J'avais décidé de ne pas leur mettre des bâtons dans les roues, moins par conviction que par lassitude. À quoi bon résister ? Je pouvais comprendre les gens qui râlent. Mais ça ne les avançait à rien, sinon à perdre davantage de temps. Un peu comme les palabres des joueurs de football avec l'arbitre qui vient de siffler un penalty. A-t-on jamais vu un footballeur fléchir un arbitre ?

Ce jour-là, une unité mobile de don du sang stationnait à l'entrée. C'était important. Il y avait pénurie à cause des attentats. J'étais pressé. J'ai gagné mon bureau. Je n'avais pas entendu l'explosion. Pourtant, une explosion ne passe pas inaperçue. Ça fait un boucan du diable. Les employés qui se trouvaient au rez-de-chaussée ou dans les bureaux, au vingt-troisième étage, tout le monde l'avait entendue. Sauf moi. J'étais dans l'ascenseur.

À dire vrai, la détonation n'avait pas suscité une émotion particulière. Les *boum* étaient monnaie courante en ville : avions, travaux de construction, accidents, collisions... Raison pour laquelle les collègues n'avaient pas cédé à l'affolement. J'ai passé la tête par l'entrebâillement des portes pour dire bonjour, comme tous les matins.

Arrivé dans mon bureau, j'ai salué Ron et Ronen.

« Tu as entendu la déflagration ? m'a demandé Ron.

– Une déflagration ? De quoi tu parles ? »

Il nous a fallu plusieurs minutes pour comprendre qu'un attentat-suicide venait de se produire au centre de Tel-Aviv. Nous nous sommes rués à la cafétéria pour regarder la télévision. Sur l'écran, une petite flamme sur la carte signalait le lieu de l'explosion – à l'extrémité sud de la rue Dizengoff, près du théâtre Habima. Probablement un bus.

Au bureau, tout le monde était scotché devant la télé. Les retardataires auraient un mal fou à arriver, car les rues étaient bloquées. Le site Internet Ynet annonçait dix morts israéliens, plus le kamikaze. Résultat : 10 contre 1. Les Juifs étaient battus à plate couture. Un fiasco total.

J'ai passé mon temps au téléphone pour rassurer les uns et les autres sur mon sort. « Non, ils n'ont pas réussi à m'avoir ! » Et un peu plus tard : « Ici Croc, je suis vivant, si vous voulez le savoir. » J'ai parlé à des gens perdus de vue depuis des années. « Heureusement qu'il y a des attentats de temps en temps, ça nous donne l'occasion de reprendre contact, hein ? »

Le téléphone s'est enfin arrêté de sonner.

Je me suis mis au travail. Je devais appeler l'un de nos clients suisses, Ivan, pour lui demander ce qu'il désirait. J'ai passé plusieurs coups de fil, expédié des e-mails, rédigé quelques documents.

« Le minibus de la ligne 9, c'est celui que tu prends, non ? » a observé Ron à un moment donné.

J'ai levé les yeux de l'écran.

« Quoi ?

– Le minibus de la ligne 9 ?

– Ah oui, le 9 *bis*, comme je l'appelle. Pourquoi ?

– L'attentat ! C'est le minibus qui a explosé, figure-toi !

– Pas possible ! Je l'emprunte tous les jours ! Le terroriste aurait pu monter en même temps que moi, tu te rends compte ? »

Merde, comment vais-je venir au travail maintenant ? ai-je pensé en premier lieu. Ils ne reculent devant rien, les salauds ! Qu'est-ce que je vais faire ? Le taxi ? Acheter une deuxième voiture ? Trop cher…

Je suis retourné sur Ynet. Il n'y avait aucun survivant. Non, ce n'était pas celui que j'avais pris. Allez savoir pourquoi, je me suis dit que l'heure ne correspondait pas, que ce n'était pas la bonne direction. Des dizaines de minibus identiques effectuaient ce trajet à longueur de journée, toutes les neuf minutes, en fait.

Là, je me suis souvenu du type avec la housse à vêtements, et des soupçons de la vieille dame, à qui j'avais conseillé de ne pas s'inquiéter. Sans oublier le jeune homme qui m'avait prié de transmettre un message à sa petite amie. Quelle histoire, il fallait vite que je l'appelle…

Sur ces entrefaites, le téléphone a sonné.

« Ici Croc, je suis vivant, ai-je répondu mécaniquement.

– Ha, ha, ha ! Pourquoi tu dis ça ? a rigolé Jimmy.

– Comme ça.

– Écoute, c'est important, on a une réunion à Bruxelles lundi prochain avec… » Ici, il a mentionné le nom d'une grosse société de télécommunication belge avec un accent français à couper au couteau. « Tu m'accompagnes !

– J'ai le choix ?

– Non. Je vais dire à Gili de nous réserver les vols et l'hôtel. Prépare un topo aux petits oignons. Et n'oublie pas la réunion de demain matin. »

Jimmy m'a raccroché au nez. Il est coutumier du fait. Il ne pouvait se permettre le luxe de perdre du temps à attendre une réponse, m'avait-il expliqué un jour. Au fait, son vrai nom est Rafi. Rafi Rafael, alias Rafraf. Il est officier de réserve de l'armée de l'air, responsable de la gestion du temps. À l'heure actuelle, c'est le patron de Time's Arrow.

J'ai appelé Douchi et lui ai laissé un message : « Salut, au cas où ça t'intéresserait, je ne suis pas mort dans l'attentat. Je pars à Bruxelles la semaine prochaine. Bye. »

À un moment donné, quelqu'un a mentionné une ceinture d'explosifs. Un témoin qui avait voyagé dans le minibus a décrit le bonnet de laine grise et la housse à vêtements du terroriste, précisant qu'il était assis à l'avant du véhicule. J'ai fini par comprendre. Mon cœur a eu des ratés, j'ai oublié de respirer.

Et puis tout est rentré dans l'ordre, comme il se doit quand on est vivant.

Je suis reparti au galop à la cafétéria, à présent déserte. La télévision était toujours allumée. Le correspondant militaire Danny Ronen évoquait la housse à vêtements. Un petit rire nerveux m'a échappé. Je me suis précipité aux toilettes, les mains agrippées au lavabo pour ne pas tomber. J'ai ressenti une vive douleur et une violente nausée. J'ai respiré à fond. Je me suis regardé dans la glace. À qui appartenait cette figure grimaçante ? Je l'ignorais. Pas à moi en tout cas. Tout s'embrouillait dans ma tête. Le sang battait à mes tempes comme un marteau. Il fallait vite que je sorte prendre l'air. Je me suis aspergé le visage d'eau froide.

J'ai pris la direction du lieu de l'attentat. J'ai remonté la rue Dizengoff et, après le cordonnier et la galerie d'art, j'ai tourné à droite et j'ai fait halte en face du musée, un peu avant le théâtre Habima, à côté de la poste.

Plusieurs heures s'étaient écoulées. La circulation était redevenue normale. La rue avait été lavée, les débris du minibus remorqués et les morts évacués – les restes humains, les effets personnels. Il n'y avait plus un seul barrage de police en vue.

Par miracle – c'est ce qu'on dit toujours – ni les passants ni les occupants des véhicules proches n'avaient été blessés. Pas même une égratignure. Un prodige extraordinaire, quoi ! Les seules victimes étaient les onze passagers du minibus. Ah, une voiture qui stationnait non loin de là avait été soufflée par l'explosion. Son propriétaire, un certain Amir, descendu le temps de payer une contravention à la poste, n'avait pas eu droit à un dédommagement, parce qu'il s'était garé sur une place de stationnement interdit.

Le soleil dispensait une clarté glauque. Un bus quinteux crachait une fumée noire, tel un vieillard cacochyme. J'ai observé les flaques sur la chaussée ; on avait lavé la rue à grande eau du sang qui la maculait. Deux heures après, c'était comme si rien ne s'était passé, ou presque. De rares automobilistes ralentissaient et jetaient un œil curieux avant de poursuivre leur chemin. Sur le trottoir, on avait allumé des bougies en mémoire des morts, quelques personnes vociféraient ou pleuraient. Chacun y allait de sa solution : tuer, venger, démolir, évacuer…

J'ai tourné la tête vers le bâtiment voisin. J'ignore pourquoi. Peut-être à cause de l'arbre – planté au milieu de la cour, un vieil olivier semblait déplacé au milieu des palmiers. J'ai pénétré dans le jardinet. L'arbre m'attirait comme un aimant. C'est alors que je l'ai aperçu : le Palm Pilot du jeune homme, celui qui était assis à côté de moi, reposait au creux de la fourche d'une grosse branche, juste au-dessus du tronc.

2

« BONJOUR FAHMI ! »

Si c'est un rêve, il n'en finit pas…

« Comme vas-tu ce matin ? Voyons voir tes pupilles… »

Je déteste cette lumière, je déteste les bains. Pourquoi ne me fiche-t-elle pas la paix ?

« Allez, on va prendre un bain, d'accord Fahmi ? C'est le moment que tu préfères, hein ? »

Va-t'en, Svetlana, merde…

« Nous sommes énervés aujourd'hui ? Quelle mauvaise mine… Voyons un peu ce que nous réserve la journée, qu'avons-nous écrit là… ah ! un massage profond… formidable ! »

Je dérive en mer. J'aperçois le rivage, mais je ne peux pas l'atteindre. Le courant m'entraîne. Je distingue Bilahl sur la plage.

« Voilà qui est mieux, allons-y. »

Je ne suis pas là, je… au fait, où étais-je avant qu'elle vienne me déranger ?

« Ah, je vois que tu as des visites cet après-midi. Qui ça peut bien être ? Une fille ? »

J'étais où… je flotte dans la mer. Où est maman ? Lulu ? Rana ? J'étais où… avec Bilahl… avec Croc… quelque part… au village ? dans le camp ? à Tel-Aviv ?

Tel-Aviv…

C'est Shafik qui a tout déclenché à Tel-Aviv. Il avait envie de fumer une cigarette avec le chauffeur – lequel nous l'a raconté par la suite. Il a retiré sa ceinture d'explosifs et l'a enfermée dans le coffre. Ils ont fumé leur sèche. Puis il a remis sa ceinture sur la banquette arrière du taxi. À ce moment-là, ils étaient encore à Jaffa. Après quoi, il a pris un taxi pour Tel-Aviv…

Bilahl avait contacté un expert connaissant bien les Juifs et Tel-Aviv. Ce type lui avait dit de se diriger vers un carrefour près de la place Rabin, où sont organisés les manifestations et les rassemblements publics. Il lui avait expliqué à quel endroit se poster – là où il y avait toujours des embouteillages aux heures de pointe – et à quel moment. Pourtant, Bilahl est monté dans un bus, ils l'ont montré au journal télévisé de la deuxième chaîne et sur al-Jazira. Rien à voir avec la place, le carrefour et le reste…

Qu'est-ce que tu fabriques… Svetlana… ?

« C'est bien, Fahmi, arrête de faire des grimaces, c'est juste de l'eau. Il faut que tu sois présentable pour les visiteurs qui vont venir tout à l'heure… attends que je te lave derrière les oreilles, voilà, comme ça… »

Bas les pattes, sale pouffiasse ! Quels visiteurs ? J'en étais où ? J'en étais où… des bribes de souvenirs… arrête de m'embrouiller, de mettre la pagaille. Le carrefour. Shafik…

Shafik. Il n'avait rien pigé aux explications du gars qui connaissait Tel-Aviv. Rasé de frais, bien coiffé, les fringues que Bilahl lui avait données sur le dos, il a pris le bus. Un minibus, a précisé Danny Ronen, le clown, à la télé. Comment en était-il arrivé là ? Comment avait-il embarqué, payé son ticket ? Il éprouvait quoi, juste avant d'entrer au paradis ? Était-il en paix ? Une seconde avant de monter au ciel ? C'était merveilleux, inimaginable. L'apothéose de son destin.

Et moi, avec Croc et la grenade verte à Tel-Aviv, je me sentais comment ? Oui, comment ?

Shafik devait savoir ce qu'il faisait. Contrairement à moi. Le feu était passé au vert. Le chauffeur a accéléré et tourné le volant. Shafik et les autres voyageurs avaient vécu toute leur existence pour en arriver là. Leur vie entière visait ce but. Chaque bouffée de cigarette, chaque battement de cils, chaque déglutition, chaque sentiment, chaque geste, chaque souffle, chaque pensée, chacune de leurs paroles tendaient vers l'instant où Shafik s'était levé, le dos tourné. Il a pressé le bouton avec un sentiment de bienheureuse plénitude ; cette énergie vitale, pure, babylonienne.

« Bravo, tu es propre comme un sou neuf. On ne voit presque plus l'égratignure sur ton front. Pas comme certains des malades que nous avons ici, complètement disloqués. Défigurés à vie. Toi, Fahmi, tu es en un seul morceau. Fin prêt à accueillir tes invités. Qui va venir aujourd'hui ? Qui aimerais-tu voir ? Ton père ? Ta petite sœur ? Ta jolie fiancée ? »

Ce n'est pas ma fiancée, salope, tu me casses les pieds, j'en étais où… ? Elle me fait perdre le fil, celle-là…

Mon père. Un brave homme. Triste. Depuis que ma mère…

« Fahmi, je ne le tolérerai pas. Pas toi. »

Il était planté devant moi avec son épaisse crinière grise de lion, me cachant la télévision de son corps. Ses yeux bruns lançaient des éclairs.

« Ne t'inquiète pas, papa, je n'y suis pour rien. Tu veux bien t'écarter ? Tu m'empêches de voir…

– Je sais ce que vous manigancez, toi et Bilahl. Lui, c'est un cas désespéré, mais toi ? Tu m'avais promis de t'inscrire à Beir Zeit… Je vais finir par avoir un infarctus à cause de vous…

– Je le ferai, papa, je t'assure, ne te bile pas. »

« Tu n'as pas besoin de t'excuser tout le temps ! m'avait reproché Bilahl par la suite. Pourquoi tu rampes devant lui ? Toute sa vie, il les a laissés l'humilier, le piétiner. C'est son problème… »

Non, bats les pattes, pas là, Svetlana, salope !

« Bravo, Fahmi, ne t'agite pas maintenant, O.K. ? Laisse-moi t'essuyer doucement, là, comme ça… Tu vas être tout propre, tout beau et sentir bon pour le massage et tes invités… C'est formidable, hein ? »

3

Je m'appelle Eitan Enoch. Croc pour les intimes. Parce que Eitan Enoch est devenu « Hé, Taninoch ! », puis « Hé, Tanin ! » (en hébreu, *Tanin* veut dire crocodile). Enoch, semble-il, vient de Hanokh, le père de Mathusalem. Un colon me l'a expliqué un jour.

Je suis né à Jérusalem et j'habite Tel-Aviv. Je travaille pour la société Time's Arrow, ou Taimaro (comme disent nos clients japonais).

Il y a dix-huit mois, mon frère aîné a quitté Israël avec femme et enfants (ses trois fils) par crainte des attentats. Notre grand-mère d'Amérique – elle est très riche et habite le Maryland – nous a proposé de venir vivre chez elle. Ma jeune sœur Dafdaf rêve de partir avec son mari. Nous avons tous la nationalité américaine grâce à nos parents, originaires de là-bas. Mon père a grandi dans le Maryland – où tout n'est que verdure, et beauté, calme et tranquillité. Ma mère est de Denver. Ils ont immigré en Israël avant ma naissance. Dieu seul sait ce qui leur était passé par la tête. Je me pose la question chaque fois que je retourne aux États-Unis. Peut-être étaient-ils emballés par le jeune État juif ? Ce pays exotique ? Mon père avait de grands projets. Il voulait apprendre à ses concitoyens à tartiner le pain de beurre d'arachide. Éphraïm Enoch, l'Américain, le capitaliste, l'entrepreneur, l'importateur ! Seulement, le jeune État n'attendait pas après le beurre d'arachide. Pas celui que papa importait, en tout cas.

Quand j'y pense, on dirait que chaque attentat démolit une nouvelle brique du mur qu'ils ont édifié ici. Tant pis pour eux. Ils ne peuvent pas nous reprocher de prendre la fuite, mais leur cœur saigne. Ils n'ont pas cherché la facilité en renonçant à la vie confortable qu'ils menaient en Amérique pour vivre dans un pays dur, étouffant, primitif, et tenter de bâtir à partir de rien une famille, une entreprise, un État. Ça s'appelait le sionisme.

Aujourd'hui, ils s'aperçoivent que tout vole en éclats, que leurs enfants et petits-enfants repartent en Amérique.

Je ne m'en irai pas, pas encore. Ce n'est pas si simple. D'ailleurs, je ne suis pas sûr de le vouloir. Pour aller où ? D'autant que je ne sais pas trop où j'en suis avec Douchi…

J'étais planté là, le Palm à la main. Des gens entraient et sortaient de la poste. Sur la façade du musée était déployé un calicot portant l'inscription : « La vie et la mort – Rétrospective de l'artiste Oli Shaouli-Negbi ». Mon regard s'est attardé sur le mot « rétrospective ». Je suis parti. J'ai marché, marché, en piétinant les feuilles détrempées.

Aurais-je pu empêcher cette tragédie ? Avertir les voyageurs que le type brun avait l'air suspect ? Prévenir le chauffeur ? M'aurait-il écouté ? Ces gens-là sont des durs à cuire. Il se serait garé aussi sec et aurait soumis le suspect à un interrogatoire en règle.

Oui, mais l'aurait-il fait que l'autre aurait appuyé sur le bouton, tiré un fil, ou va savoir quoi…

Et pour quelle raison avoir attendu que je descende ? Qu'est-ce qui m'a sauvé la vie ? Pourquoi Dieu a-t-il posé sur moi son doigt miséricordieux ? Plusieurs passagers étaient montés au moment où j'ai débarqué au Dizengoff Center. « Désolé, ma belle, c'est complet, prenez le suivant », avait dit le chauffeur à une femme. Le kamikaze a patienté jusqu'à ce que le minibus soit bondé et alors…

Si j'avais ameuté tout le monde, il se serait fait exploser. Si j'avais demandé au chauffeur de lui parler, il se serait fait sauter aussi. Si j'avais alerté la police ou les vigiles du centre commercial, personne n'aurait eu le temps de tenter quoi que ce soit. Je n'avais donc rien à me reprocher, ai-je conclu, alors que de grosses gouttes de pluie grise commençaient à tomber. Le terroriste avait décidé d'agir coûte que coûte, je n'aurais pas pu l'en empêcher. C'était la seule chose à faire – sauver ma peau, même si je n'en avais pas eu conscience.

À la réflexion, j'ai compris que je m'en tirais plutôt bien. Bon d'accord, j'aurais dû être un peu moins catégorique en affirmant que le type à la peau mate n'était pas un terroriste. Et j'aurais pu aussi sauver mon voisin, le garçon à qui j'avais adressé la parole et dont je ne connaissais pas encore le nom.

J'aurais pu le sauver, puisqu'il m'avait posé la question après le départ de la vieille et avant que je descende à mon tour. Je me rappelle chacune de ses paroles, sa voix, ses moindres intonations, son regard, son petit sourire et ses belles dents blanches. « Il est réglo à votre avis ? » avait-il demandé en indiquant l'individu d'un signe de tête, à quoi j'avais répondu : « Oui, je pense. »

Pourquoi ?

Parce que j'en avais assez des paranos et autres hystériques comme Douchi.

Du coup, j'étais tombé dans l'extrême opposé : « Il n'y a pas de raison de s'inquiéter, tout va bien, il ne faut pas avoir peur, pleurnicher et se lamenter pour un oui ou un non. » C'est à cause de Douchi, c'est de sa faute. Elle a faussé mon jugement. Sans son influence désastreuse, ces années passées à prédire le pire, j'aurais sans doute été plus lucide. « Si c'est un terroriste ? Difficile à dire. », aurais-je répondu. Et Guiora serait peut-être descendu avec moi. Qui sait ?

J'avais envie de viande. Sur le chemin du retour, j'ai fait halte au bar BaraBush où j'ai commandé un hamburger baptisé : LE CANNIBALE NOCTAMBULE A LES CROCS. Je me suis assis au comptoir. La petite télévision installée en hauteur était allumée sur la deuxième chaîne. La mine sévère, Danny Ronen palabrait en fronçant et défronçant ses épais sourcils. Je n'entendais pas ce qu'il disait, mais cela n'avait aucune importance. Il rabâchait toujours la même chose : serrer la vis, lâcher du lest, fermer, encercler, (plisser le front), donner l'assaut, attaquer, boucler, assiéger, le Conseil des ministres s'est réuni, il a décidé que…, les uns assument la responsabilité, les autres s'en lavent les mains.

À propos de mains, je suis allé les laver. J'avais sans doute l'impression qu'elles étaient tachées de sang. Au retour, j'ai choisi sur le présentoir une carte postale sur laquelle on lisait en grosses lettres noires : « SORTEZ ! » Qui voulait que je sorte et pour quelle raison, je n'en avais pas la moindre idée. Dehors, le ciel ouvrait et fermait en cadence sa gueule humide. Je suis reparti, un sac contenant LE CANNIBALE NOCTAMBULE A LES CROCS dans une main, et « SORTEZ ! » au fond de ma poche.

Je m'apprêtais à faire un sort au « cannibale » et aux frites qui l'accompagnaient. Malgré les pensées qui m'agitaient, mon corps avait l'air de fonctionner normalement. Mes yeux avaient envoyé le bon signal à mon cerveau, lequel stimulait la sécrétion de la salive et des sucs gastriques afin d'accueillir notre invité.

La sonnette a retenti. J'ai considéré alternativement le mur et le « cannibale », et décidé de ne pas répondre. J'ai attaqué mon repas. Une minute plus tard, on a glissé la clé dans la serrure, la poignée a tourné et quelqu'un est entré.

« Pourquoi n'as-tu pas ouvert ?

– Salut, Douchi, excuse-moi », ai-je débité la bouche pleine, histoire de me donner un alibi en désignant l'assiette du menton.

Elle m'a jeté un regard assassin.

« Et pourquoi ne réponds-tu pas au téléphone ? Et puis qu'est-ce que tu fabriques à la maison au milieu de la journée ? Il y a eu un attentat, tu es au courant ? »

J'ai fourragé dans ma pochette à la recherche de mon portable, probablement oublié au bureau.

« Oui.

– Il ne t'est pas venu à l'esprit que j'étais inquiète ? Tu ne pouvais pas téléphoner ?

– Désolé, Douch. Je me suis dit que tu étais occupée et… une minute, mais si, je t'ai appelée ! Tu n'as pas reçu mon message ?

– Si. J'en ai reçu un me disant que tu étais vivant. Deux heures plus tard. Merci beaucoup. »

Je l'ai dévisagée, ne sachant que répondre.

« Ça s'est passé dans le minibus, Croc. À neuf heures et quart ! Et je n'aurais pas dû m'inquiéter, à ton avis ?

– Tu sais bien que je descends au Dizengoff Center. L'explosion s'est produite après, à côté du théâtre, tu n'as pas vu la carte et la petite flamme à la télé ? Tiens, regarde. » J'ai actionné la télécommande. Danny Ronen discourait toujours à grand renfort de haussements de sourcils. « Je t'ai laissé un message pour te dire que j'étais sain et sauf. Je ne comprends pas !

– J'ai entendu, mais... » Elle s'est mise à pleurer. « Je n'étais pas sûre. » Elle a séché ses larmes. Elle restait là, une petite chose fragile et triste. « J'ignorais comment tu allais, a-t-elle reniflé. Tu aurais pu me rappeler. Tu n'imagines pas comme j'ai eu peur ! J'ai attendu une suspension de séance pour filer ici. »

J'ai avalé ma bouchée. Ce « cannibale » était diablement bon ! Je me suis approché pour l'embrasser.

« Je vais très bien, ma chérie. Chut, chut, calme-toi. Je suis désolé. Je pensais que tu avais vu les infos, que tu avais reçu mon message, que tu étais rassurée... et que... »

Elle s'est écartée.

« Ah ! Donc, si je comprends bien, tu insinues que je n'aurais pas dû paniquer, que je suis hystérique, parano, c'est ça ? a-t-elle beuglé en changeant de ton, ses larmes taries.

– Non, je n'ai jamais dit que...

– Espèce d'égoïste sans cœur ! Tu n'as même pas pris la peine de me rappeler ! ? Tu savais que je me rongerais les sangs, tu le fais exprès, hein ? Pour me prouver que je délire, c'est ça ? » Sa colère se bonifiait comme le bon vin. « Tu es obtus ou quoi ? C'est la ligne que tu prends tous les jours à la même heure ! Et tu voulais que je regarde cette satanée petite flamme à la télé ? Mais de quoi parles-tu à la fin ?

– Tu sais bien, Douchi, sur la carte…, je ne l'ai pas fait exprès, je te le jure, j'ai seulement… À propos, tu sais que je suis monté dans le même bus ? J'ai parlé à un…

– Salaud ! »

Elle sanglotait en s'évertuant à sécher ses grands yeux noisette du revers de la main. Elle s'est effondrée sur une chaise et a pioché distraitement dans l'assiette de frites.

« Hé, mollo avec les frites ! Tu as passé une bonne journée ?

– À ton avis ? »

Un ange est passé. J'ai mordu derechef dans mon « cannibale », elle a chipé une poignée de frites, les yeux rivés sur un coin de la table.

« Que vais-je faire de toi, dis ? » a-t-elle ajouté en relevant la tête.

Une idée m'a traversé l'esprit. Jusqu'à ce matin, personne de ma connaissance n'était impliqué de près ou de loin dans un attentat. Quelques semaines plus tôt, le chauffagiste m'avait raconté que le cousin d'un de ses amis avait été blessé dans une explosion à Petah Tiqva, la semaine précédente. C'était la personne la plus proche de moi, pour ainsi dire, avant que je ne rencontre Guiora Guetta. Même si je ne le connaissais pas vraiment, lui non plus. Tout dépend de ce que le mot « connaître » veut dire. Savoir son nom ? Lui dire bonjour en le croisant dans la rue ? À moins que ce ne soit la victime qui vous connaisse ? Ou encore en fonction du nombre de mots échangés ?

J'étais toujours plongé dans un abîme de perplexité lorsqu'elle m'a rejoint au lit un peu plus tard.

« Douchi ?

– Oui ?

– Le cannibale a les crocs, cette nuit.

– Idiot ! »

J'étais sur elle. Elle était au septième ciel. Après quoi, ce fut son tour d'être sur moi.

Le matin suivant, elle m'a extorqué la promesse de prendre un taxi. J'ai obéi, même si je n'avais jamais entendu parler d'un attentat au même endroit deux jours d'affilée. En dépit des statistiques, les gens sont convaincus que les terroristes se disent : « Hé, Ahmed, ça a marché au poil ! On recommence aujourd'hui *au même endroit* vu qu'il y aura foule et pas de contrôle. » De fait, l'armée et la police redoublent de vigilance dans la zone de l'attentat ; les gens évitent de s'y aventurer et les familles frisent l'hystérie. Quand je m'en étais ouvert à Douchi, elle avait évoqué la ligne 18 rue de Jaffa à Jérusalem, en 1996.

« Oui, mais à une semaine d'intervalle », avais-je rétorqué, conscient de la faiblesse de l'argument. J'ai donc pris un taxi. Le 9 *bis* n'a pas explosé ce matin-là. Et après ? Le 9 n'avait pas sauté non plus depuis que je travaillais à Time's Arrow et prenais le minibus. Et alors ? Qu'en penses-tu, Douchi, hein ?

4

AMR DIAB CHANTE *AMAREIN*. Je reconnais *Les deux lunes*, les yeux d'une fille, ou ses deux…

Impossible de remuer la tête. Si c'est un rêve, il n'en finit pas… Non, non, je ne rêve pas, j'entends la mélodie, je respire les odeurs, je sens le massage profond me déchirer les muscles, les doigts me pétrir la chair… Mais mon corps ne répond pas, mes yeux ne s'ouvrent pas…

Après *Les deux lunes*, Amr Diab entonne *Nour el-ain', la lumière de tes yeux* et *Avec toi pour toujours*. Ensuite, c'est le tour de Nawal Zoghbi. Ça me rappelle *Ya leil ya ein'* sur Future TV, la chaîne libanaise, avec les danses et les filles. Qui a mis cette musique ? L'air embaume le parfum. Ce n'est pas celui de Svetlana. Elle est incapable de tenir sa langue, celle-là. C'est toi, Rana ? Pourquoi ne dis-tu rien ? Pourquoi personne ne parle ? Je tends l'oreille, mais je ne perçois que la musique. Où suis-je ? Si je me trouve au paradis, où est donc maman ? Et grand-père Fahmi ?

S'ils ne sont pas là, c'est que je ne suis pas au paradis.

Alors je suis où ?

Mon grand-père, Fahmi Sabich a débarqué à Al-Amari en 1949. La plupart des habitants de Beit Mahsir, qui en avaient été chassés cette année-là, s'étaient installés en Cisjordanie. Mon grand-père voulait rester à proximité de son village, de la maison qu'il avait bâtie de ses mains. Il ne doutait pas qu'il y retournerait un jour. Il n'y est jamais revenu et n'a jamais revu non plus sa maison, ses amis, ses cousins. À Al-Amari, il n'y avait pas assez de place pour élever des poulets. C'est là qu'il a rencontré grand-mère Samira. Elle venait de Dir Ayoub, un village qui n'existe plus. Les Juifs n'y ont pas installé une colonie. Ils l'ont détruit pour y construire une route.

Bidak turkusi birasi… Je voudrais danser dans ma tête…

Mes muscles sont tout mous, l'air frais du ventilateur sèche l'huile sur ma peau… j'urine… ah… ça fait du bien.

« Ouh là, quel déluge ! » s'extasie cette idiote d'infirmière.

Un tube pour l'urine, un autre pour l'air ; un tube pour l'urine, un autre pour l'air ; un tube pour l'urine, un autre pour l'air…

Papa est le troisième enfant d'une fratrie de six (quatre grands frères et deux petites sœurs). Maman aussi était la troisième de six (quatre grandes sœurs et deux petits frères). Elle était née à Murair, la huitième merveille du monde. Grand-père affirmait que Beit Mahsir était encore plus beau. À l'ouest, on voit la Méditerranée et, par temps clair, les maisons de Jaffa. À dix ans, je lui avais rétorqué que, depuis Murair, on apercevait le Jourdain, la vallée, les monts d'Édom et les immeubles d'Aman, quand la vue était dégagée. Il avait éclaté de rire.

Mes parents se sont connus à Beir Zeit. Après leur mariage, ils sont partis vivre à Murair. Même en 1977, il était mal vu qu'une jeune villageoise épouse un pauvre réfugié ; qu'un homme s'installe chez sa femme ; qu'un père lègue sa terre à une fille. Mes parents s'en fichaient. Le père de ma mère aussi. Les questions d'honneur ne les intéressaient pas. La vie était plus importante. Grand-père Fahmi était un conservateur. Les exilés devaient rester dans les camps, malgré la promiscuité et l'inconfort, estimait-il. Il a vécu à Al-Amari jusqu'à sa mort. Pour lui, quitter le camp signifiait renoncer, se résigner à la situation. Accepter de ne jamais réintégrer les maisons volées par les Juifs. Mon frère aîné Bilahl partage cette opinion. Ma petite sœur Lulu aime la vie, comme papa. Moi, je ne sais pas de qui j'ai hérité.

Grand-père Fahmi avait une jument. Le samedi, à midi, j'allais l'attendre à l'entrée du village. Je le voyais arriver : une pointe d'épingle à l'horizon se transformant en un panache de poussière blanche. Bientôt, le bruit des sabots résonnait sur le sentier et, brusquement, il surgissait devant moi, juché sur sa jument grise. Il tendait le bras le plus robuste que j'aie jamais vu, il me soulevait et nous parcourions ensemble le reste du chemin. Je me cramponnais à son large dos, respirais la poussière, son odeur – il sentait la sueur, la sienne et celle de l'animal. Arrivé à la maison, il se débarbouillait et sortait boire le café que maman lui avait préparé. J'entendais son rire communicatif.

Grand-père Fahmi est mort, il y a dix ans.

Maman est décédée l'année passée.

Bilahl a déménagé à Ramallah, il y a cinq ans. Il en avait dix-huit quand il a entrepris ses études à Kulliyat al-Imam, l'école coranique d'A-Ram, au grand déplaisir des parents. Il a d'abord logé sur le campus avant de s'installer à Al-Amari.

L'un de nos oncles se proposait de l'héberger ; Bilahl pensait que les réfugiés, leurs enfants et leurs petits-enfants devaient rester dans les camps, comme le clamait grand-père Fahmi. Nos parents ne l'entendaient pas de cette oreille. J'avais seize ans quand il est parti. Ils ne voulaient pas que j'aille vivre à mon tour dans un camp de réfugiés, mais j'ai quand même décidé de rejoindre Bilahl et l'oncle Jalahl, l'année dernière. J'avais promis à mon père de m'inscrire à l'université de Beir Zeit. J'ai objecté que je voulais économiser le prix du loyer et que, contrairement à mon frère, je n'étais pas là pour des raisons idéologiques. À Bilahl, en revanche, j'avais tenu un autre discours. Je ne savais pas trop où j'en étais…

La musique a cessé.

« Comment va-t-il ? »

Des voix étouffées. C'est mon père. L'odeur familière de tabac me monte aux narines. Pourquoi parle-t-il si bas ?

« Bonjour, mon fils, comment te sens-tu ? »

Pas maintenant, attends, j'essaie de me rappeler quelque chose. Tu pourrais repasser demain ? Je suis ailleurs. Je flotte dans la mer. Je devine la plage à la lueur des étoiles, mais je ne peux pas…

L'armée avait érigé un mur de pisé autour de Murair et bloqué l'accès. Sans explication. Les camions-citernes de Ramallah ne pouvaient plus alimenter le réservoir principal, et il était impossible de rejoindre le second par la route, de l'autre côté du barrage. Il s'était vite tari. L'eau stagnant au fond avait été polluée par une bactérie. La plupart des villageois étaient tombés malades, mais s'étaient rétablis. Pas ma mère. D'après le médecin, elle devait boire de l'eau potable pour purifier son organisme et compenser la perte de liquide due à la sueur et la diarrhée afin d'éviter la déshydratation. Bilahl et moi nous sommes rendus au village par les collines en évitant les barrages. En pure perte. On ne pouvait franchir le mur qu'à pied ; or, quelle quantité d'eau pouvait-on transporter à bout de bras ? Lulu et mes tantes se relayaient à son chevet en lui tenant la main et en récitant des prières. L'eau que nous avions apportée avait été rapidement consommée. Nous étions morts de soif. J'avais expliqué aux soldats en faction que ma mère se mourait et qu'elle avait besoin d'eau. Ils ont tenté de contacter leurs chefs. Le temps passait, la réponse n'arrivait pas. Excédés, ils ont fini par nous renvoyer. Une heure plus tard, nous n'avions toujours pas de réponse.

« C'est shabbat, il n'y a personne à qui parler, alléguèrent-ils.

– Ma mère est en train de mourir, pourquoi faut-il parler à quelqu'un ? Elle a besoin d'eau.

– Ce n'est pas si simple. Il y a des barrages partout, nous n'avons pas autorité pour la laisser passer.

– Alors, qui est responsable ?

– On ne sait pas, on essaie de contacter le commandant pour se renseigner. »

Quelqu'un m'a passé une bouteille d'eau. Le lendemain matin, j'ai demandé l'autorisation de conduire ma mère à l'hôpital. Elle était au plus mal. Les soldats étaient à cran, tout le monde avait soif, nous n'étions pas les seuls, ont-ils objecté. Ils parlaient dans leurs téléphones portables, tout en hurlant aux habitants de cesser de les harceler. Ils ont même tiré dans les pneus d'un tracteur dont ils ont arrêté le conducteur.

Le soldat qui m'avait donné de l'eau ne se souvenait pas de moi.

« Qu'est-ce que tu veux ? Je parle avec le QG sur mon téléphone personnel, en plus ! J'essaie de me renseigner sur le camion-citerne, d'accord ? Je sais que vous avez soif. On s'en occupe. Pas la peine de nous harceler, ça ne sert à rien, O.K. ? Rentrez chez vous. Le camion va arriver pour remplir le réservoir. Allô ! » a-t-il braillé au téléphone. Moi, ce n'était plus de l'eau que je réclamais, c'était une ambulance.

« Quelle histoire, mon fils ! Il y a une foule dehors en train de hurler je ne sais quoi à propos d'un crocodile. Ils veulent qu'on débranche les appareils. Qu'as-tu fait ? Tu veux que je meure d'une crise cardiaque, c'est ça ? »

Qu'est-ce qu'ils racontent sur Croc ? Je le connais. Où en étais-je ? Tu m'as interrompu au beau milieu de… Zut, j'y étais presque. Papa…

L'ambulance qui devait emmener ma mère a fini par arriver. Lulu et moi sommes montés mais, à la sortie du village, nous avons dû redescendre. Seuls le chauffeur et les infirmiers étaient autorisés à accompagner la malade. Tout irait bien, nous a rassurés ma mère. On l'avait mise sous perfusion et elle se sentait beaucoup mieux. Nous l'avons embrassée et elle nous a bénis. Une fois l'ambulance partie, je me suis mis à pleurer sans pouvoir m'arrêter. Lulu a tenté de me réconforter. Elle avait onze ans et moi presque le double, et, pourtant, c'était moi qui pleurnichais et elle qui me consolait. Pendus à leurs téléphones, les soldats ne nous quittaient pas des yeux. Le mur cernant le village barrait les champs dorés telle une cicatrice. Maman est morte à l'hôpital. Elle avait quarante-deux ans. Le barrage a été levé la semaine suivante.

5

JIMMY RAFAEL SE TROUVAIT dans la salle de réunion. Un mètre soixante-six, un paquet de muscles. Le crâne rasé brillant comme s'il avait été frotté à l'huile d'olive.

« Salut tout le monde ! Inutile de vous dire que je n'ai pas une minute à perdre, alors on va droit au but. Je vous présente Dimitri, que je connais depuis longtemps. Nous avons passé quelques précieuses secondes ensemble dans l'armée de l'air et durant nos études d'ingénierie de gestion du temps aux États-Unis. Il va vous parler de ses activités. Vous allez voir que gagner quelques secondes peut parfois tout changer. »

Ron avait les yeux perdus dans le vide. Jimmy et ses histoires du temps, avait-il l'air de dire. Quelle perte de temps, hein ?

J'ai réprimé un sourire.

Dimitri était immense et portait une chemise à carreaux, improbable à Time's Arrow.

« Je suis ingénieur en gestion du temps et technicien spécialisé dans les feux de circulation routière, a-t-il déclaré. Mon travail consiste à trouver des secondes mortes. Je vous expliquerai comment j'en ai détecté sept, place Rabin.

« Inutile de vous décrire l'endroit : un carré entouré de quatre artères à deux ou quatre voies. Mille à quatre mille véhicules par heure la traversent tout au long de la journée. Mon objectif était de désengorger la circulation, notamment de réduire l'encombrement chronique qui se forme entre la rue Ibn-Gvirol et la rue Zeitlin. »

Il a dessiné le carrefour au tableau, inscrit les noms des rues et signalé le point litigieux.

« Le cycle de feux, c'est-à-dire la durée écoulée entre chaque phase du vert varie de vingt-quatre à cent vingt secondes. Les secondes sont réparties rigoureusement entre les piétons, la circulation dans toutes les destinations et les temps de latence. Comme chacun sait, le temps accordé à chaque destination n'est pas identique. Les contrôleurs des feux distribuent le temps en fonction des besoins. La durée de vert minimum au centre-ville est d'environ dix secondes. Dans les axes moins fréquentés, elle est un peu plus longue, d'ordinaire de quatre-vingts secondes sur les cent vingt secondes du cycle complet. À l'angle sud-est de la place Rabin, j'ai repéré un temps mort au feu rouge. Une erreur de programmation, apparemment. Une phase du cycle durait dix secondes alors que trois auraient suffi.

– Sept secondes ! a jubilé Jimmy.

– Exactement. J'avais sept secondes de trop à différents points de la place, c'est-à-dire que, si je parvenais à désencombrer un côté, je réussirais par conséquent à débloquer les autres. Vous vous rappelez que la place était très embouteillée le matin ? Il y avait toujours foule sur ce passage piéton – il a indiqué l'un des angles du carrefour.

– Oui, je me souviens ! » ai-je claironné à la surprise générale.

Dimitri m'a dévisagé pendant deux secondes.

« J'ai replanifié la journée – les heures de pointe, les heures creuses, après un accident, une manifestation… J'ai rencontré un technicien de la mairie. Nous avons ouvert la boîte de contrôle, il a branché son ordinateur portable et introduit mes nouveaux paramètres. La circulation, qui était assez dense à ce moment-là, se fluidifiait à mesure que le programme se déroulait. Le technicien est retourné à son bureau. J'ai fêté l'événement dans un bar devant un verre bien mérité.

– Lequel ? » a questionné Talia Tenne.

Talia est un pilier de bar. Dimitri ne savait plus. Après la conférence, Bar y était allé de sa guématria perso à propos de Dimitri : « Dimitri = casse-couilles gentil. » (La guématria est une forme d'exégèse biblique dans laquelle on additionne la valeur numérique des lettres, une sorte de numérologie.) Bar a conçu un logiciel à l'époque où il était programmateur à Time's Arrow. Voici un petit florilège de ses perles : « Rafi Rafael = chauve sans raison apparente », « Rafi Rafael = nain psychorigide, accessoirement PDG », « Time's Arrow = une colossale perte de temps ».

Time's Arrow a pour fonction de gagner du temps. Pas sept secondes – chez nous sept secondes, c'est une éternité –, seulement une ou deux que nous nous évertuons à trouver pendant des années. On ne s'occupe pas des feux tricolores à un carrefour, mais de la durée des appels vers les services de renseignements téléphoniques : 144 en Israël, 411 en Amérique, 118 118 en Grande-Bretagne, 104 au Japon… À quoi ça sert d'économiser une seconde vers un centre d'appels, me direz-vous ? Prenez un de nos clients, par exemple, une société de renseignements téléphoniques à Manhattan. Ils emploient quelque deux mille personnes vingt-quatre heures sur vingt-quatre – à savoir 5,5 millions d'appels par jour. Si nous parvenons à gagner une seconde à chaque appel, nous économisons 5,5 millions de secondes, soit 63 jours, pratiquement trois mois de travail d'un employé lambda. Notre logiciel peut donc aider cette société à réaliser une économie de 10 000 dollars par jour.

Mon job, ce sont les chiffres. Le croco des chiffres, c'est moi ! Les représentants de la société belge que Jimmy et moi devons rencontrer comptabilisent 44 millions d'appels par an, plus de 120 000 par jour, 300 opérateurs permanents… Je travaille dans le marketing. Je vends nos produits à des compagnies de téléphonie nationales ou privées, opérateurs de lignes fixes ou mobiles, sociétés offrant un service de renseignements téléphoniques, *Directorial Assistance* en anglais, DA en abrégé. Ces temps-ci, les compagnies de téléphonie poussent comme des champignons un peu partout – certaines ont été privatisées. Chacune propose un service de renseignements. Cette année, ce marché valait 145 millions de dollars, l'année prochaine, il est estimé à 200 millions.

Un autre florilège de citations issues du cerveau fertile de Jimmy : « Nous vivons dans un monde où chaque seconde, voire chaque dixième, vaut de l'argent. » « Time's Arrow est le FedEx du vingt et unième siècle. » « FedEx économise des journées, nous économisons des secondes. » Comment ? Grâce à la programmation et au conseil. Notre logiciel remplace en partie le standard : il répond, remplit les questionnaires, complète les noms, trouve le résultat en un temps record, lit et compose les numéros. En théorie, il a aussi une fonction de reconnaissance vocale. En pratique, l'identification n'est pas (toujours) parfaite, de sorte que les appels sont encore traités moitié par informatique et moitié par le personnel.

Nous sommes également une société de conseil : nous formons à l'utilisation du logiciel, à la réduction du temps de conversation, à la maîtrise de l'élocution ; nous offrons des solutions à la répartition du travail (le rapport travail/repos, le nombre d'employés par équipe, l'horaire optimal), à l'ergonomie adaptée à l'espace, au recrutement du personnel, ainsi qu'aux stratégies de ventes, de coût et de distribution. Vous pouvez vous procurer le tout pour un million de dollars, y compris les mises à jour, outre un demi-million pour la licence d'exploitation annuelle, plus ou moins, enfin plutôt moins que plus en ces temps de crise.

Ça vous intéresse ?

J'ai lu les noms des victimes sur Ynet. J'ai reconnu certains visages. Le chauffeur, trente-six ans, « un employé modèle, apprécié de tous », a déclaré le gérant de la compagnie des taxis. Gabriel Algrably, quarante et un ans, maçon, veuf et père de deux filles âgées de onze et treize ans. Deux Hongrois, des travailleurs immigrés en contrat temporaire. Mali, une jeune étudiante à l'école de design Vital, « fauchée dans la fleur de l'âge ». Shlomo Yarkoni, vingt-neuf ans, « le meilleur des maris » a sangloté Yaël, la jeune veuve inconsolable dans son quatrième mois de grossesse. Shafik Omar, dix-neuf ans, le terroriste.

J'ai rencontré les membres de quelques-unes des familles. Ils avaient entendu parler de moi et m'avaient contacté après les événements. Yaël, la veuve de Shlomo Yarkoni, m'a téléphoné pour savoir si je me souvenais de son mari. Malheureusement non. Sa photo sur Ynet ne me disait rien. Il avait dû monter à l'arrêt du centre commercial. Une semaine plus tard, j'ai reçu un coup de fil d'une certaine Smadar. Elle aussi m'a questionné au sujet de Shlomo. Il était venu la voir et reparti quelques minutes avant l'attentat. Il avait oublié son portable chez elle. Le téléphone n'avait pas arrêté de sonner toute la matinée. Elle n'avait pas répondu, ne l'avait pas éteint non plus. Elle l'avait fixé d'un œil hagard et avait compris. Elle avait entendu l'explosion. C'était un beau matin d'hiver. Elle était restée prostrée devant le téléphone toute la journée, le sperme tiède de Shlomo au fond de son ventre.

Restait un cadavre non identifié. C'était sûrement lui. J'ai sorti le Palm Pilot de Guiora Guetta du tiroir où je l'avais déposé. Fallait-il le remettre à la police ? À sa famille ? Il m'avait demandé un service, je me devais de respecter ses dernières volontés. J'ai allumé l'appareil et regardé les lettres noires défiler sur le cristal liquide. J'ai consulté son agenda. La veille, le dernier jour de sa vie, en fait, il avait un rendez-vous à huit heures du matin à Tel-Aviv. Après quoi, la page était blanche jusqu'au soir où était noté : « Shouli ? » C'était le nom qu'il avait prononcé. J'allais donc me mettre à sa recherche.

J'ai synchronisé et transféré les données du Palm de Guiora sur mon ordinateur, où je les ai sauvegardées pour plus de sûreté. J'avais eu du nez, ai-je compris par la suite, comme si j'avais deviné que l'appareil contenait des informations qui me seraient précieuses un jour…

Les bureaux de Time's Arrow se trouvent au vingt-troisième étage du Dizengoff Center avec vue sur la Méditerranée et des maisons serrées les unes contre les autres.

J'ai consulté le site de la société belge, avant de téléphoner en Suisse.

« Ivan ?

– Eitan, comment ça va ? Il y a eu un attentat à Tel-Aviv, il paraît ?

– Ah oui ! rien de grave ! »

C'était la consigne – minimiser l'activité terroriste au Moyen-Orient en général et à Tel-Aviv en particulier. Quoi qu'il arrive, si la rumeur abondamment relayée par les médias de la planète à l'affût de sensationnel parvenait aux oreilles de nos clients et investisseurs potentiels, il convenait de la traiter tout au plus comme l'atterrissage d'une mouche sur la trompe d'un éléphant – un léger désagrément qui n'allait pas changer la face du monde.

« C'était près de chez vous, non ? Au centre de Tel-Aviv ?

– Pas exactement, je ne l'ai même pas entendu, pour vous dire. (C'était la vérité pure, puisque j'étais dans l'ascenseur.) Et chez vous ? Quelque chose a explosé dernièrement à Zurich ? »

Il a éclaté de rire. Les Suisses sont nos principaux clients. Notre programme connaît un vif succès là-bas. Ivan exige des améliorations à tout bout de champ. Il a de bonnes idées, encore faudrait-il avoir le temps. Modifier le programme, c'est un peu comme prendre d'assaut la Grande Muraille au nez et à la barbe de guerriers chinois armés jusqu'aux dents : il faut se concerter avec la production, le marketing, la R & D, l'assurance qualité, l'installation…, alors qu'ils bossent non-stop sur d'autres projets. Jimmy affirme que nous sommes une petite société capable de fournir des solutions et un service avec une rapidité et une flexibilité que les grandes entreprises nous envient. C'est idiot. Nous sommes beaucoup moins souples qu'un géant tel que le groupe Koor.

Ivan m'a soumis un tas de propositions. J'ai applaudi des deux mains. J'avais mal au crâne.

À midi et quelques, la trentaine d'employés de Time's Arrow a reçu dans sa boîte électronique un message de Talia Tenne : « On va déjeuner ? » Elle proposait une salade, mais ça ne me disait rien. J'ai préféré commander une escalope au café du coin, imité par Bar, Ron, Shoko, du support informatique, et Yoash Green, mon collègue du marketing (sa femme venait de le plaquer). Nos plats sont arrivés en même temps que les salades, et nous nous sommes rendus à la cafétéria avec Talia Tenne et les autres filles.

Bar feuilletait le *Yediot Aharonot.* « Shoulamit Penigstein, soixante-douze ans, descendue quelques stations avant l'explosion, nourrissait de sérieux soupçons concernant le kamikaze. "J'ai bien essayé d'attirer l'attention des autres voyageurs, mais ils se sont moqués de moi", a-t-elle souligné. »

– Alors, Croc, c'est vrai que tu étais dans l'attentat d'hier ? a lâché Talia Tenne.

– Oui, je suis mort, ça ne se voit pas ?

– Non, je veux dire… Tu te trouvais à côté ou quoi ?

– Pas loin. Au Dizengoff Center, tu connais ? Un grand immeuble pas loin de l'attentat…

– Bon, ça va, arrête ton cirque ! »

J'aime bien Talia Tenne. Elle est drôle et un peu nunuche. Elle s'occupe de nourrir tout le monde au bureau, et ça, c'est sympa. Elle est très, très jolie, un teint de pêche, la peau lisse comme de la soie.

« L'Intifada se rapproche à grands pas, c'est fou, non ? Encore un peu et on sera en plein dedans. »

Je me surprends parfois à guetter par la fenêtre de la cafétéria un avion qui viendrait percuter l'immeuble.

« Si la montagne ne va pas à Mahomet, Mahomet ira à la montagne », a renchéri sentencieusement Shoko en mastiquant avec application.

La première semaine de l'Intifada, la société a offert à ses salariés un week-end de thalasso à l'hôtel Sea View, au nord du pays. Les routes étant barrées à cause des émeutes, nous avions dû prendre l'avion à Sdé Dov – un petit aéroport au nord de Tel-Aviv – pour Mahanayim et, de là, un taxi jusqu'à l'hôtel. De là-haut, on a cru voir les pneus brûler sur la route. Arrivés à l'hôtel, nous avions siroté de la tisane, enveloppés dans des peignoirs blancs, avant de goûter les bienfaits d'un massage suédois aux huiles essentielles.

« Blague à part, ils sont capables de démolir la tour !

– Une voiture bourrée d'explosifs monte au niveau supérieur du parking, elle emboutit ce ridicule obstacle qu'on appelle une barrière, elle se gare exactement sous la tour et *boum* !

– Shoko, arrête, on mange ! »

D'après mes calculs, je perds en moyenne vingt-sept minutes pour déjeuner.

J'étais trop épuisé pour travailler. Sur Ynet, on annonçait que la dernière victime du minibus venait d'être identifiée. Guiora Guetta, vingt-trois ans, originaire de Jérusalem. C'était lui. Je ne pouvais pas rester en place. Il fallait que je retrouve sa petite amie. Je me suis levé en lançant ma plaisanterie éculée : « Un petit pas pour l'homme, un bond de lilliputien pour l'humanité.

– Une demi-journée ? ! » s'est exclamé Ron.

Le rituel se répétait tous les jours. Je rabâchais le même refrain, à quoi il me renvoyait la même question, y compris à huit heures du soir, ce qui, le plus souvent, était le cas. Aujourd'hui, pourtant, j'étais très sérieux.

« Une demi-journée, oui. »

6

GRAND-PÈRE FAHMI se fâchait tout rouge lorsqu'on désignait la guerre de 1948 sous le nom de *Nakba*, la catastrophe. Personne n'aimait aborder ce sujet. Quant à lui, il n'affichait aucune fausse pudeur. Ses amis et lui avaient réalisé de grandes choses. Ils avaient résisté, attaquant les convois de ravitaillement reliant Tel-Aviv à Jérusalem. À la sortie du village, ils grimpaient dans les collines surplombant la route et canardaient les camions, interdisant l'accès à Jérusalem pendant des semaines. Les Juifs eux-mêmes le reconnaissaient. Les vestiges des convois jalonnent encore les bas-côtés, comme autant de monuments commémoratifs. En partie grâce à grand-père Fahmi. Les carrosseries criblées d'impacts de balles portent son nom. Les Juifs avaient blindé les bus et les camions, mais grand-père et ses amis avaient trouvé le moyen de contourner la difficulté afin de poursuivre leurs assauts et le blocus de la ville. La route était jonchée de carcasses abandonnées. Les Juifs n'en ont gardé qu'une petite partie. En souvenir. Grand-père dévalait le talus et mitraillait le bus avant de courir se cacher au village. Ces exploits ont duré huit mois. Voilà pourquoi grand-père souffrait quand on parlait de débâcle, parce qu'ils s'étaient battus comme des lions. Un beau jour, un avion s'était écrasé à côté de Beit Mahsir ; six soldats juifs avaient perdu la vie. Grand-père avait volé un cadran du tableau de bord. Comme trophée de guerre.

« Ton père est un brave homme, Fahmi. Il est si triste. Il ne mérite pas toutes ces misères. Et ta charmante petite amie ? À peine arrivée, elle met la cassette en marche. Je détestais cette musique, au début, mais maintenant je commence à l'apprécier. Amarein, amarein… amareeeein… »

Ah non, s'il te plaît ! Tu ne vas pas te mettre à chanter maintenant…

« Du calme, Fahmi. Ne t'énerve pas. Je suis là pour te soigner. Tu aimes bien les massages profonds, hein ? »

Tu vas la fermer, Svetlana ? Grand-père… je…

« Tu retrouveras bientôt le goût, l'odorat, la vue, l'ouïe, le toucher, la motricité… Voyons un peu ces tubes ! Un pour l'urine, un autre pour l'air… »

« Fahmi, qu'est-ce que tu fabriques ? » Croc me questionne. Il se doute de quelque chose. Il me glisse un regard en coin. « C'est quoi ce truc ? »

Où en étais-je ? Croc ? Grand-père ?

« Le docteur Hartom va arriver, sois sage… »

Le docteur Hartom est une garce et toi une salope. Je gèle. Tu pourrais tenir ta langue cinq minutes ? Tu ne vois pas que j'ai froid… ?

L'appartement était glacé. Un vieux radiateur électrique diffusait une chaleur orange. Le thé était servi dans des verres.

Bilahl se trouvait en compagnie de Halil Abou-Zeid : un homme imposant, avec des bras et un thorax énormes, le crâne rasé et portant la barbe. Le regard marron clair, intelligent. Il portait une bague en argent au majeur. Il était plus âgé. Il avait été expulsé au Sud-Liban, en 1990. À son retour, il avait fait de la prison à Ramallah…

« Je rêve de voir une Mitsubishi, une Peugeot, une Toyota modèle 2000 à côté des carcasses des bus que mon grand-père a bousillés en 1948, a dit Bilahl. Tu vois de quoi je parle ? »

Abou-Zeid et mon frère ont échangé un regard.

« Comment penses-tu t'y prendre ? »

Bilahl a gribouillé une carte et des flèches sur une feuille de papier et il s'est lancé dans de grandes explications.

Abou-Zeid a fini sa cigarette avant de reprendre la parole. La fumée qui sortait de sa bouche se mêlait à l'haleine de Bilahl, à genoux devant le radiateur pour se réchauffer les mains.

« L'heure est venue. Qu'est-ce qu'ils ont fait, à Ramallah, à part des tirs sporadiques du Fatah sur la route 443, et quelques opérations de rien du tout dans les colonies ? Et Al-Amari ? Wafa Idriss ?

– Cette semaine, nous avons accompli quelque chose d'important, a plaidé mon frère.

– Rappelle-toi Silwad. Wadi Haramiya. Le gars s'était posté au sommet de la colline avec une carabine et il a abattu dix soldats, l'un après l'autre, sans se faire capturer. La route de Jérusalem est très fréquentée. C'est un symbole. Ça va provoquer un vrai traumatisme. Ils se croiront revenus en 1948. La configuration des lieux… Ce n'est pas un hasard si mon grand-père tirait sur les convois là-bas. Le wadi ressemble à celui de Silwad.

– Pas tout à fait, a rétorqué Halil. À Silwad, il y a un village. Le tireur a pu se planquer en un quart d'heure. »

Abou-Zeid a ramassé le croquis qu'il a approché de la résistance incandescente du radiateur. Il s'est levé, la feuille embrasée à la main, il a ouvert la fenêtre, a lancé un rapide coup d'œil à la pluie qui tombait sans discontinuer et a jeté le papier dehors. Après quoi, il a refermé la fenêtre et est retourné s'asseoir sur sa chaise en plastique en se frottant les mains, maculées de cendre.

« Ce plan est foireux. Ça prendra trop de temps, et nous n'en avons pas. En plus, la retraite est risquée. À cause du temps, justement. En cinq minutes, l'endroit va fourmiller de barrages et d'hélicoptères. Nous ne sommes plus en 1948, je te signale !

– Il n'y a aucun autre moyen ? a demandé mon frère.

– Et puis qui va s'en charger ? » a objecté Halil.

« Svetlana, comment va-t-il ? »

Quoi ? Qu'est-ce qu'il y a encore ?

« Comme d'habitude. Il est un peu agité ce matin.

– Avez-vous examiné ses pupilles aujourd'hui ? »

Oh, non !!!

« Pas encore, docteur Hartom. »

Aaargh ! Merde ! Vous allez me tuer avec cette lampe… !

« Mmm… bon. A-t-il été à la selle ? Et l'urine ?

– Pas de selles. L'urine est normale. »

Dégage, Hartom, j'étais au milieu de… où étais-je… ? Si c'est un rêve, il n'en finit pas… Quel cauchemar…

« O.K. Fahmi, tout est bon. Vous n'avez aucune raison de vous fâcher. Svetlana s'occupe bien de vous. Cet après-midi, nous pratiquerons une IRM, et puis nous vous montrerons des photos

et on vous passera des sons familiers, pour tester les réactions aux stimulations. Svetlana, nous avons les clichés et la musique ?

– Oui, docteur Hartom, tout est prêt. »

Des enfants disputaient une partie de foot sous la pluie. Ils tapaient dans un ballon en s'époumonant devant un mur couvert de slogans et de posters. Bilahl expédie des enfants la nuit… Il y avait une nouvelle affiche représentant le chahid, le martyr Shafik, avec le mont du Temple en toile de fond ; et, la dernière fois que les chars et les bulldozers avaient pénétré ici, ils avaient laissé de grosses flaques de boue. D'autres gamins jouaient aux billes sous un abri. Il pleuvait à verse. Un tonnerre d'applaudissements s'échappaient des télévisions, par les fenêtres des maisons. Le vent s'acharnait à arracher les tôles ondulées retenues par des parpaings de béton sur les toits. Grand-père Fahmi avait habité huit ans sous la tente avant de se construire une maison en dur.

Le téléphone a sonné.

« Tu es content maintenant, hein ?

– Papa ?

– Vous pensez arriver où avec vos opérations spectaculaires ?

– Je ne sais pas de quoi tu parles.

– Tu me prends pour un idiot ou quoi ?

– N'oublie pas ce qu'a fait grand-père en 1948. Il a semé la terreur, il n'a jamais baissé les bras, il a sauvé notre honneur.

– Oui, et ça nous a menés où ? À Al-Amari ? »

Les yeux fixés sur les gosses qui pataugeaient sous la pluie, je n'ai pas répondu.

« Ne fais pas la sourde oreille, Fahmi. Tu m'as promis quelque chose, tu as oublié ? Tu m'as juré que tu ne t'en mêlerais pas. Tu m'as donné ta parole, mon fils. »

7

En 1935, deux semaines après que la police britannique eut dispersé par la force une manifestation arabe à Jérusalem, Izz al-Din al-Qassam rassembla ses hommes et déclara le Jihad, la guerre sainte. Ils devaient se préparer à partir le soir même, annonça-t-il. Il embrassa sa femme et ses enfants et partit avec ses hommes dans les montagnes autour de Jenin.

Chacun avait dans sa poche un Coran, qu'ils étudiaient pendant la journée. Le soir venu, ils se transformaient en soldats. Une nuit, l'un des gardes, Mahmoud Salam al-Mahmuzi, tomba sur une patrouille juive. Il tua le commandant. Un homme de l'escadron juif s'en fut rapporter l'incident avant de rentrer chez lui.

Les Britanniques réagirent avec violence, mobilisant dans tout le pays d'importantes forces qu'ils concentrèrent à Haïfa. Le lendemain, cinq cents soldats partirent à la recherche d'Izz al-Din al-Qassam. Le sheikh al-Qasam trouva la mort au terme d'une bataille sanglante qui se poursuivit toute la nuit et il devint l'un des premiers *chouhada*, les martyrs. Il avait semé le germe de la révolte contre le sionisme et l'impérialisme, et inspiré toute une génération réceptive à ses principes.

Le messager chargé de porter la nouvelle était le grand-père de Douchi. Sa mère était née neuf mois plus tard, en 1935, la même année que mon père dans le Maryland, aux États-Unis.

Ce soir-là, je suis rentré à la maison en minibus. De mon point de vue, la période d'observation était terminée depuis la fin de la matinée. Le trajet fut moins folklorique que d'habitude. Les chauffeurs juraient un peu moins et conduisaient de façon moins anarchique. Même les « jumbos » semblaient compatir au malheur qui venait de frapper leurs collègues.

« Comment es-tu rentré ? a questionné Douchi.

– En taxi, j'ai répondu, l'air dégagé.

– Menteur !

– Pourquoi tu dis ça ? »

C'est vrai quoi, pourquoi mentirais-je ?

Elle est venue m'embrasser.

« Tu as vraiment pris le taxi ? »

J'ai fourragé dans le frigo.

Non, je n'ai pas pris un taxi, Douchi, j'ai pris le minibus. Mais ne compte pas sur moi pour te le dire. Je n'ai aucune envie de me disputer avec toi.

« Parole d'honneur ! »

Rien n'est plus comme avant depuis le 11 septembre. Tout a changé ce jour-là, et, en même temps, la vie continue. En bref : après quatre ans de vie commune, Douchi et moi avions décidé de nous marier. La date était fixée au 11 septembre 2001. La mère de Douchi est décédée d'un infarctus la veille du mariage, qui a dû être annulé. Depuis, le mot « mariage » est devenu tabou chez nous. À croire que nous étions entourés de barrages, d'obstacles insurmontables, que ce mot était soumis à un bouclage. Il s'était réfugié au fond d'une grotte pour échapper à une armée lancée à ses trousses. Il ne prenait pas la peine de nous donner de ses nouvelles, pas même un petit coucou de loin en loin. Phénomène que nous interprétions comme un signe de Dieu ou, pire, de la mère de Douchi signifiant que nous ne devions pas nous marier. Elle a sacrifié sa vie sur l'autel de ce message, lequel faisait office de médium. Voilà pourquoi, j'imagine, nous n'en parlons jamais. Ce n'est qu'une hypothèse, vu que nous n'en parlons jamais, précisément. Comme si, au moment de son décès, une valve avait sauté, libérant une énorme pression et que le centre de l'attention s'était déplacé du mariage à l'enterrement.

La première réaction de Douchi fut de rire.

« Ce n'est pas vrai ! s'exclama-t-elle au téléphone. Arrête, papa, tu me fais marcher ! O.K., O.K. » ajouta-t-elle avant de raccrocher. « Ma mère est morte d'un infarctus », m'a-t-elle annoncé, les larmes aux yeux. Elle alla chercher un mouchoir.

Le jeune frère de Douchi, Voovi, ne semblait pas particulièrement affecté. Leur père non plus. Un jour, avant ces douloureux événements, Douchi m'avait fait promettre que, quel que soit l'avenir de notre relation, nous n'en arriverions jamais à nous détester comme ses parents.

Le père de Douchi s'appelle Noam Neeman, c'est-à-dire « aimable » et « fidèle », ce qui est une plaisanterie. Deux pour le prix d'une, même. Il avait quitté la mère de Douchi et ses deux enfants après six ans de mariage. Parti au Nicaragua avec sa deuxième épouse, il l'avait abandonnée à son tour, ainsi que les enfants nés de cette seconde union, outre une sombre histoire de trafic d'armes. Retourné en Israël à quarante-six ans, il s'était remarié avec une fille deux fois plus jeune que lui. Ni Douchi, de trois ans la cadette de sa nouvelle belle-mère, ni son frère n'avaient assisté au mariage.

J'aime bien Noam Neeman. C'est un vrai macho. Il ne s'encombre pas de scrupules. Ça marche une fois sur deux. Dernièrement, il a encaissé un sérieux revers avec une start-up dans laquelle il avait investi un million de dollars. « Si tu avais un million de dollars, tu le placerais où ? » m'a-t-il demandé. « À la banque », j'ai répondu. Il m'a fixé d'un œil méprisant en tirant sur son cigare d'un air satisfait.

« Douchi, tu ne pouvais pas te dégoter un type plus sensé ? » a-t-il lancé à sa fille en me tapotant l'épaule de sa grande main hâlée.

Finalement, il a injecté son capital dans un nouvel opérateur de téléphonie mobile, une société appelée Wa-Wa. Un an plus tard, son argent se retrouvait au fond des égouts.

En réalité, les parents de Douchi ne se vouaient pas une haine réciproque. Sa mère ne s'était jamais remise de la rupture. Elle avait aimé son mari en secret jusqu'à son dernier souffle. Elle lui portait une vénération qui confinait à l'obsession. À défaut de le posséder lui, elle avait ses deux enfants. Elle surveillait leurs faits et gestes. Quoi qu'ils fassent, où qu'ils aillent, ils s'attendaient à la voir pointer un doigt réprobateur. Léa Neeman buvait la coupe amère jusqu'à la lie. Elle n'aimait pas la vie, se méfiait de tout. Quels que soient les décisions ou les projets de ses enfants, ils n'auguraient rien de bon, déchaînaient ses foudres et son indignation. Douchi et son frère ne pouvaient faire un pas sans risquer de trébucher sur la jambe tendue de leur mère, prête à leur faire un croche-pied.

Je ne suis pas le seul à penser que succomber à un infarctus la veille du mariage de sa fille aînée n'était pas le fruit du hasard. Elle avait brûlé ses dernières cartouches, l'arme du jugement dernier. Ça avait marché au poil ! La bague que j'avais achetée a atterri au fond d'un tiroir. (« Les diamants sont éternels, je n'en veux pas », avait objecté Douchi.)

Bref, la tête toujours dans le frigo, j'ai tenté de renouer la conversation.

« Tu as passé une bonne journée, Douchi ? »

Elle a esquissé un geste qui signifiait : laisse tomber, pas la peine d'en parler. Encore une journée dingue. Depuis quelques mois, elle rentrait à bout de forces à la maison à cause d'un procès pour escroquerie et délit d'initié qui n'en finissait pas. Elle incriminait le deuxième avocat, cet imbécile de Gvirzman, le juge, toujours nerveux et surmené, son salaire, Boaz, son patron qui, après des années de bons et loyaux services, ne semblait toujours pas décidé à la prendre pour associée.

J'ai avalé une salade de pâtes pendant qu'elle regardait distraitement la télévision, assise sur le canapé.

« Alors ? » j'ai insisté.

Elle a fait une grimace.

« Quel salaud !

– Boaz ? Gvirzman ? Le juge ? C'est qui, cette fois ? »

Elle a haussé les épaules.

« Oui, non. Tous les trois sont de beaux fumiers. Je ne comprends pourquoi je me tue au travail. Gvirzman a demandé un nouvel ajournement sans me consulter. Et lorsque je lui ai reproché son comportement inqualifiable, il m'a taxée d'ado attardée. »

Il n'avait pas complètement tort, mais je me suis bien gardé de le dire.

« Pas grave.

– Comment ça, pas grave ? » a-t-elle rugi, toutes griffes dehors.

J'adore la voir se transformer en tigresse.

« Tu travailles dans un cabinet prestigieux, tu es bien payée, tu as une clientèle sélecte, tu t'occupes de dossiers importants, et…

– La question n'est pas là, Croc. Je stagne depuis un an. Tu as beau croire que j'ai un bon job – ce qui est faux –, je n'ai pas eu d'avancement depuis un an. Ce procès… »

J'ai hoché la tête. Comment peut-elle s'apitoyer sur son sort, ne jamais s'estimer heureuse alors qu'elle n'a aucune raison de se plaindre.

« Ne te fatigue pas. Tu ne réussiras pas à me convaincre que je m'éclate au bureau. Tu pourrais essayer de me comprendre et de m'encourager, non ? Un peu de réconfort ne serait pas de refus après une journée pareille ! »

Une journée pareille. Ouh là ! On a demandé un ajournement sans la consulter et on l'a traitée d'ado attardée. Quelle horreur ! Elle avait besoin qu'on lui remonte le moral. Comme toujours. La pauvre. Ses jérémiades commençaient à me taper sur les nerfs.

« J'ai pris le minibus, pas un taxi, tu sais », ai-je lancé tout à trac.

Qu'est-ce qui me prenait de lui dire ça ? Peut-être l'envie d'en découdre.

« Menteur !

– Je ne vois pas pour quelle raison je mentirais !

– Croc ?

– Oui.

– Tu plaisantes, hein ? »

Je me trouvais à un tournant. Je pouvais mentir pour calmer le jeu, ou dire la vérité – ce qui n'était pas dans mes habitudes – et déclencher la Troisième Guerre mondiale, qui menaçait d'éclater à tout moment.

Je l'ai fixée, les paupières mi-closes (mon regard de crocodile).

« Je suis sérieux. J'ai vraiment pris le 9 *bis.* »

Douchi a les cheveux châtains et la peau café au lait, ce qui n'en finissait pas de m'émerveiller à l'époque où nous passions encore des heures à nous caresser, allongés l'un à côté de l'autre. Elle a hérité le café de sa grand-mère yéménite – celle des événements de 1935. Le lait lui vient de son père et de son grand-père. Sa physionomie s'assombrit et ses grands yeux lumineux se voilent quand elle est au bord de l'explosion. Il ne s'agit pas tant de son teint que de son expression. On dirait une enfant sur le point de fondre en larmes. Sauf que chez elle, ce sont les nerfs.

« Pourquoi n'as-tu pas pris un taxi, comme je te l'ai demandé ?

– Parce que j'étais persuadé qu'il n'allait rien m'arriver. Et tu sais quoi ? J'avais raison. Et puis il n'y a pas eu un nouvel attentat contre un minibus aujourd'hui, que je sache.

– Ça n'a rien à voir.

– À bon ? Ça a à voir avec quoi, alors ? Tu voulais que je prenne un taxi pour une raison précise. J'ai pensé que tu avais tort. Et je ne me suis pas trompé. Je ne comprends pas pourquoi on discute.

– C'est incroyable ! Tu as vraiment fait le trajet en minibus ?

– Bien sûr. Je ne vois pas pourquoi j'aurais dû prendre un taxi.

– Parce que je te l'ai demandé. C'est une raison suffisante, non ?

– Pas si elle est irrationnelle.

– C'est incroyable ! »

J'ai apporté une chaise de la salle à manger et je me suis assis en face d'elle. Elle a baissé le volume de la télévision, branchée sur la deuxième chaîne. Danny Ronen pérorait sur l'écran avec ses gros sourcils qui prenaient des airs de conspirateurs.

« Je ne vois pas pourquoi je mentirais.

– C'est incroyable ! a-t-elle répété pour la troisième fois. Dis-moi, il n'y a plus rien entre nous ? Un peu d'estime ? De considération ? De confiance ?

– Quel rapport ? »

Elle a secoué la tête, le visage entre ses mains.

« J'aurais dû écouter Uri. »

Uri ! Son psy. Je me demandais quand il allait revenir sur le tapis, celui-là. D'après elle, il ne voyait pas notre relation d'un bon œil, mais il ne le lui dirait jamais en face, m'avait-elle confié, il y a longtemps déjà. Nous avions eu une scène. Elle avait interrompu les séances et nous avions décidé de nous marier. Et puis les circonstances nous avaient contraints à annuler le mariage. Elle était retournée le voir quelques semaines plus tard. Il en remettait une couche, apparemment.

« Uri ne sait rien de rien.

– Il en sait plus que tu ne le crois.

– C'est curieux, puisqu'il n'a que ta version des faits.

– Ce qui compte, c'est ma façon de voir et de ressentir les choses, justement. »

Combien de fois avions-nous abordé ce sujet ?

« Mais il parle de tes relations avec *moi*. Il s'agit de nous deux, non ? Comment peut-il être objectif s'il n'entend qu'un son de cloche ? Quelquefois, tu déformes la vérité en fonction de ton humeur. Laquelle est aussi changeante que ce sacré Danny Ronen. Tu… ce n'est pas possible… comment peux-tu gober ces âneries ? »

Un ange est passé. Douchi a monté le volume de la télé.

Les soupçons des forces de sécurité s'orientaient du côté de Naplouse, annonçait Danny Ronen. Dans le passé, des cellules terroristes basées dans cette ville s'étaient infiltrées à Tel-Aviv. Elles seules étaient capables d'organiser un attentat de cette envergure. Danny affirmait tenir ces informations d'une source militaire fiable. La ceinture d'explosifs du kamikaze, un certain Shafik originaire de Naplouse, précisément, pesait vingt-cinq kilos. Tsahal avait évoqué la possibilité de représailles dans cette ville.

Douchi a désigné l'écran.

« Tu vois ? Il y a eu dix victimes. Onze même ! Onze ! Et tu te trouvais dans ce bus !

– Ce n'est pas un bus.

– On s'en fiche. Tu aurais pu mourir ! J'ai eu peur, O.K. ? J'ai paniqué. J'ai tremblé comme une feuille. Je t'ai demandé de faire quelque chose pour moi. Mais c'était irrationnel, hein ? Stupide ? Peut-être bien. Sauf que la femme qui partage ta vie t'a supplié de prendre un taxi pour une fois dans ton existence. Et tu as refusé. Pourquoi passons-nous notre temps à nous disputer ? C'est à cause de moi ? Tu n'as aucun respect pour moi. On dirait que tu me détestes. Je te demande une toute petite chose et tu t'en fous. J'appelle ça de la haine. Si tu ne me supportes pas, qu'est-ce que tu fiches ici ? Pourquoi restes-tu avec moi, hein ? »

Bonne question. Les querelles, c'est une affaire de volonté. On peut se chamailler, ou pas, pour un oui pour un non. Du côté américain de ma famille, on ne se disputait jamais. Avec Douchi, c'est le contraire, on se dispute en permanence, pour n'importe quoi. Peut-être est-ce pour moi le moyen de rattraper le temps perdu ? Quelque chose chez elle me tape sur les nerfs. Et réciproquement. Elle n'aime pas ma famille et je n'aime pas la sienne. C'est une boule de nerfs, je suis du genre flegmatique. D'après elle, si un attentat a visé la ligne 9 *bis*, il y en aura forcément un autre d'ici peu. Moi, je n'y crois pas. Je ne sais même pas pourquoi je m'énerve. Je déteste ça. J'en déduis que c'est de sa faute. C'est la seule explication. Elle est avocate, après tout. Les affrontements, c'est leur gagne-pain à ces gens-là, non ? La différence entre Douchi et moi se résume en une phrase : je prétends que tout ira bien et que, même si tel n'est pas le cas, ce n'est pas dramatique. Douchi a une vision des choses complètement opposée.

« Tu dis que je ne te respecte pas ? Excuse-moi, mais là, tu inverses les rôles. C'est toi qui refuses de m'écouter et veux m'imposer le moyen de transport à prendre pour rentrer à la maison. Or j'avais vu juste, non ?

– Inutile de crier.

– Je ne crie pas. »

Les désaccords ne m'inquiètent pas. C'est monnaie courante. Les couples ne font pas exception. Ce qui me gêne, c'est que la vie à deux transforme des gens charmants en petits dictateurs. La critique est l'unique forme de dialogue. Changer l'autre devient un but en soi. L'intimité se réduit à le dominer.

« Tu ne t'entends pas, on dirait. Tu ne sais plus parler sans crier. Tu… »

Un visage familier a surgi sur l'écran.

« Attends, Dooch, tais-toi ! Monte le son ! Vite ! »

« La dernière victime de l'attentat de Tel-Aviv vient enfin d'être identifiée. Il s'agit de Guiora Guetta, vingt-trois ans.

Ses parents, rue Hapalmach à Jérusalem, exigent du gouvernement de réagir avec le maximum de fermeté… » « Il faut faire quelque chose, disait quelqu'un. Ce gouvernement abandonne nos enfants. Par leur faute, notre vie tourne au cirque… »

Rue Hapalmach, à Jérusalem. Je devais m'y rendre d'urgence. Douchi a compris que j'avais la tête ailleurs.

« Qu'y a-t-il ?

– Je pars à Jérusalem.

– Tu es fou ? Tu ne vas nulle part. »

Je l'ai embrassée sur le front, j'ai ramassé ma pochette, mon portable et ma veste.

« Je dois y aller. Il m'a parlé avant le… il m'a demandé de transmettre un message. Il faut que j'y aille. Je t'appellerai, ne t'inquiète pas », ai-je lancé sur le pas de la porte.

Enfin peut-être, ai-je songé en même temps *in petto*.

J'ai dévalé l'escalier. J'étais déjà à l'étage au-dessous quand elle a crié quelque chose. Impossible de distinguer ses paroles, seulement l'accent de rage et de désespoir dans sa voix.

8

« FAHMI… »

Lulu ? Lulu ? J'aime ta voix…

« Fahmi, comment vas-tu ? Tu m'as manqué. tu… as l'air en forme. Tu… »

Lulu ? Pourquoi ne dis-tu rien ? Parle-moi, Lulu, s'il te plaît…

« J'ai vu Bilahl. Papa et moi sommes allés au procès. Il a été reporté. Il va écoper de quatre cents ans au moins, mais il s'en fiche. Dis, Fahmi, quand vas-tu rentrer à la maison ? J'ai monté la jument dont je t'ai parlé… »

Avec ce garçon. Fais gaffe, je t'ai prévenue. Tu es trop jeune pour ce genre de chose.

« Tu vas me dire que je suis trop jeune pour ça, hein ? Ah, hier, j'ai regardé L'Arche de Noé *à la télé. C'était génial. Tu aurais adoré… »*

L'Arche de Noé sur la deuxième chaîne. Je connais. C'est comme si j'y avais participé un tas de fois…

« L'émission phare de la télévision israélienne avec la star Tommy Mousari ! » claironne l'animateur.

« Fahmi Omar al-Sabich, c'est bien vous ? demande Tommy Mousari.

– C'est moi, bonsoir.

– Bonsoir à vous, Fahmi. Vous avez tiré sur des véhicules israéliens à Bab al-Oued comme votre grand-père ?

– C'est exact. Et vous (mon partenaire dans *L'Arche* est Juif), vous avez abattu un enfant de douze ans dans le camp de réfugiés d'Al-Amari, près de Ramallah, sous prétexte qu'il avait ébauché un geste indécent ?

– C'est vrai », approuve le Juif.

Le public applaudit. Tommy Mousari avec son œil unique et moi sourions.

« Fahmi, racontez-nous un peu pourquoi vous avez choisi d'imiter votre grand-père.

– Je l'admirais. Il m'aimait beaucoup. Il s'appelait Fahmi, comme moi. Il nous racontait qu'il avait attaqué les convois juifs sur la route de Jérusalem en 1948. (Le public applaudit derechef.) Moi aussi, je voulais que ma vie vaille la peine d'être vécue... »

« ... Fahmi, rentre vite chez nous. Je reviendrai la semaine prochaine. Au revoir, mon frère chéri... »

Non, Lulu, ne t'en va pas... ne me laisse pas seul ici !... J'aimerais tellement te parler, mais mon corps ne m'obéit plus, impossible d'ouvrir les yeux...

« Oh ! Fahmi ? Fahmi ? Qu'est-ce qui se passe ? Infirmière ! Infirmière ! Fahmi ? Tu me vois ? »

Non, n'appelle pas cette pauvre idiote ! Reste avec moi...

« Qu'y a-t-il ? Ah ! Il a ouvert les yeux ? O.K. Oui, ça lui arrive de temps en temps. Non, il n'a pas repris conscience, je suis désolée. Tu as eu peur ?

– Non, j'espérais...

– *Je suis vraiment navrée. Tu ferais mieux de partir, maintenant. Les visites le fatiguent…* »

Mais non, idiote, non, je ne veux pas qu'elle parte. S'il te plaît ! Ne me laisse pas flotter entre deux eaux avec des bribes de souvenirs…

« *Bye, Fahmi, tu vas t'accrocher, hein ?* »

Lulu…

Le journal du matin présenté par ce clown de Danny Ronen sur la deuxième chaîne. Les forces de sécurité pensaient que l'opération avait été planifiée à Naplouse. Qui était le plus bouffon des deux ? Danny Ronen ou Shaul Mofaz ? Difficile à dire.

Dehors, c'était l'hiver. Une odeur de fumée planait dans les rues couvertes de givre. La pluie avait cessé. Une voisine étendait du linge, le muezzin appelait à la prière. Si Bilahl était là, il m'entraînerait à la mosquée. Mon frère me tannait pour que je commence mes études dans le même collège que lui, à Kuliat Al-Iman, l'institut religieux d'A-Ram. Impossible. Papa aurait pété les plombs. Je préférais Beir Zeit, de toute façon. Mon oncle Jalahl me conseillait de décrocher un diplôme d'ingénieur spécialisé en génie électrique à l'École polytechnique d'Hébron. Je ne voyais pas comment m'y prendre. En attendant, j'aidais mon oncle dans ses travaux d'électricité, quand il avait besoin de moi. Et je regardais la télévision à longueur de journée. Al-Manar, Future TV, al-Jazira, la deuxième chaîne. L'Égypte, le Liban, Dubaï. Le monde était à portée de main. Dans *La Mission* sur Al-Manar, Ehab Abou-Nacif demandait aux candidats le nom du village palestinien détruit en 1949 dans la région de Ramla, sur l'emplacement duquel on avait construit la ville de Yavné. Yibna. J'ai trouvé tout de suite. Quel était le surnom du chahid Amar Hamoud ? Facile : « L'Épée de la chouhada ». Dans quelle organisation la chahida Wafa Idriss travaillait-elle ? Simple : le « Croissant-Rouge ». Le concurrent jordanien n'a gagné que quatre millions de lires. *Le Maillon faible* sur Future TV : Quel tableau a été volé au Louvre en 1911 ? « La Joconde. » *Qui veut être millionnaire ?* En Égypte : « Où est né Martin Luther King ? » Pas facile. Charleston ? Atlanta ? La Nouvelle-Orléans ? Little Rock ? Atlanta, c'est ça ? Oui. Après *La Mission*, Al-Manar a transmis un programme intitulé « Terroristes ». Une fois de plus ont envahi l'écran des images d'enfants ensanglantés à Jénine et à Gaza, des corps déchiquetés par des missiles, des maisons en ruine à Khan Younès. J'ai zappé sur une rediffusion de *Ya leil ya ein* – musique et jolies filles sur Future TV.

Ce soir-là, Bilahl et moi nous sommes mis en route après la prière.

Nous avions rendez-vous près d'un hangar, derrière une vieille maison qui nous servait de planque. Nous y avions caché les deux fusils, ainsi que les cartouches. Nous les avons répartis dans nos sacs à dos. Bilahl a téléphoné et nous avons patienté, adossés contre le mur. Un taxi jaune est arrivé au bout de cinq minutes. J'ai rangé les armes dans le coffre, pendant que Bilahl discutait avec le chauffeur. Nous avons pris la route de Bidou. Le chauffeur écoutait le bulletin d'informations à la radio. L'armée était intervenue à Naplouse, où elle avait détruit la maison familiale de Shafik. « Quand est-ce que ces enfoirés de Naplouse vont piger que c'est la meilleure façon de provoquer des troubles ? a commenté le chauffeur. Ils ne ratent pas une occasion de nous fourrer dans le pétrin. Le lendemain d'un attentat, je sais d'avance que je n'aurai pratiquement pas de boulot. Les gens ne sortent plus, ils attendent les représailles de l'armée. »

Nous nous sommes abstenus de répondre. « Pourriez-vous mettre de la musique ? » a demandé Bilahl. Le chauffeur a changé de fréquence.

Mon frère était furieux parce que Naplouse s'était attribuée les mérites de l'opération. Oui, mais si les Juifs croyaient que le cerveau se trouvait à Naplouse, au moins, ils ne s'occuperaient pas de nous, ai-je objecté. Tu vois toujours le verre à moitié plein, hein ? a-t-il rétorqué. Nous gravissions des sentiers de chèvres à travers des terrasses, dans la montagne. L'air embaumait le za'atar et la sauge. La nuit était sèche et froide. Des nuages cachaient la lune.

Nous parlions à peine. Je pensais à Rana. À Shirine Abou-Akla, la jolie journaliste d'al-Jazira. À la belle Osnat Dekel de la deuxième chaîne. Je me suis bien gardé de me confier à Bilahl, naturellement.

À dix ans, mon grand frère avait jeté des pierres pendant une manifestation à Murair. Il avait été jugé et papa avait dû payer une amende parce qu'il était mineur. Bilahl lui avait interdit de le faire, mais Papa était passé outre : « Les Juifs ont le pouvoir et ils vont continuer à nous maltraiter ! » avait-il braillé. Environ deux ans plus tard, trois soldats l'avaient arrêté en pleine rue chez nous, au village, au milieu d'un déluge. Il pleuvait à seaux, de grosses gouttes glacées, coupantes comme des couteaux. Les soldats s'étaient réfugiés sous un abri de tôle branlant, laissant Bilahl à l'extérieur, tête nue. Ils l'avaient soumis à un feu roulant de questions dans un arabe boiteux en se moquant de lui. L'un d'entre eux, celui du milieu, fumait une cigarette. Mon frère leur faisait face sous la pluie, ses cheveux mouillés, plaqués sur sa tête comme une serpillière, le visage ruisselant, déformé par le froid. À quoi pensait-il sous la pluie battante ? À quoi pensait-il ?… Ils l'avaient emmené en Jeep pour qu'il leur révèle la cachette des chebabs – les jeunes qui taguaient les murs et jetaient des pierres. Ils voulaient savoir qui les manipulait – comme s'ils avaient besoin qu'on leur donne des ordres ! Il avait seize ans quand, vers la fin de la première Intifada, il avait été arrêté une nouvelle fois pour avoir incendié le mirador de l'armée, à l'entrée du village : un mois de détention administrative – dans l'unique démocratie du Moyen-Orient… Pendant ce laps de temps, il avait beaucoup écouté et beaucoup appris. Il s'était lié avec un garçon qui lui avait conseillé d'entrer à l'institut coranique d'A-Ram. Il logeait alors chez notre oncle Jalahl, à Al-Amari. Il ne se rasait plus et fréquentait assidûment la mosquée. Il me parlait beaucoup, même avant que je le rejoigne là-bas.

« Papa m'a dit d'éviter les problèmes, ai-je annoncé.

– Il vit dans un autre temps, dans un autre univers. »

Il avait raison. Le monde était tombé sur la tête. La paix dont rêvait notre père s'était révélée être une vaste escroquerie de la part des Israéliens. Pourtant, il persistait à croire que continuer la lutte était pire. Moi, je préférais penser à autre chose. Jusqu'à ce fameux mur que l'armée avait érigé pendant une semaine autour de Murair et mon départ pour Al-Amari – un camp de réfugiés où un quart des familles subsistaient grâce aux rations de riz, de farine, de lait en poudre, de sucre et d'huile fournies par l'UNRWA. Combien de temps encore allais-je rester le cul devant la télé ? Manger des pitas fourrées aux pommes de terre, aux œufs durs et au thon ? Déambuler dans les rues au milieu du béton et des égouts à ciel ouvert en espérant que les odeurs de cuisine et de cumin, portées par le vent, couvrent la puanteur ? Ou regarder l'équipe de foot du camp évoluer sur le terrain pelé, même si c'était la meilleure de Cisjordanie ? Combien de temps allais-je continuer de la sorte ?

« Ouf, quelle journée ! Je rêve de poser la tête sur l'oreiller. Je viens vérifier si tout va bien… le tube pour l'urine, l'autre pour l'oxygène. Parfait. Tu es un bon garçon. Bonne nuit alors. »

Ouais, ouais, Svetlana, maintenant file, je suis occupé…

« Le docteur Hartom a dit que le scanner était bon. Ton cerveau a répondu à la musique, et tu as parfaitement réagi aux photos de ta sœur et de ton frère… »

Tu viens de me souhaiter bonne nuit, non ?

« O.K., c'est parfait, je me sauve. Bonne nuit, lyubimiy moi ! »

À gauche, on apercevait les lumières de Har Hadar et, à droite, celles de Katana. Nous avons contourné Maale-Hachamisha et Neve Ilan et avons marché environ quatre heures. Bilahl marmonnait des prières. Nous entendions la rumeur de la circulation, pareille au crépitement incessant de la pluie. La montée était rude.

« On voit la route juste après la colline, je crois », a observé Bilahl.

Je n'en pouvais plus, mon cœur s'emballait, je dégoulinais de sueur. Ce qui ne m'a pas empêché de grimper au petit trot jusqu'au sommet. Ensuite, nous avons amorcé la descente parmi les pins. J'ai distingué alors le long serpent de lumières blanc et rouge des voitures roulant sur la route à double sens.

« Là, tu vois », a ajouté Bilahl en me rejoignant une minute plus tard.

Nous avons poussé un peu plus loin, jusqu'à un point de vue offrant un superbe panorama sur les deux voies. Le ravin était escarpé – le lieu idéal pour tendre une embuscade. Non loin de là, l'une des carcasses de grand-père surgissait sur un terre-plein broussailleux.

Bilahl a consulté sa montre.

« C'est ici, a-t-il déclaré. La voiture viendra nous chercher là-bas, sous la carcasse de cet autobus, dans une heure environ. On va canarder quelques minutes, juste avant onze heures, et ensuite on court se planquer dans le fossé sur le bas-côté de la route. Viens, on va installer les supports des fusils. »

Nous avons improvisé des trépieds à l'aide de pierres et de quelques poignées de terre, à bonne distance l'un de l'autre pour pouvoir nous allonger confortablement et permettre un large champ de tir. Bilahl m'a donné des bouchons d'oreilles. J'avais la peur au ventre.

« On a cinquante minutes à tuer. On va prier un peu. Rappelle-toi, on tire seulement en direction des lumières blanches, dans le sens inverse de la circulation. À mon signal, tu vises les vitres et tu ne t'arrêtes plus. Si la mécanique s'enraie, effectue les contrôles que je t'ai montrés, retire le chargeur et arme de nouveau ton flingue. Au cas où ça ne marcherait pas, on échangera nos fusils et je réessaierai. L'opération ne doit pas durer plus de trois minutes. Après, on descend en vitesse sur la route sans oublier les armes. Souviens-toi de Silwad. Garde ton calme et ton sang-froid. Fais comme moi. Ne réfléchis pas trop. »

9

UN SOLDAT, LE POUCE LEVÉ, faisait du stop à l'entrée de l'autoroute. Je me suis arrêté et j'ai baissé la fenêtre.

« Jérusalem ?

– Oui.

– Montez.

– Merci beaucoup.

– De rien. »

Il a lancé son gros sac sur la banquette arrière avant de s'installer à côté de moi, son fusil dans les mains.

« Abstenez-vous de pointer ce truc vers moi, d'accord ?

– Ne vous en faites pas. Ça veut dire quoi : "Chaque seconde compte ?"

– Pardon ?

– L'autocollant sur la voiture. »

J'ai mis un petit moment avant de comprendre. Je conduisais la Polo verte de fonction. Façon de parler, vu que le coût de son entretien était prélevé chaque mois sur mon salaire. Je ne m'en servais pas souvent, puisque j'empruntais le minibus pour me rendre au bureau. En revanche, Douchi la prenait tous les jours pour aller travailler.

« Ah, oui !

– Oui quoi ?

– Excusez-moi, pourriez-vous répéter la question ?

– Ça veut dire quoi “Chaque seconde compte ?” »

Nous étions sur l'autoroute. Il faisait frisquet, mais j'avais entrebâillé la fenêtre pour respirer l'air nocturne.

« Voyons voir. Ça vous est arrivé d'acheter un nouvel appareil sans lire les instructions ?

– Pardon ?

– Bon, prenez un paquet de salade préemballée du supermarché. Ou bien un jean prélavé, vous voyez ?

– Bien sûr, j'en ai un. Super cool !

– Bon, les gens ne veulent pas perdre de temps. Chaque seconde compte, vous saisissez ?

– Vous travaillez dans les salades en sachet et les jeans délavés, c'est ça ? »

Qui n'a jamais expérimenté dans sa chair ce que signifie « chaque seconde compte » aura apparemment du mal à comprendre cette maxime. À la fin de mon entretien d'embauche à Time's Arrow, Jimmy Rafael m'avait demandé si j'étais une victime du temps.

« Une victime du temps ?

– Oui. Faire les choses plus rapidement, ou en faire le plus possible dans le moins de temps possible, ça vous obsède ?

– Oui, constamment.

– Est-ce que vous pensez plus vite que vous ne parlez, vous efforcez-vous de faire plusieurs choses en même temps, d'accélérer votre débit de parole ? Poussez-vous les autres à faire pareil ? »

J'ai hoché la tête.

« Les avions *doivent* toujours décoller à l'heure ? Les voitures trop lentes vous tapent sur les nerfs ? Vous détestez les queues à la banque ou au cinéma ? Vous ne supportez pas d'attendre au restaurant ?

– C'est vrai !

– Chaque minute gaspillée inutilement vous exaspère ?

– Oh oui ! »

Jimmy Rafael m'avait tendu la main en souriant.

« Bienvenue à Time's Arrow. »

Je me sentais ici chez moi. Plus tard, il m'avait confié qu'il engageait toujours ses employés selon ces critères. Et, de fait, j'aimais bien travailler avec des collègues qui me ressemblaient. Certains nous méprisent ou nous plaignent, sans comprendre pourquoi nous nous démenons comme des enragés. À quoi ça nous avance d'avoir un emploi du temps de ministre ? s'étonnent-ils. On ne peut pas tout avoir dans la vie. Alors pourquoi ne pas trouver l'équilibre qui permet de profiter de l'existence dans la sérénité ? Au fond, c'est notre façon à nous de trouver la sérénité et de profiter de l'existence. Le mot « réalisation » résume assez bien le charme de ce mode de vie : réaliser un projet et, par là, se réaliser. J'envie ceux qui, comme Jimmy Rafael, ont accompli et accomplissent encore tant de choses. Ils me fascinent et j'aimerais leur ressembler : une semaine bien remplie, le devoir accompli, voilà qui est, à mon avis, bien plus satisfaisant que de se faire dorer la pilule sous les cocotiers, les doigts de pied en éventail.

Mon auto-stoppeur n'a rien compris. J'ai essayé d'aborder le problème sous un angle différent.

« Federal Express ou McDonald's, vous connaissez ?

– Bien sûr. Ah bon, c'est là que vous travaillez ?

– Il s'agit d'empires multinationaux bâtis sur le principe de l'économie du temps. Avant la naissance de FedEx, le délai de livraison d'un colis international pouvait dépasser une semaine. Avec FedEx, il est réduit à vingt-quatre heures. Pareil pour McDonald's et la restauration. Le développement photo en une heure ou la livraison des pizzas en vingt minutes chrono.

– La dernière fois que je suis allé au McDo, ça a pris effectivement moins d'une journée », a gloussé le soldat.

Un bon commercial fait ses preuves face à une clientèle difficile. Si je réussissais à vendre Time's Arrow à cet abruti, je pourrais affronter n'importe qui. J'aimais relever les défis.

« Nous réduisons le temps d'appel vers les renseignements téléphoniques », ai-je précisé.

Si l'on ne sait pas faire l'article en une phrase, autant aller se rhabiller.

« Oh !

– Les gens ne supportent pas de gaspiller une seule minute. Ils passent énormément de temps au téléphone, et ils n'ont pas la patience d'attendre. Nous leurs fournissons les numéros qu'ils recherchent plus vite, et donc moins cher.

– Vous travaillez au 144 ? Vous auriez pu le dire plus tôt ? Ah, c'est l'heure des infos ! » a-t-il ajouté en se penchant pour augmenter le volume de la radio.

Les sacro-saintes infos ! Elles passent avant tout, avant les règles élémentaires de la politesse, même avant une conversation à bâtons rompus sur le temps et le sens de la vie. Nous avons écouté les titres en silence.

« Les enfants de salauds ! Pourquoi ne pas en finir avec Naplouse une bonne fois pour toutes ?

– Ça nous avancera à quoi ?

– Ça leur servira de leçon, non ? Les terroristes sont de Naplouse ? Si demain il n'y a plus de Naplouse, après-demain ceux d'Hébron y regarderont à deux fois avant d'agir, parce qu'ils savent que le jour d'après, Hébron n'existera plus. Vous pigez ? »

Encore un qui avait trouvé la panacée à tous les maux. J'aurais voulu lui demander ce qui arriverait si le type d'Hébron y réfléchissait à deux fois et décidait d'agir malgré tout. Et après ? Je n'ai pas relevé. Je n'avais pas la force de discuter. À la radio, le journaliste mentionnait le nom de Guiora Guetta.

« Vous comprenez ce que j'ai dit ? a répété le soldat. Ce n'est pas sorcier. »

Nous avons roulé quelques minutes en silence. Une ligne ouverte avait succédé au flash infos. Les auditeurs déballaient leurs problèmes à la face du monde. J'ai tourné le bouton. *It must be love.* J'ai monté le volume et me suis immergé dans la musique en fredonnant la mélodie. Combien de fois avais-je écouté cette chanson, quinze, seize ans auparavant, lorsque j'étais amoureux ? L'étais-je encore aujourd'hui ? Je n'en savais rien. Peut-être pas. Sinon, comment expliquer mon attitude envers Douchi ? J'étais devenu agressif, je me désolidarisais d'elle, j'étais sourd à ses appels à l'aide, je claquais la porte au beau milieu d'une dispute… À supposer que l'amour se mesure à l'aune de cette chanson, je ne ressentais plus ce que j'éprouvais autrefois. *Ni plus, ni moins, l'amour est le plus fort.* Peut-être n'en étais-je plus capable. À mon âge, les chansons ne signifiaient probablement pas grand-chose. Je tenais à Douchi. Énormément. Et je regrettais nos brouilles, comme celle d'aujourd'hui. Bon sang, qu'est-ce qui m'empêchait de rentrer en taxi à la maison, hein ? Elle m'avait raconté qu'Uri, son psy, lui avait affirmé que, comme je manquais de confiance en moi, je faisais une démonstration de force pour compenser mon complexe d'infériorité par rapport à elle, qui était si forte, si brillante. J'avais peur de ne pas être à la hauteur et qu'elle me quitte, avait-il ajouté. Je m'étais borné à un « pfft ! » méprisant pour tout commentaire.

Un jour, j'avais demandé à Bar de calculer en numérologie si elle et moi étions faits l'un pour l'autre. Il avait introduit les données dans son ordinateur et avait trouvé : « Croc et Douchi = un mariage d'amour. » Une grosse engueulade plus tard, je l'avais prié de réessayer. Cette fois, il avait trouvé : « Croc et Douchi = un avenir sombre. »

Nous avons dépassé l'aéroport au moment où un avion décollait. La chanson était terminée.

« Vous pourriez me dégoter le numéro de Michal Yannai ? » a demandé mon passager.

J'ai glissé un regard vers lui. Il était plutôt replet, avec une bonne bouille rose et une coupe bizarre, comme si ses cheveux n'avaient pas encore trouvé leur place dans ce monde, dans la hiérarchie des coiffures. Je ne me rappelle pas s'il portait une kippa. Il avait des boutons autour des lèvres et il sentait la sueur. Je n'ai appris son nom que le lendemain, à la radio. Il voulait le numéro de Michal Yannai, la comédienne qui jouait dans *Avenue Q*. J'ai reporté mon attention sur la route.

Quand j'étais soldat, j'adorais faire du stop. On lève le pouce comme un hameçon sans jamais savoir ce qu'on va attraper. La luxueuse Mercedes d'un homme d'affaires qui vous déposera devant la base à deux cents kilomètres à l'heure ? Une étudiante à Sciences Po, à Jérusalem, avec sa Citroën déglinguée et un sourire qui vaut bien trois cents kilomètres à l'heure ? De combien de kilomètres va-t-on vous rapprocher de votre destination – cinq, vingt, cent vingt ? J'aimais discuter avec les gens, les écouter parler de leur univers, du boulot, des enfants, des pays qu'ils avaient visités – pour changer de l'insupportable routine de l'armée et des trop courtes permissions à la maison.

J'aimais beaucoup cette autoroute, l'A1. Un bref voyage entre deux mondes, entre les montagnes et la mer, l'Histoire et le présent, les pierres sacrées et le sable. La friture à la radio, l'étrange musique des ondes antagonistes, signalait qu'on passait d'un univers à l'autre.

Sur notre droite, nous apercevions le monstrueux bâtiment de l'usine de ciment de Ramla, exhalant péniblement de la fumée à la lumière des projecteurs qui délimitaient le périmètre.

Il venait de Petah Tiqva, m'avait-il confié. Ses camarades l'avaient accompagné à la gare de Tel-Aviv d'où il pourrait faire du stop jusqu'à Jérusalem. Il était basé à Bethléem. Quel merdier là-bas, mais, au moins, on allait leur montrer qui étaient les maîtres ! Grâce à Dieu, le commandant de sa division n'était pas à cheval sur le règlement, qui, de toute façon, changeait à longueur de temps : ne pas tirer ici, ne pas tirer là, faire comme ci, pas comme ça, canarder ceux là, pas les autres... Le commandait répétait que, si on touchait à un seul cheveu de la tête d'un de ses soldats, il n'hésiterait pas à incendier la ville tout entière. On ne rigolait pas avec les Golani. Une fois, une patrouille avait été attaquée, mais il n'y avait pas eu de blessés. Un autre jour, on leur avait jeté des pierres du haut d'un toit et l'un des ses potes avait été touché à l'arcade sourcilière. Le commandant avait vu rouge. Un par un, ils avaient fait sortir les hommes de leurs maisons *manu militari*, ils leur avaient bandé les yeux et attaché les mains derrière le dos avec des menottes en plastique.

« Votre ami a été blessé par une pierre au front, c'est bien ça ?

– Oui.

– Il a aussi perdu un cheveu ?

– Non.

– Alors pourquoi punir tous ces hommes ? Le commandant avait dit qu'il riposterait si on touchait à un cheveu d'un seul soldat. Et si le cheveu était tombé naturellement ? Ou à cause d'un démêlant de mauvaise qualité ? Un peigne trop dur ?

– Oui, mais forcer une poignée d'Arabes à sortir de chez eux avec des menottes, ça n'a rien à voir avec brûler Bethléem, mon vieux. »

Nous avons laissé Latrun à droite. Mon auto-stoppeur n'avait pas de petite amie. Ses parents étaient divorcés. Il répétait à tout bout de champ : « grâce à Dieu » ou « si Dieu veut », mais ce tic de langage était peut-être moins le résultat de son éducation que l'influence directe de ses compagnons d'armes ultra-orthodoxes. Il m'avait prié de monter le volume de la radio pour écouter une chanson de Zohar Argov, le roi de la musique orientale ; plutôt curieux pour un jeune homme à la peau claire comme lui – une autre influence tardive probablement. Il émaillait ses discours de « super cool ! ». Non, il n'avait tué personne mais, grâce à Dieu, son commandant si, super cool ! Lui-même avait assisté à la scène au cours d'une patrouille. Une balle dans la tête ! Ce salopard l'avait bien mérité, avait commenté le commandant. Ce fumier avait brandi le bras en gesticulant. Tout le monde avait vu qu'il était armé. Le temps d'arriver à sa hauteur – on avait sprinté sur une quarantaine de mètres, quinze secondes au maximum – le revolver avait disparu, ce qui avait déclenché une nouvelle nuit avec bandeaux sur les yeux et menottes aux mains. Le pied ! Voilà comment le soldat a résumé son service militaire à Bethléem. Le pied ! Super cool !

Nous avons dépassé Sha'ar HaGai derrière un car, le 480.

« Elle est comment, la Polo ? a questionné le soldat.

– Un vrai plaisir.

– Quelle cylindrée ?

– 1300, je crois.

– Ah. Elle a une boîte automatique. On va voir tout de suite ce qu'elle a dans le ventre dans la grimpette. »

Il ne faut pas s'attendre à des prouesses avec un gros plein de soupe comme toi à l'intérieur, ai-je pesté *in petto*. Les parasites à la radio annonçaient que nous avions commencé l'ascension de la côte. J'ai appuyé sur le champignon. « Pas mal, pas mal ! » a applaudi le soldat. Et alors j'ai vu comme des éclairs. Le pare-brise arrière a volé en éclats. Quelque chose m'a frôlé. « Aïe !!! Aïe !!! Merde !!! » a hurlé le soldat. J'ai freiné à mort.

10

TROIS MINUTES.

La carcasse de l'autobus se dressait au-dessous de moi. Mon cœur battait la chamade. Le sang bouillonnait dans mes veines, j'avais des fourmis au bout des doigts. J'étais hors d'haleine, même si j'étais embusqué depuis près d'une heure. Je tenais les lumières blanches sur la route dans mon viseur. J'attendais les directives de Bilahl. À cause des boules Quiès, j'avais l'impression de me dédoubler.

Le tireur du Wadi Haramyia avait agi en plein jour. On ne pouvait pas distinguer le feu des éclairs. Il avait mis à profit cet avantage, conjugué à l'acoustique de la vallée, qui rendait impossible de repérer sa position exacte, pour opérer pendant un long moment. Ne pouvant nous permettre ce luxe, nous devions causer le maximum de dégâts dans le moins de temps possible. Trois minutes.

Bilahl a consulté sa montre. Il a aperçu un autobus qui entamait la montée cahin-caha : « Je prends le bus, toi, tu t'occupes des voitures autour. Tu ne vises que les phares blancs. Feu ! »

⁂

Encore un bain, Svetlana ? Tu m'en as donné un il y a cinq minutes à pei…

« *Tu sais, mon chou, tu n'as pas l'air aussi méchant qu'ils le disent dehors. Ils sont plantés là avec leurs pancartes quand j'arrive et quand je pars, tous les jours… Laisse-moi te savonner, voilà, comme ça, doucement… Ils ne peuvent pas entrer ici*, lyubimiy, *ne t'en fais pas…* »

Je flotte dans la mer. J'aperçois le rivage, mais je ne peux pas l'atteindre. Le courant m'en éloigne…

Le bus a pivoté sur lui-même avant de piler en dérapant. Le chauffeur, apparemment blessé, avait braqué le volant. Un concert de klaxons, et puis le silence, que seuls troublaient nos tirs. Les pare-brise des véhicules suivant l'autobus étaient pulvérisés. Les vitres arrière de ceux qui le précédaient, sur la file de gauche, avaient éclaté. Nous tirions sans discontinuer. Nous avions changé les chargeurs. J'étais à moitié suffoqué par la fumée et l'âcre odeur de la poudre. Quand Bilahl a posé sa main sur la mienne, j'ai sursauté, comme si je me réveillais au beau milieu d'un rêve. « C'est fini, on y va. » Les phares des autos immobilisées éclairaient la route, en contrebas. L'autobus barrait la voie. Il y avait des bris de verre et de la fumée partout. Quelques voitures étaient à l'arrêt devant le bus, derrière, c'était le chaos.

Nous avons dévalé le talus jusqu'à l'autoroute et nous nous sommes planqués dans le fossé. Je suais à grosses gouttes et soufflais comme un phoque. Curieux comme le temps était vite passé : l'événement tant attendu était arrivé. Des patrouilles de police arrivaient de l'autre côté de la route, des cris fusaient. De notre côté, les voitures stoppaient. Des gens sortaient, et escaladaient le garde-fou pour tenter de porter secours. Des curieux s'attroupaient, mais la plupart des véhicules poursuivaient leur chemin sans s'arrêter. Une navette de police tentait de rétablir la circulation. Sans le savoir, elle allait nous aider à sortir de là. Abou-Zeid avait eu l'idée qu'on repartirait en voiture vers l'ouest, émettant l'hypothèse que personne n'y penserait. Il ne devrait pas y avoir de barrage dans cette direction. Et il avait eu raison.

La voiture est arrivée. C'était la phase la plus délicate car nous devions y monter avec nos fusils parmi les véhicules à l'arrêt et les badauds. Nous avons pris la fuite à la faveur de l'obscurité – les nuages dissimulaient la lune et les étoiles – et de la panique générale. Nous nous sommes engouffrés à l'arrière avant de redémarrer sur les chapeaux de roues.

Personne ne disait mot. La voiture avait une plaque jaune, naturellement. La conductrice résidant à Jérusalem possédait une carte d'identité bleue et un permis de conduire israélien. J'ai essayé de distinguer ses traits. J'ai aperçu ses longs cheveux noirs et ses yeux qui m'observaient dans le rétroviseur. On voyait dans l'autre sens un bouchon se former à l'ouest, et d'autres véhicules s'agglutiner encore les uns derrière les autres. La femme a quitté l'autoroute à droite. Nous avons roulé quelques minutes dans le noir. La route était quasiment déserte. Des lumières bleues clignotaient devant nous – c'était une vieille Jeep de la garde civile. Ils patrouillaient autour du parc d'attractions de Latroun, histoire d'espionner les couples en train de faire l'amour dans leur voiture. En tout cas, c'est ce que m'a expliqué Mourad, chez qui nous avons dormi à Beit Liqyia.

C'était la région de grand-mère Samira. Les ruines de son village, Deir Aiyoub, existaient toujours, a affirmé Mourad, qui m'a promis de m'emmener les voir un jour. Nous avons mangé chez lui. J'étais littéralement affamé. Les pitas au za'atar, au fromage et à l'huile d'olive étaient un pur délice, de même que les pommes et le café. Un effort physique intense réveille les papilles – on se change en prédateurs, le corps réclame son dû. Après une longue douche, nous avons enfilé les vêtements propres fournis par Mourad. La conductrice a pris congé avec un sourire crispé. Nous avons allumé la télévision sur la deuxième chaîne.

L'autobus. Les voitures. Des vitres brisées. Des ambulances, la police. Danny Ronen montrait une carte du secteur. Selon une source militaire, le tireur venait apparemment de Bethléem. Ou d'Hébron. « Il était probablement parti à pied de Bethléem ou du village de Husan, il avait traversé la ligne verte près de Tsour Hadassah et de Mavo Beitar, avant d'emprunter les sentiers escarpés menant sous le village de Beit Meir, surplombant la route de Jérusalem à Tel-Aviv. »

« Beit Meir ? Merde. Beit Meir ? » s'est exclamé Bilahl.

Danny Ronen a ajouté que, d'après ses informations, le tireur se trouvait encore dans les parages et que les recherches venaient de commencer dans la région, entre le lieu de l'attentat et Bethléem. « C'est un terrain montagneux, difficile à explorer. Des hélicoptères munis de projecteurs balayent la zone, et des équipes cynophiles sont déjà sur place, mais les recherches pourraient se poursuivre plusieurs jours. »

« Quels clowns ! » a commenté mon frère.

Les témoins rapportaient que les tirs s'étaient produits du côté droit de la route. Quelqu'un a affirmé avoir aperçu des éclairs et une silhouette se redresser et grimper le talus en courant. Danny Ronen a indiqué plusieurs itinéraires sur la carte en signalant les cachettes où le tireur avait pu se réfugier.

Mourad a disposé deux matelas dans le salon avant d'aller se coucher. Bilahl et moi débordions d'énergie. Mon cœur battait toujours aussi fort. Nous avons bu une autre tasse de café. Les tirs me déchiraient encore le tympan, les ruisseaux de lumière blanche sillonnaient le plafond, telles les fenêtres illuminées d'un convoi interminable.

Le lendemain matin, un communiqué officiel déclarait que la provenance exacte des coups de feu, ainsi que l'origine du ou des tireurs restaient inconnues.

11

À QUOI PENSE-T-ON AVANT DE MOURIR ? À ses enfants, ses parents, son mari, son épouse ? À son enfance ? Son premier amour ? À l'amour en général ? Voit-on tout le film de sa vie défiler devant ses yeux ? Pour le soldat qui m'accompagnait cette nuit-là entre Tel-Aviv et Jérusalem, je connais la réponse. Sa dernière pensée, il l'a exprimée avec beaucoup de conviction. « Mon doigt ! Merde ! Je ne le sens plus ! »

Ma Polo était l'un des trois ou quatre véhicules, précédant l'autobus, qui avaient essuyé des tirs. Les voitures suivantes avaient été endommagées par des rafales, ou sérieusement amochées dans les carambolages. Le bus numéro 480 était la cible à abattre. Les tirs le visaient directement et il avait subi le plus lourd préjudice. Le lendemain, un schéma explicatif paraissait dans les journaux. Naturellement, ils s'étaient trompés sur la couleur de la Polo, ainsi que sur sa position, comme sur celle des terroristes d'ailleurs. C'était un détail. Voici les faits : les tireurs que nous avions dépassés nous ont attaqués par-derrière. La première balle a pulvérisé la vitre arrière, puis effleuré mon téléphone portable dans son boîtier. La seconde s'est engouffrée dans la brèche et a atteint au majeur de la main gauche le soldat Menahem quelque chose, Houmi pour les intimes. À ce moment-là, j'ai freiné de toutes mes forces et Houmi a hurlé. Une fracture du doigt est extrêmement douloureuse, paraît-il. Je ne voyais pas grand-chose. Il soutenait de sa main droite sa main gauche qui pissait le sang. Il rugissait d'une voix de stentor impressionnante, avec une force dont je ne l'aurais jamais cru capable : « Aïe !!! Aïe !!! Merde, mon doigt ! » Souffrant le martyre, il m'a demandé de pêcher un pansement dans la poche de son pantalon de treillis. « Pantalon de treillis », un mot détestable qu'on s'empresse d'oublier jusqu'au jour où l'on convoie un soldat en auto-stop ! Le temps de m'exécuter, il était trop tard : mon passager était dehors. Grave erreur, mais il n'avait sans doute plus toute sa tête.

Les tirs ne cessaient pas. À mon avis, ils visaient au hasard. Houmi était planté devant la Polo. Moi, je me suis bien gardé de sortir. L'instinct. Je suis resté dans la voiture, la tête entre les genoux. Houmi hurlait toujours : « Au secours ! Au secours ! Mon doigt ! Merde, je ne le sens plus ! » Il a gémi faiblement, puis plus rien. Je n'ai pas entendu le sifflement de la balle, ni le bruit de la chute, seulement le silence. Curieux ! J'ai rampé hors de la voiture que j'ai contournée à quatre pattes pour le rejoindre. Il avait une sale mine. Un flot de sang s'écoulait de sa main gauche dont le médius – celui du doigt d'honneur – était apparemment absent. Pas surprenant qu'il ne le sente plus. Son cou saignait abondamment.

C'était la première fois que je voyais un cadavre. Durant mes trente-trois ans et quelques passés sur cette terre, je n'avais jamais côtoyé la mort, ni à l'armée, ni sur la route, ni à l'hôpital ; pas même celle de mes grands-parents. Ici, avec Houmi, la situation était totalement inédite. Inutile de me faire des illusions en pensant qu'il était inconscient ; même moi, je pouvais voir qu'il était mort. Le lendemain, j'ai lu que la balle avait brisé la troisième vertèbre cervicale. Il avait été tué sur le coup. Il n'avait eu aucune chance de s'en tirer.

Je me suis accroupi près de lui, évitant de le toucher ou de le regarder. J'ai fermé les yeux et pris une profonde inspiration. Les tirs s'étaient interrompus depuis un bon moment. J'entendais les cris et les gémissements des blessés provenant du bus, dans mon dos. Je n'étais pas en mesure de leur porter secours : je n'avais qu'une idée en tête – filer au plus vite. J'ai couru sur le bas-côté de la route avant de m'enfoncer dans la forêt. Je ne savais plus ce que je faisais. Je me jetais peut-être dans la gueule du loup. Les terroristes risquaient de me repérer… Mais j'étais incapable de réfléchir. J'avais hâte de pénétrer dans la pénombre et la fraîcheur des sous-bois pour respirer un bon coup. Pas parce que c'était mon premier cadavre, ni parce que le défunt avait passé la dernière demi-heure de sa vie à mes côtés. Pas même à cause de ma part de responsabilité dans sa mort, vu que c'était moi qui pilotais la voiture : elle se trouvait à cet endroit parce que je l'y avais conduite. La vitesse à laquelle je roulais, les véhicules que j'avais doublés, ou pas, la voie que j'avais choisie, le moment où j'avais freiné, ces décisions n'appartenaient qu'à moi.

Pourtant, je ne pensais à rien, tandis que je prenais mes jambes à mon cou en direction de la forêt.

Affalé sur le sol détrempé, au milieu des ronces et des épines, j'ai aspiré une grande goulée d'air qui sentait la terre humide. J'ai levé le nez et aperçu des lambeaux de nuages entre les branches. Je suis monté au-dessus des arbres, très haut dans le ciel. En baissant les yeux, j'ai vu la terre s'éloigner à toute vitesse et, comme en zoom arrière, j'ai survolé Sha'ar HaGai, Israël, le Moyen-Orient, l'Afrique, l'Europe, l'Asie, la Terre et son halo, l'obscurité avalant la lumière, les étoiles, le Soleil, d'autres planètes... J'évoluais dans l'espace, j'ai assisté à des combats d'extraterrestres, des créatures originaires de différentes galaxies. Là, j'ai fait halte et regardé en bas.

Qui se trouvait où, sur quel lopin de terre ? Cela n'avait plus aucune espèce d'importance.

Gros plan. Notre planète vue d'en haut. Continents contre continents – Noirs contre Blancs contre café au lait contre Jaunes. Gros plan sur les différentes nations. Guerres civiles, conflits entre pays voisins et amis : la Yougoslavie, l'Éthiopie, l'Inde, le Moyen-Orient.

Gros plan sur les Palestiniens et les Israéliens.

Gros plan sur les Juifs orientaux et les ashkénazes, la droite et la gauche.

Gros plan sur une ville, un arrondissement, un quartier, rue contre rue, maison contre maison, immeuble contre immeuble, mari contre femme, frère contre frère. À présent, zoom arrière, balayage, la bande-son accélérée devenant une effroyable cacophonie inaudible, et ainsi de suite.

Une idée m'a traversé l'esprit. Tel-Aviv finit là où commence Jérusalem. J'en avais l'intime conviction. J'ai répété comme un mantra : Tel-Aviv finit là où commence Jérusalem.

J'ignore quel laps de temps s'est écoulé avant que je retourne à la voiture. Houmi était toujours étendu par terre. Des sirènes d'ambulances résonnaient. Je ne savais pas quoi faire. J'aurais voulu me sauver sans demander mon reste. Excepté les voitures de police et les ambulances roulant à contresens, la route était déserte. J'ai entendu la sonnerie de mon téléphone. Je me suis rué vers la portière passager, quand on m'a arrêté.

« Attendez, Monsieur !
– Une minute, mon téléphone sonne.
– Vous arrivez de la forêt, c'est ça ? »

J'ai jeté un coup d'œil par-dessus mon épaule sans répondre.

« Qu'est-ce que vous fabriquiez là-bas ? »

J'étais allongé sur le dos et je volais dans l'espace, si vous voulez le savoir. Mais qu'est-ce qu'il me veut celui-là, à la fin ?

« Qui êtes-vous d'abord ? Et que…
– Permettez ! C'est moi qui pose les questions ici. »

C'était un policier, je n'avais même pas remarqué son uniforme. Il m'a demandé mes papiers et m'a permis de remonter dans l'auto seulement après avoir contrôlé par radio que j'en étais bien le propriétaire. Je m'apprêtais à récupérer mon téléphone, quand j'ai constaté le désastre. L'écran était complètement brisé. Peut-être avais-je entendu son ultime cri d'agonie ? Un portable peut-il être victime des hostilités ?

Hostilités – quel mot ! Les terroristes étaient-ils hostiles ? Je suppose que oui.

Je me suis attardé encore quelques minutes sur les lieux, au milieu de la foule des curieux observant les ambulanciers accomplir leur tâche d'un œil hagard. Nombre d'entre eux téléphonaient, adoptant le rituel post-attentat où chacun se précipite sur son portable : l'appareil vissé à l'oreille, plus fort que d'habitude, plus que nécessaire, à croire que, en pareilles circonstances, les paroles pèsent davantage et ne doivent pas s'envoler. L'échine légèrement fléchie, le cou tendu vers l'avant, comme pour se lancer à l'attaque ou escalader une montagne. Les sourcils froncés, le front plissé, l'autre main – intéressant ! – collée à la tempe, le pouce contre l'oreille, les doigts sur le front. Pour mieux entendre ? Se voiler la face avec un geste de désespoir signifiant : « Mon Dieu ! »

La police a enregistré mes coordonnées. J'ai ressorti ma carte d'identité. On m'a informé que je serais appelé à témoigner. J'ai signé je ne sais quel formulaire. J'ai inspecté l'auto. Elle était intacte, à l'exception de la vitre arrière et des éclats de verre jonchant la banquette. Pour le reste, il n'y avait pas une trace de balle, pas une éraflure, pas même une tache de sang. Le chargeur du téléphone s'en sortait sans une égratignure. L'odeur de Houmi, mon soldat auto-stoppeur, un mélange de sueur aigre et de graisse à fusil, stagnait dans l'habitacle.

Avisant son fusil, je l'ai ramassé et déposé avec précaution à côté de lui.

J'ai senti monter en moi l'adrénaline des survivants, l'euphorie des rescapés. Comme tout le monde ici. Nous étions toujours en vie ! Malgré les cadavres, les plaintes des blessés, les infirmiers s'affairant autour de nous, l'odeur de la poudre, les bourdonnements dans les oreilles, nous étions bel et bien vivants. Plus que jamais même. Le corps plein de vie, le cœur battant plus vite, la circulation accélérée du sang dans les veines. Mon corps était en état de marche, il se réchauffait. J'avais besoin de bouger, prendre le large. Je suis remonté dans ma voiture et j'ai démarré à vive allure. Les grésillements de la radio m'ont ramené en arrière. Quand était-ce ? Une heure auparavant ? Les parasites, la mauvaise réception, le soldat qui avait dit quelque chose avant de se mettre à crier. Je suis tombé sur une station de Jérusalem qui, évidemment, passait la fameuse chanson : « *Bab al-Oued, Souviens-toi de nos noms pour l'éternité /Les convois forçant le passage vers la ville.* » Elle serait diffusée *ad nauseam* dans les prochains jours. Chaque fois que je l'entendrais, je me souviendrais de Houmi, c'était sûr.

Houmi. Guiora Guetta. Pourquoi pas moi ? Étant donné qu'on se tire dessus et qu'on se fait exploser à tout bout de champ dans ce pays, alors à quand mon tour ? La mort nous attend au tournant. Nous, ou un être cher. Cela s'incarne dans la géographie, s'inscrit dans les gènes nationaux. Chaque nouvel attentat renforce le sentiment que la mort d'un parent se rapproche à grands pas : la semaine prochaine, dans la rue voisine, demain, aujourd'hui, ici et maintenant, tout de suite. Imaginez le deuil, les obsèques, la douleur, le discours qu'il faudra prononcer en mémoire du défunt. Que dire ? Qu'il était meilleur orateur que vous, parlait bien, avec humour, n'avait pas le trac en public comme vous. Ça suffira. Inutile d'en rajouter, de verser dans les clichés. Ensuite viendra l'apaisement. Il faudra surmonter le chagrin, la culpabilité pour ne pas penser à lui, ou à elle, de la journée, rire de bon cœur, réapprendre à faire l'amour, à rêver, reprendre goût à la vie. Je pensais à qui à ce moment-là ? Impossible de me rappeler avec précision. *Bab al-Oued, forçant le passage vers la ville.*

J'ai ouvert la porte de chez mes parents et me suis glissé à l'intérieur sur la pointe des pieds. J'ai fait main basse sur le frigo. Je ne me doutais pas que j'avais si faim. Je n'en pouvais plus de fatigue. Je suis allé me coucher dans ma chambre d'enfant, enveloppé dans les draps qui sentaient l'enfance, le ventre plein de nourriture qui me rappelait mon enfance. Je suis vivant, fut la dernière pensée qui m'a traversé l'esprit avant de sombrer.

12

« LA GLACE EST PRÊTE, *Svetlana ?*

– Oui, docteur Hartom. Voilà. »

De la glace ?

« Nous allons évaluer le GCS aujourd'hui. Passez-moi la lampe, s'il vous plaît. »

Non, pas la lampe !

« Bien. Y a-t-il eu dernièrement des réponses verbales, des paroles, des sons ? Frappez dans vos mains près de son oreille, s'il vous plaît. Merci. À l'autre maintenant. Merci. Placez ce carton devant ses yeux. Oui. Et celui-ci aussi.

– Quand il est fâché, il fait des borborygmes et des grimaces… »

Espèces de pétasses juives ! Vous allez la fermer, oui ?

« Regardez, docteur, exactement comme ça !

– Je vois. Hum… Il réagit bien aux stimuli auditifs. Et les réponses motrices ? Extension, contraction des épaules ?

– Exten… ? Pardon, je ne comprends pas…

– La glace, s'il vous plaît. »

Putain de glace. Aaaïïïe !

« Bien, Bien. Très bien. Le GCS présente de meilleurs résultats. Il y a peut-être une amélioration. Poursuivez le même traitement. Massages profonds, kiné…

– Oui, oui, naturellement… »

Pouffiasses…

Ce rêve n'en finit pas. Je suis en enfer. Je ne suis pas là. Je flotte dans la mer. Je monte un cheval blanc. Je suis dans la voiture de Croc, une pomme à la main.

Bilahl en voulait plus, encore plus. Halil Abou-Zeid, en revanche, était réticent. Il s'inquiétait, car les Israéliens étaient à cran. À la moindre erreur, ils nous tomberaient dessus à bras raccourcis. Les événements de la nuit précédente revenaient en boucle dans ma mémoire, qui les retenait captifs, sans doute parce qu'il m'était impossible de les partager avec quelqu'un : la marche épuisante, les odeurs, le guet là-haut, sur la colline, la longue attente, l'autobus que l'on voyait apparaître à l'horizon, les trois minutes durant lesquelles mon corps n'était plus qu'un immense battement de cœur. J'ai pensé à grand-père Fahmi et à ma mère. Halil nous avait conseillé de faire profil bas pendant une semaine. Mais Bilahl voulait continuer.

Safi Bari était expert en bombes. Bilahl voulait que je travaille avec lui. Ayant étudié un peu l'électricité et aidé l'oncle Jalahl au village, d'autant que j'avais l'intention de m'inscrire un jour ou l'autre en électrotechnique à l'université, ce n'était pas bien difficile. J'avais les bases : le toucher délicat, des mains qui ne tremblaient pas, la prudence et la patience. Safi avait décroché un diplôme de chimie en Bulgarie. Personne ne l'aurait soupçonné d'être le numéro un des brigades Izz al-Din Al-Qassam. Il était petit et mince, la barbe clairsemée d'un adolescent de seize ans. Il avait des yeux en amande, étroits comme ceux d'une souris. Il portait une calotte noire et un veston élégant. Il ressemblait un peu à un peintre français tout droit sorti d'un film ou d'un dessin animé.

La molécule qui compose la plupart des explosifs est le triperoxyde de tricycloacétone, TATP en anglais, appelé aussi « mère du diable ». De fabrication simple, elle est extrêmement instable et s'évapore facilement. Des tas de gens sont morts en la manipulant. On peut l'obtenir à partir de peroxyde d'hydrogène, l'eau oxygénée qui sert à éclaircir les cheveux et que l'on trouve en pharmacie. Ou de l'acétone, un solvant que l'on peut se procurer dans une quincaillerie, additionnée à une petite quantité d'acide chlorhydrique. Le RDX est un explosif puissant composé à partir de cette même molécule, le triperoxyde de tricycloacétone. Sa fabrication et son transport comportent des risques. Les composants du RDX sont le nitrate d'ammonium, utilisé dans les poches de glace au supermarché ou dans les fertilisants, de l'acide azotique concentré produit avec de la poudre à fusil, de l'acide sulfurique distillé, récupéré sur la batterie d'une voiture, et de l'eau distillée achetée dans une pharmacie de Ramall…

« Habibi, habibi, habibi ya nour el ain, habibi, habibi. »

Svetlana, arrête de chanter s'il te plaît, j'étais dans un truc, je… j'étais où ?

« Tes cassettes me plaisent bien, Fahmi. Elle n'ouvre jamais la bouche, elle se borne à te faire écouter cette musique. Qui est-ce ? Elle vient toujours seule, sans la famille. Elle est très mignonne, je trouve. C'est ta petite amie ? »

Je ne sais pas de qui… Rana… Rana est venue ? Je ne lui ai pas parlé depuis… elle… elle est venue… Svetlana, tu ne pourrais pas la fermer ? J'étais plongé dans un truc vraiment important. J'étais…

Verser dans un alambic soixante-huit millilitres d'acide sulfurique concentré, trente-deux grammes de nitrate de potassium et mélanger avec un agitateur. Poser le récipient sur le feu. Créer un réfrigérant en remplissant un seau avec de la glace pilée et du sel, sans oublier le thermomètre. Placer un récipient dans le seau et y verser l'acide azotique concentré. Lorsque la température se maintient entre vingt et trente degrés, ajouter l'hexamine – des tablettes de combustible achetées à Home Center. Mélanger. Incorporer le nitrate d'ammonium. Remuer en abaissant la température en dessous de zéro pendant vingt minutes. Verser la solution sur la glace pilée jusqu'à ce qu'elle se dissolve. Filtrer les cristaux et jeter le liquide restant. Placer les cristaux dans un demi-litre d'eau distillée bouillie, filtrer puis tester sur un papier au tournesol. Poursuivre l'opération jusqu'à ce que le papier au tournesol devienne bleu et les cristaux homogènes.

« *Habibi, habibi, habibi, ya nour el ain…* »

Que Dieu te vienne en aide Svetlana. Tu es une vraie diablesse. Jusqu'à quand vas-tu me torturer ?

« *Elles veulent dire quoi, les paroles ? Je vais demander à ta sœur. Et si elle m'apprenait un peu d'arabe pour que je puisse communiquer avec toi ?* »

Dieu m'en garde !

Safi vient de Bani Naim, près d'Hébron. Son grand-père fabriquait des bombes artisanales avec les munitions usagées que Haj Amin Al-Husseini lui expédiait du Caire, à la fin de la Seconde Guerre mondiale. Husseini s'était réfugié à Berlin pendant le conflit. Après la défaite de l'Allemagne, il s'était installé au Caire, d'où il envoyait les armes et les munitions inutilisées. Cet arsenal était souvent rouillé, déglingué et rempli de sable. Fabriqué en Italie, en Tchécoslovaquie ou en Russie, il était de moins bonne qualité que celui provenant d'Angleterre ou d'Allemagne. Ali Bari avait des mains en or. Il démontait les balles, les grenades et les fusils, avant de les reconstituer souvent de manière entièrement différente. Le grand-père de Safi avait perdu deux doigts et un œil au cours des années, mais les Britanniques et les Juifs avaient perdu bien davantage. Il avait succombé en 1949 en confectionnant des explosifs destinés à l'offensive contre Jérusalem. Sa femme était enceinte de huit mois. Le nouveau-né fut appelé Ali, en souvenir de son père. À l'âge de seize ans, Ali junior travaillait déjà dans les carrières d'Hébron comme expert en explosifs. Il avait eu huit garçons. « Mon père a commencé à me transmettre son savoir à quatre ans », a raconté Safi. « Mes frères ont choisi des carrières liées à la chimie. L'un enseigne à Boston, deux autres travaillent dans des laboratoires pharmaceutiques en Jordanie. Mon père a continué à fabriquer des bombes, même après sa retraite. Il aimait ce métier. »

« Lulu ! Comment allez-vous ?

– Moi, ça va. Et lui ? Oh, il sourit ? Ou bien ce n'est qu'une impression.

– Il est en forme. Les examens sont bons aujourd'hui. Pas vrai, Fahmi ? Lulu, je voulais vous demander quelque chose, vu que je ne peux pas interroger votre frère…

– Quoi donc ? À propos des gens dehors ?

– Non, non. "Yanour aline", ça veut dire quoi ?

– *Ah,* ya nour el ain. *La Lumière de tes yeux. C'est Amr Diab. Vous aimez ?*

– *Beaucoup. La Lumière de tes yeux. C'est la chanson préférée de Fahmi. Et dire que je projette un faisceau de lumière dans les siens tous les matins… ha, ha, ha !*

– *Je ne connais pas cette cassette ? Qui l'a apportée…*

– *Une jeune fille. Elle s'assoit près de lui sans un mot et repart une heure après. Elle est très jolie. Qui est-ce ?*

– *Je ne sais pas… peut-être Rana ? Oui, c'est probablement elle.* »

Rana ? C'est vrai ? Mais pourquoi elle ne dit jamais rien ?

Papa a appelé. J'avais beaucoup de mal à lui parler. Il me questionnait sur mes études, ma vie, ce à quoi je passais mes journées, Rana. Je ne pouvais pas… je détestais lui mentir. Alors je me défilais, j'évitais de répondre au téléphone quand j'identifiais la provenance de l'appel. Mais comme il pouvait aussi s'agir de Lulu, il m'arrivait de décrocher quand même. De temps en temps, il téléphonait chez son frère et demandait à me parler. Il devait se douter de quelque chose, faire le lien, sachant à quel point j'étais fier des exploits de grand-père Fahmi à Beit Mahsir, en 1948. Il avait du mal à le croire, mais quelque chose lui disait que…

Des gouttes de sueur perlaient sur le front de Safi. De temps à autre, il abandonnait sa préparation pour se réfugier dans un coin de la pièce. Il ouvrait la fenêtre, inspirait un bon coup, la refermait et se remettait au travail. Les cristaux bleus séchaient sur du papier absorbant.

La composition C1 contient 88,3 % de RDX, 11,1 % d'huile minérale (achetée au supermarché) et 0,6 % de lécithine (au rayon vitamines dans n'importe quelle pharmacie). Mélanger les trois éléments dans un sachet en plastique. Verser la mixture dans des tubes plastique, que l'on insère ensuite dans une ceinture pourvue de bretelles et de poches, en plus des pièces de métal – clous, billes et fragments d'obus qui, projetés à distance, provoquent davantage de dégâts que l'explosion elle-même.

Qu'y a-t-il de si drôle ? J'aime ton rire Lulu…
« C'est lui qui a fait ça, Svetlana ? Vous êtes sûre ?
– Ha, ha ha… ! Mais oui ! Ça lui arrive tout le temps… »
Dieu miséricordieux ! Chasse cette bonne femme hors de ma vue…

Électricité : deux dispositifs de sécurité empêchent la bombe d'exploser prématurément. Une batterie – le plus souvent celle d'un téléphone portable – doit être reliée à la ceinture au dernier moment. La mettre de côté. Outre la batterie, il importe de fabriquer un détonateur, que l'on peut trouver un peu partout, dans les *Missile Games* vendus dans les magasins de jouets ou les fusées éclairantes. On connecte le détonateur aux tubes de RDX, on improvise un cran de sûreté – un clou enfoncé dans le bouton de dispositif de mise à feu. Ensuite, on ferme le circuit électrique à l'aide de la batterie. Branchez les fils au dernier moment. La bombe est prête.

Prépare encore du thé, a demandé Safi d'une voix égale en pressant les touches de son téléphone portable.

13

J'AI TOUT DE SUITE DEVINÉ QUE C'ÉTAIT ELLE.

La mère éplorée, le père bouleversé, les sœurs ou les amies sanglotant éperdument. Le ministre, dont j'ai oublié le nom, un membre du Likoud représentant le gouvernement, replet, avec des lunettes, à l'allure un peu guindée au milieu de cette assemblée, observait la scène de son doux regard de myope.

Elle se tenait à l'écart avec ses cheveux noirs et lisses, ses yeux noirs, son manteau noir, son sac noir.

La foule massée autour de la tombe faisait monter la température d'un ou deux degrés. L'haleine exhalée par de multiples bouches, la moiteur des corps, les résidus d'air chaud aux relents de plastique soufflé par la ventilation des voitures collaient encore à la peau. Des volutes de vapeur flottaient sous la pluie battante. Je n'avais pas pris mon manteau. À Tel-Aviv, il ne faisait pas si froid. Les yeux levés vers le ciel, elle regardait les gouttes se mêler à ses larmes et ruisseler sur son visage barbouillé de maquillage.

« Shouli ? »

Elle m'a dévisagé, ne m'a pas reconnu et a baissé la tête.

« Pas maintenant », a-t-elle murmuré en reculant d'un pas.

La voix du père de Guiora crissait comme du gravier. Le rabbin, au timbre clair et sonore, psalmodiait des prières auxquelles le bon Dieu prêterait l'oreille, il y croyait dur comme fer. Ce Dieu dont il était profondément convaincu de l'existence, ce Dieu qui lui appartenait, à lui et à lui seul, qui l'avait élu parmi les nations, l'avait choisi envers et contre tout. « Ouais, bien sûr », aurait lâché Douchi avec une moue.

Plus tôt ce matin-là, j'avais pris le petit-déjeuner en compagnie de mes parents, à Réhavia – des tartines de beurre de cacahuètes et de confiture, avec un café qui laissait à désirer. Ou alors était-ce moi qui laissais à désirer ? À la maison, je prends du café décaféiné. J'ai arrêté la caféine du jour où j'ai participé à un séminaire de gestion du temps et de relaxation. Je ne me rappelle plus le lien, mais c'est la seule chose qui me soit restée du stage, outre Douchi bien entendu, rencontrée en cette occasion, et la phrase que Miriam, l'animatrice, experte en gestion du temps, répétait comme un mantra : « Le même nombre de minutes échoit à chacun d'entre nous tous les jours. »

Un jus d'orange pressé et les regards curieux de mes parents. Yohanan (Johnny) et Léah (Lili) Enoch. L'importateur de beurre de cacahuètes et le professeur d'anglais. Elle avait enseigné trente ans dans le même lycée. Comment peut-on faire la même chose pendant trente ans ? Y serais-je contraint à mon tour ? Cela dit, un emploi fixe et stable était sans doute préférable aux lubies d'un mari convaincu qu'il allait introduire le fameux *peanut butter* au Levant et contrôler le marché. Sauf que les autochtones ne l'avaient pas attendu et avaient baptisé le beurre de cacahuètes « Egozan », pâte à tartiner aux noix, un contresens qui avait pratiquement brisé le cœur de mon père. Par la suite, il s'était mis à l'export avant de revenir à l'import, alors que le marché semblait perméable aux produits américains, à la fin des années soixante-dix. À la naissance de Dafdaf, ayant enfin compris qu'il devait nourrir trois enfants, et après que sa mère l'eut menacé de venir le chercher pour le ramener dans le Maryland par la peau du cou s'il ne décrochait pas un emploi normal, Yohanan Einoch s'était résigné à accepter un poste de commercial chez Elite, le géant de l'agroalimentaire, où, entre autres produits, il vendait aux supermarchés et épiceries de Jérusalem des milliers de pots d'Egozan, la pâte à tartiner qui l'avait poussé au désespoir.

Ils avaient lu dans *Ha'aretz* un article sur l'attentat dont le titre était : « Le passage vers la ville ». Douze morts. Les terroristes, sans doute originaires de Bethléem ou d'Hébron, s'étaient apparemment enfuis à pied et avaient marché toute la nuit. La radio fonctionnait à plein volume. On parlait des obsèques des victimes, comme de celles de l'attentat précédent.

J'ai coupé la parole à mon père, au moment où l'on mentionnait les obsèques de Guiora Guetta, prévues au cimetière de Givat Shaoul à dix heures. J'ai consulté ma montre. « Je dois y aller », ai-je lancé en manière d'excuse. Ils m'observaient avec une curiosité mêlée d'inquiétude. Un autre jour, je leur raconterai que je me trouvais là-bas la nuit dernière et je leur parlerai également de l'attentat de Tel-Aviv. Je leur expliquerai pourquoi j'avais débarqué à l'improviste chez eux. Et aussi, pour quelle raison Douchi et moi n'avions toujours pas fixé une nouvelle date pour notre mariage. En tout cas, pas maintenant. Ça pouvait attendre. C'était bien assez dur comme ça. Ils étaient venus s'enterrer dans ce trou, au milieu de nulle part, pour offrir à eux-mêmes et à leurs enfants une nouvelle identité et une existence confortable et, en retour, ils n'avaient récolté que ruines et désolation.

Les cérémonies funèbres sont ponctuées par les prières, le silence et les reniflements. Au début, on n'y prête guère attention, ils se fondent dans le décor. Et puis, quand on finit par les entendre, on s'aperçoit qu'ils sont aussi bruyants que la pluie. Des centaines de reniflements partout. C'est contagieux. J'ai reniflé à l'unisson, même si Guiora Guetta m'était quasiment inconnu.

Le ministre a discouru. Il a déclaré quelque chose à propos du bras long (de Tsahal) et de la main tendue (le pardon). Tendre la main, oui, c'est exactement ce qu'il a dit. Ensuite, il a mentionné les bêtes humaines, des forces au-delà de toute compréhension. Bon, ça suffit, taisez-vous, lui ont intimé les reniflements.

Le jeune frère de Guiora a évoqué ses yeux pleins de lumière, sa modestie, sa gentillesse. J'ai songé au Guiora Guetta que j'avais rencontré, avec sa coiffure extravagante et ses lunettes noires. Je ne voyais pas trop où était la modestie là-dedans, mais peut-être n'était-il pas dans son assiette ce jour-là ? Nous ne nous étions côtoyés que huit minutes au grand maximum. Il avait prononcé une trentaine de mots en tout et pour tout : « Il est réglo à votre avis ? » et « Écoutez, s'il m'arrivait malheur, j'aimerais que vous disiez à ma petite amie à Jérusalem, Shouli… », et aussi « Oui, mais au cas où… » Je ne l'avais pas pris au sérieux. Quelle erreur !

La foule a commencé à se disperser, excepté quelques personnes recueillies sur la tombe. Je surveillais Shouli du coin de l'œil. Elle se tenait à l'écart, seule. J'ai décidé que la forme de ses pommettes me plaisait bien. Elle a pivoté sur ses talons et s'est éloignée. Elle avait de longues jambes, la démarche assurée, quoique non dénuée de douceur. Elle est passée devant la fosse fraîchement creusée, surmontée d'une couronne mortuaire frappée d'un chandelier, symbole de l'État, et d'une affichette portant « Guiora Guetta » écrit à la main. Elle a fait halte quelques secondes avant de poursuivre son chemin, saluant quelques connaissances au passage, sans adresser la parole aux parents. Une jeune fille en larmes était au centre de l'attention générale. La mère de Guetta lui entourait affectueusement les épaules. C'était l'ex de Guetta que ses parents appréciaient au point qu'elle était presque devenue un membre de la famille, ai-je supposé. La preuve, ses amis la considéraient toujours comme telle. J'ai poursuivi sur ma lancée : Shouli était une histoire récente. Elle connaissait à peine les parents, voire pas du tout. Guiora hésitait à la leur présenter, à cause de l'autre, l'amante inconsolable justement. En réalité, le scénario que j'avais échafaudé était faux, mais ça m'avait aidé à rompre la glace avec Shouli qui, pour la première fois depuis quarante-huit heures, avait éclaté de rire en l'apprenant.

Je l'ai rattrapée sur le chemin du parking. Elle grimpait le raidillon à petits pas, le regard fixé sur le sol.

« Vous êtes bien Shouli, n'est ce pas ? »

J'étais parvenu à sa hauteur. Elle m'a regardé. Elle avait de beaux yeux.

« Qui êtes-vous ?

– J'ai vu Guiora juste avant…

– Il est mort.

– Je sais. »

Silence. Elle avait la plus belle voix du monde. Elle a baissé les paupières. J'étais essoufflé à cause de la grimpette. Le cimetière de Jérusalem, qui est réellement situé sur un tertre, mérite bien son nom, la colline du dernier repos.

« Qu'est-ce qu'il fabriquait à Tel-Aviv ?

– Ce qu'il fabriquait à Tel-Aviv ? Je ne sais pas.

– Il n'y allait jamais. Qu'est-ce qui lui a pris ? Il me disait toujours où il partait. Il me tenait au courant de ses moindres faits et gestes, sans que je lui demande. Il était venu vous voir ?

– Non. Je me trouvais aussi dans l'autobus… le tax… le minibus. Je suis descendu avant que… »

Elle marchait sans mot dire, l'air indifférent.

« Vous ne voulez pas savoir ce qu'il m'a dit ?

– Ça changera quoi ?

– Qui sait ? »

Elle n'a rien répondu.

« J'ai retrouvé son Palm Pilot, au fait. »

Elle s'est arrêtée et m'a dévisagé avant de tourner son regard vers les collines, Beit Zeit, le ciel plombé.

« Je n'en ai rien à faire. Confiez-le à la police.

– Non, ils n'ont pas bes…

– Alors, à sa mère. Ou gardez-le. Je ne sais pas, moi. Vous voulez quoi, à la fin ?

– Je veux savoir qui il était.

– Pour quelle raison ? »

Bonne question. J'ai fourragé dans mes cheveux mouillés.

« Je l'ignore. Je suis le dernier à lui avoir adressé la parole.

– Et alors ?

– Ne bougez pas ! » ai-je soufflé.

Elle s'est pétrifiée. À quelques pas devant nous, sur la route glissante, un petit scorpion la regardait fixement. Elle ne l'avait pas vu, et la bestiole ne m'avait pas repéré non plus. Je me suis approché sur la pointe des pieds et, de toutes mes forces, j'ai ramassé une grosse pierre au bord du chemin et l'ai balancée sur la tête du scorpion.

Shouli a sauté en l'air en hurlant.

« Qu'est-ce que c'est ?

– Un scorpion. Ils sont parfois délogés par la pluie qui inonde leurs trous, ce qui les rend agressifs. Il était peut-être inoffensif, mais on ne sait jamais. »

Elle est restée clouée sur place, les yeux rivés sur le cadavre écrabouillé, tremblant légèrement, peut-être de froid.

« Écoutez, je voulais juste que vous sachiez que nous avons un peu parlé. "S'il m'arrive malheur, dites à Shouli..." », a-t-il déclaré.

Elle m'a jeté un regard dubitatif.

« Dites quoi à Shouli ?

– Je ne sais pas. Il n'a jamais fini sa phrase.

– À cause de l'explosion ?

– Non. Il s'est interrompu. Il réfléchissait. Et puis nous sommes arrivés à ma station et je suis descendu. »

Elle m'a scruté d'un œil songeur.

« Il a vraiment dit ça ?

– Ce sont ses dernières paroles, je pense. »

Elle a fondu en larmes.

Shouli m'a prié de la déposer chez les Guetta, rue Hapalmach, où se réunissaient les amis et les proches pour le repas de condoléances. M'autorisait-elle à faire une ou deux courses sur le trajet ? ai-je demandé. J'ai montré l'écran brisé de mon téléphone dans son boîtier, et désigné d'un geste la vitre derrière nous.

Elle s'est retournée et a remarqué l'ouverture béante et les débris de verre sur la banquette.

« Que s'est-il passé ?

– Vous avez entendu parler de la fusillade, la nuit dernière ?

– Bab al-Oued ? »

J'ai allumé la radio. *Souviens-toi de nos noms pour l'éternité.* Houmi.

« Comment vous appelez-vous ?

– Croc.

– Sans blague ? »

Elle a retroussé le bas de son pantalon. J'ai distingué un petit crocodile toutes dents dehors à l'intérieur de sa cheville droite, juste au-dessus de la malléole. Shouli m'a gratifié d'un beau sourire chaleureux. Ses yeux noirs évoquant des montagnes et des vallées noyées de brume souriaient aussi.

Nous avons fait un saut au centre de service Orange à Guivat Shaoul, non loin du cimetière. Nous avons pris un ticket numéroté avant de nous installer sur un siège pour attendre. Un jeune homme, assis près de nous, lisait le *Yediot Aharonot.* « Comme le tir aux canards », proclamait le titre. « Le tir aux canards ? », a questionné Shouli. Le jeune homme a levé les yeux de son journal pour nous observer avant de reprendre sa lecture.

« Des chiens ! s'est-il écrié. Quand va-t-on comprendre ? Jusqu'à quand va-t-on les laisser nous réduire en chair à saucisse ?

– Comprendre quoi ?

– Ce n'est pas compliqué, on ne peut pas leur faire confiance », est intervenu un homme entre deux âges aux cheveux grisonnants. Le *Ma'ariv* qu'il tenait à la main affichait le même gros titre.

« Bon, admettons, et après ?

– Foutre le bordel et leur flanquer la trouille de leur vie pour qu'ils pigent une bonne fois pour toutes.

– Ils nous tournent en bourrique, a renchéri l'autre type. C'est quoi ce truc ? Ils nous refont le coup de Bab al-Oued ? Ils veulent nous donner une leçon d'histoire ? »

Le panneau d'affichage électronique a émis un petit bip discret.

« Avi, viens voir ! a crié l'employée en brandissant mon portable. L'assurance inclut-elle les actes d'hostilité ?

– Les actes d'hostilité ? » a répété l'autre sans comprendre.

Quand elle lui a expliqué, il m'a jeté un regard ébahi.

« Vous y étiez, vraiment ?

– Oui, et lui aussi », ai-je confirmé en désignant mon téléphone.

Il m'a tendu la main que j'ai serrée mollement.

« Ne vous en faites pas, mon vieux, on va arranger ça. »

Le plus drôle, c'est qu'il n'y a pas de canards au stand de tir, ai-je confié à Shouli pendant que nous roulions vers Talpiot. En tout cas, la dernière fois que j'y suis allé, il y a treize ans je crois, il n'y en avait pas. C'étaient des silhouettes en carton représentant des Arabes avec le keffieh. Je serais surpris que ça ait changé.

J'ai cru la voir grimacer un sourire.

J'ai éteint lorsque, pour la troisième fois, j'ai entendu *Bab al-Oued* à la radio. Elle avait effectivement entendu parler de l'attentat de Tel Aviv, mais n'avait aucune raison de s'inquiéter, m'a confié Shouli. Quand il s'en produisait à Jérusalem, en revanche, elle prenait soin de vérifier les noms, au cas où l'une des victimes aurait été une connaissance. J'ai pensé aux réactions du personnel de Time's Arrow. Le jour où un attentat avait été perpétré à Haïfa, nos deux collègues originaires de cette ville avaient passé plusieurs coups de téléphone et attendu anxieusement que la télévision diffuse la liste des victimes. Quand les bombes ont secoué Jérusalem, ce fut à notre tour, à Ron et moi, tous les deux natifs de cette ville, de camper anxieusement devant la télé. Nous scrutions le plan des rues et la petite flamme sur l'écran dans l'attente du pire.

Guiora ne l'avait pas prévenue qu'il partait à Tel-Aviv. Personne n'en connaissait la raison. Il n'y était jamais allé. Elle lui avait téléphoné le soir, après sa journée de travail. Deux heures plus tard, il ne l'avait toujours pas rappelée. Ce n'était pas dans ses habitudes. Elle avait craqué et appelé le père de Guiora. « Tu dois être forte », lui avait-il dit. Cette nuit-là, ils s'étaient rendus à l'Institut médico-légal d'Abou-Kabir, à Jaffa. Ils n'avaient pas réussi à identifier les restes qu'on leur avait montrés. Ce n'est que le lendemain matin, après avoir récupéré les radios de la mâchoire de Guiora chez le dentiste, rue Metudela, qu'ils en avaient eu la confirmation.

Notre prochain arrêt était une entreprise de vitrages et fenêtres à Talpiot. Fort de l'expérience d'Orange, j'avais préparé un discours éloquent, mais j'ai fait un flop. Les attentats, apparemment tout le monde s'en fichait. On m'a indiqué où me garer, un jeune Arabe a noté mes cordonnées et m'a signifié de revenir dans une demi-heure.

« Je connais dans le coin un endroit qui vend des pitas à l'omelette sensationnelles, ai-je proposé. Ça vous dit ?

– D'accord. »

Épatante, cette fille ! Vous en connaissez beaucoup qui auraient accepté de déjeuner avec un parfait inconnu, une heure à peine après l'enterrement de leur fiancé ? Plus tard, j'ai appris qu'elle était chef de cuisine et animée par une curiosité professionnelle. Ce qui n'ôtait rien à son mérite, évidemment, au contraire. Comme moi, elle s'est extasiée sur l'omelette : la sauce au sésame, persil, sel et poivre, les tomates, la cuisson, la pita, bref, tout était parfait. « Super ! »

a-t-elle commenté. Brusquement, je me suis rappelé que je n'avais pas prévenu de mon absence au bureau.

La vitre arrière toute neuve étincelait de mille feux. La poussière et les débris de verre sur la banquette avaient disparu. Qui aurait cru que ma Polo rutilante avait été la cible d'un acte terroriste la veille ? Seule l'odeur de poudre était encore perceptible. J'ai acheté une plaquette désodorisante parfumée à la noix de coco à suspendre au rétroviseur. « Hawaï », indiquait l'étiquette.

« Et maintenant, on va où ?

– Rue Palmach », a répondu Shouli.

J'ai placé mon nouveau téléphone sur sa base. Il a ressuscité avec force bips et sifflements pleins de bonne volonté. J'ai écouté mes messages (Douchi [deux], ma mère, Jimmy, Guili la secrétaire, à propos du déplacement à Bruxelles, je devais passer prendre un truc), mais par égard pour ma passagère, je l'ai éteint et j'ai pris la direction qu'elle m'avait indiquée.

14

La dernière fois que j'avais vu Halil Abou-Zeid, c'était chez oncle Jalahl où il était venu nous rendre visite. Il a discuté avec Bilahl, pendant que je regardais al-Jazira. À ce que j'ai cru comprendre, mon frère parlait de la prochaine opération. Halil a éclaté de rire et dit quelque chose que je n'ai pas compris. Il a sorti une liasse de billets et en a donné quelques-uns à Bilahl.

« Non ! a protesté mon frère. Il faut frapper maintenant. C'est comme un boxeur sur le ring. Quand il donne un coup de poing, il attend que son adversaire se ressaisisse ou il continue à cogner, à ton avis ? »

Abou-Zeid a incliné sa grosse tête en haussant les épaules.

« Je savais que tu allais dire ça. Nous devons faire très attention.

– Il stoppe lorsqu'il a mis l'autre K.O. », a poursuivi Bilahl.

Le chahid Abou-Zeid est mort le lendemain. Il est monté au paradis auprès d'Allah. Il s'entretenait avec le Dr Hillel, un chercheur de l'université hébraïque, et un autre chahid dont je n'avais jamais entendu parler, dans les bureaux de la Société de charité islamique d'al-Bireh. Selon le Dr Hillel, ils avaient disserté sur la « vie ». Hillel les a quittés quelques minutes avant qu'un hélicoptère de Tsahal, de fabrication américaine, survole l'endroit et tire un missile sur le bâtiment.

« Qui a mis ces idées dans la tête de mes fils. En particulier dans la tienne… Tu m'avais juré ! »

Papa, arrête de te lamenter… J'ai eu ma dose avec les sœurs de maman qui ont passé leur temps à pleurnicher…

« Regarde-le ! Mon fils est devenu un légume. Et l'autre qui écope de quatre cents ans de prison !

– Papa, ne parle pas comme ça. Des choses positives, tu te rappelles ? Pour l'aider à guérir.

– Guérir ? Tu rêves, Lulu. Regarde-le bien. J'avais deux enfants, deux fils.

– Ça suffit, papa. Tu avais promis d'avoir une attitude constructive.

– Comment peut-on être constructif en le voyant comme ça.

– L'infirmière a dit que les résultats des tests étaient bons. »

Impossible de bouger ni d'ouvrir les yeux. Je flotte dans la mer. J'aperçois Bilahl sur la plage, et Croc, mais je ne peux pas les rejoindre.

« Et ses yeux ! Fahmi ? ! Fahmi ? ! Mon fils ! »

Le sang. C'est la seule chose qu'ils comprennent. En plus, ils jouent un double jeu. Ils signent des accords, même si tout le monde sait qu'ils n'ont pas l'intention de les respecter. Les délégations palestiniennes se ridiculisent et les Juifs se payent leur tête. Je ne veux pas voir des gosses mourir, mais si un gamin se fait tuer dans la rue à cause d'un obus ou si un char détruit une maison avec un enfant à l'intérieur, je ne peux pas ne pas réagir. Regardez Al-Manar, et vous verrez comment ils nous traitent ! Eux, ils tuent les enfants intentionnellement, alors que nous, nous ne le faisons jamais exprès.

Je ne suis pas un assassin. Je me contente de rendre œil pour œil, dent pour dent, selon la volonté de Dieu. Notre organisation conseille aux *istichhahid* de frapper là où il y a au moins un soldat. Or *tous les Juifs sont des soldats*. Et tous ont voté Sharon. Tous ont servi dans l'armée ou y serviront un jour, eux, leurs enfants ou leurs oncles. Peu importe s'ils travaillent dans une banque, un magasin, à la mairie, ou conduisent un bus. Ce sont tous des soldats. Ils sont venus de Russie, d'Éthiopie, ou d'Amérique pour s'installer dans ma patrie. Ils n'ont que les nazis à la bouche, mais les nazis ont disparu en 1945. Où est Hitler aujourd'hui ? Cent mille immigrants russes débarquent chaque année. Il y a un Hitler en Russie ? Si oui, alors peut-être serais-je prêt à accepter que les immigrants s'installent ici à mon détriment, pour me dépouiller de ma terre, Hitler leur servant d'alibi. De quel droit nous donnent-ils des leçons ? Ils disent pis que pendre des musulmans, mais qui a lancé deux bombes sur le Japon et tué trois cent mille personnes ?

Nous avons deux options. Mourir ou mourir. Laquelle choisir ? La moins douloureuse. Mourir en tuant les soldats qui assassinent mes enfants plutôt que crever de faim.

Je me suis exprimé là-dessus dans *L'Arche de Noé* avec Tommy Mousari sur la deuxième chaîne. J'avais passé des heures à peaufiner ce discours dans ma tête, jusqu'à atteindre le sommet de la perfection. J'imaginais Tommy Mousari opiner du chef, littéralement hypnotisé, arrêtant d'un geste un colon qui tentait de m'interrompre. À la fin, celui-ci est intervenu pour déclarer que Moïse était ici il y a trois mille ans. Nous n'avons rien, ai-je protesté. Nos vies ne valent pas tripette. Le couvre-feu, la pénurie de nourriture, l'absence de perspectives d'emploi, de scolarisation. On nous assassine, nous essayons seulement de nous protéger. Le colon a rétorqué que c'était notre faute. J'ai objecté qu'Israël avait bombardé Gaza avec des avions F-16 et tué Iman Al-Hiju, un bébé. Pour quel crime ? Et Fares Uda, un autre bébé, qu'avait-il fait de mal ? « On se retrouve juste après la pub ! », a annoncé Tommy Mousari avec un large sourire.

« Et qu'en pense votre mère ? » a-t-il repris après la coupure. J'ai pivoté sur mon siège, face au public. Je reconnaissais des visages familiers. Tout Murair était là.

– Elle est morte, mais je sais qu'elle serait fière de moi. Comme Alchnasa, qui a sacrifié quatre de ses fils d'un coup en remerciant Dieu de lui avoir accordé l'honneur réservé aux *shuhadâ* ».

Ça n'en finira jamais…

J'ai chaud, Svetlana. Pourquoi n'es-tu jamais là quand j'ai besoin de toi ?

Svetlana. Viens. Il y a quelqu'un ?

Tu peux m'envoyer de la lumière dans l'œil, me faire un massage profond, même la glace, si tu veux. N'importe quoi !

Où es-tu ?

Ce matin, j'ai mouillé mes draps tellement je transpirais. Bilahl m'a raconté le malheur arrivé à Abou-Zeid et m'a demandé d'aller à la mosquée. J'avais des frissons et des courbatures partout. Le téléphone a sonné.

« Fahmi ? Ça va ? »

Rana : j'aimais tant sa voix.

« Je ne sais pas… je crois que je suis un peu malade.

– Tu avais dit que tu reviendrais à Murair.

– Oui… je vais revenir. Un de ces jours. C'est difficile de passer, tu sais. »

À sa respiration oppressée, j'ai compris qu'elle se retenait d'ajouter combien ces hommes, qui se disaient mes frères, étaient stupides. Ils voulaient ramener notre peuple en arrière, au Moyen Âge. Elle n'a rien dit. Bilahl était mon frère pour de vrai. J'ai tenu ma langue moi aussi.

« Je ne me sens pas très bien, Rana… ai-je bredouillé.

– D'accord. »

Tommy Mousari m'a demandé si j'avais un message à transmettre aux Juifs.

L'islam est une religion de miséricorde, de paix, d'amour, de fraternité et de compassion. Le mot est construit sur la racine *salam*, paix. La religion des Juifs leur défend aussi de tuer, mais ils ne s'en privent pas pour autant. À longueur de journée ! À chaque heure. Le pays tout entier leur appartient, à nous, il ne reste rien. Mon peuple ne recherche que la paix et la liberté, un point c'est tout. Mais si vous bombardez ma maison, tuez mes enfants, si vous obligez cinq cents hommes à quitter leurs maisons et à passer la nuit dans la rue, si vous les arrêtez sans raison, nous devons nous défendre, nous n'avons pas le choix ! Vous nous dominez par le feu et le fer, nous ne pouvons pas l'accepter. Nous ne nous battons pas pour l'argent, ou pour la religion, ni par amour du crime. Nous ne sommes pas la mafia. Nous sommes capables de vivre pour une plus noble cause, de mourir et… de tuer pour elle.

J'ai fini de parler sous une longue ovation debout.

« Et votre père, qu'en dit-il ? » a poursuivi mon Tommy Mousari imaginaire.

J'avais les larmes aux yeux. Mon père m'aurait tué de ses propres mains s'il l'avait pu, mais il n'était pas d'un naturel violent. Il était terriblement déçu. Je lui avais promis d'éviter les ennuis. Il voulait vivre en paix. Il pensait que Bilahl et ses amis avaient des idées rétrogrades, des croyances obscurantistes comme au Moyen Âge. Il était sûr d'avoir une attaque cardiaque à cause de nous. Moi, je voulais donner un sens à ma vie. Je lui ai désobéi. J'ai éclaté en sanglots. Tommy patientait sans rien dire. Tout se mélangeait dans ma tête, la déception de mon père, la mort de ma mère, mon frère qui ne cherchait qu'à en découdre, la douce voix de Rana. Je me suis levé en hurlant et j'ai lancé le coussin le plus proche contre le mur. Je ne voyais que des murs, l'écran gris de la télévision et du sang à longueur de journée. Rien d'autre.

J'ai promené un regard maussade sur le petit appartement crasseux. J'ai filé à la salle de bains me passer la tête sous l'eau froide pour me réveiller.

15

EN ARRIVANT CHEZ LES GUETTA, malgré le petit-déjeuner et la pita à l'omelette, j'ai foncé tout naturellement vers le buffet, où je me sentais à ma place. J'ai rempli une assiette en plastique bleu de salades préparées par les tantes de Guiora : taboulé, piments piquants, fromage de brebis, tomates fraîches ou séchées.

La maison était en pleine effervescence. Les visiteurs entraient, sortaient, déambulaient, bavardaient. La pluie tambourinait contre les vitres. On aurait dit que le deuil redonnait de la vie à la maison, comme pour compenser l'absence. Les joues ruisselantes de larmes, Mr Guetta a saisi la main de Shouli et lui a chuchoté quelque chose à l'oreille. La seule personne que je connaissais étant indisponible, j'ai déniché une chaise et me suis concentré sur mon assiette.

En relevant la tête, j'ai vu Shouli sauter au cou de Mme Guetta. Le père de Guiora m'observait. Je lui ai rendu son regard et il m'a gratifié d'un sourire triste. J'ai compris qu'il désirait me parler. Je me suis levé, mon assiette à moitié pleine à la main. Il m'a encouragé d'un geste. J'ai cherché vainement où poser l'assiette. En désespoir de cause, je me suis dirigé vers lui, la main droite tendue, l'assiette dans la gauche.

« Enchanté, monsieur Guetta, je m'appelle Eitan. »

Il m'a toisé de la tête aux pieds, s'attardant une fraction de seconde sur l'assiette bleue. Qu'est-ce que Shouli avait bien pu inventer ?

« Vous êtes un ami de Guiora, de Tel-Aviv ? »

Ah, j'avais ma réponse.

« Euh… pas exactement. Je l'ai rencontré dans le mini… dans l'autobus… Je suis descendu avant… Je lui ai un peu parlé…

– Oui, c'est ce que Shouli m'a dit. Savez-vous ce qu'il faisait à Tel-Aviv ?

– Euh… écoutez, monsieur Guetta, je… non. Je n'en ai pas la moindre idée… »

J'ai louché sur Shouli, comme si je m'agrippais à une bouée, mais elle était toujours dans les bras de Mme Guetta. Toutes deux étaient en larmes, le mascara de Shouli coulait pour la seconde fois de la journée. J'ai pioché une tomate cerise que j'ai fourrée en vitesse dans ma bouche. Quelqu'un a interpellé Mr Guetta. Ouf, j'étais sauvé. Je me suis empressé de tourner les talons, mais j'avais crié victoire trop tôt.

« Attendez une minute, Eitan ! » s'est-il écrié en me tapotant l'épaule.

Je me suis retourné.

« Désolé, monsieur Guetta, mais comme vous étiez occupé…

– Non, non. J'aimerais savoir pourquoi il s'était rendu chez vous. Que fabriquait-il à Tel-Aviv ? Il ne nous a rien dit. Nous ne savions pas qu'il avait à faire là-bas. J'aimerais comprendre.

– Je n'en ai aucune idée, monsieur. Je l'ai rencontré dans le bus et nous avons échangé quelques mots. Il ne m'a pas mis dans la confidence.

– Que vous a-t-il dit au juste ? »

Devais-je lui dévoiler la vérité ? Il voulait simplement entendre les dernières paroles de son fils. Il s'accrochait à l'espoir ténu de déchiffrer ses actes, ses motivations. Comme si cela pouvait changer ou expliquer quelque chose. Pouvais-je lui révéler que Guiora m'avait demandé ce que je pensais du terroriste ? *Il est réglo, à votre avis* ?

J'ai esquissé un geste vague avec mon assiette.

« Rien d'important. Je ne me rappelle pas exactement. Nous avons rigolé en entendant quelque chose à la radio, je crois... Le chauffeur a appelé le central et quelqu'un lui a répondu je ne sais quoi... Je...

– Le chauffeur ? »

Un visiteur a embrassé Mr Guetta qui s'est interrompu.

« Vous avez vu ces barbares ? a lancé son interlocuteur. Bab al-Oued ! À croire que rien n'a changé. Un jour, ce gouvernement va payer le prix fort, Guetta, tu vas voir. »

J'ai repéré un espace libre sur la table et j'en ai profité pour me débarrasser de mon assiette. Une main m'a saisi par le bras, tandis qu'un doux parfum me montait aux narines.

« On s'en va, Croc », m'a soufflé une voix au timbre suave.

Je l'ai regardée. J'avais l'impression de me noyer. Une traînée de mascara autour des yeux lui donnait l'air d'un panda géant.

« Ne me regardez pas comme ça !

– Si vous voulez ! »

Elle m'a souri.

Nous sommes remontés en voiture. Elle me guidait. Nous avons traversé des ronds-points, dépassé des immeubles, amorcé une montée, puis une descente. Au croisement suivant, nous avons pris une petite rue où nous nous sommes garés.

« On va où ?

– Chez Montefiore.

– Moïse Montefiore, l'illustre philanthrope ? »

Nous avons arpenté les ruelles balayées par la brise glacée de Jérusalem. Je gelais. Il n'y avait pas âme qui vive, excepté les vigiles en faction devant les restaurants. Nous avons traversé des jardins, dépassé la voiture de Montefiore jusqu'au point de vue surplombant la vallée, à l'est. Shouli a grimpé sur un muret de pierre, les cheveux flottant au vent.

« Vous voyez le désert ? Vous avez ça à Tel-Aviv ? »

J'ai contemplé les collines grises et les ravins arides en grelottant.

« Venez ! »

Au café, elle a essuyé le rimmel qui maculait ses yeux.

Elle a commandé un chocolat chaud.

Elle tenait sa tasse à deux mains.

À part nous, il n'y avait qu'un agent de sécurité (pour qui la note était majorée d'un shekel), le barman, et ce qui ressemblait à un chien roulé en boule sur le sol. Par la fenêtre, Jérusalem transmettait une sensation de froid, comme si la ville avait mobilisé les nuages et le vent pour décourager les passants.

Je l'ai trouvée en larmes en revenant des toilettes.

J'ai hasardé mon hypothèse concernant la famille Guetta, l'ex-fiancée mythologique, et son statut subalterne à elle. Shouli a éclaté de rire. Il n'y avait pas d'ex et elle s'entendait très bien avec les amis et la famille.

« Je lui en veux, a-t-elle ajouté. Je ne comprends pas ce qu'il allait faire à Tel Aviv. »

J'ai feuilleté le journal, posé sur la table. *Comme un tir aux canards.* Là aussi, ils s'étaient trompés sur la couleur, le modèle et la position de ma voiture. En revanche, le croquis d'Houmi, étendu par terre à côté du véhicule, était remarquablement précis.

« Vous voulez le savoir ?

– Bien sûr, mais comment ? »

J'ai sorti le Palm Pilot de Guiora, j'ai ouvert l'agenda et suis venu m'asseoir près d'elle. Le jour de sa mort, il avait un rendez-vous à huit heures du matin. Voilà ce qui était inscrit : *B-MW. Coffee Bean, Yehuda Maccabi*, avec un numéro de téléphone. Que j'ai aussitôt composé. Pas de réponse. J'ai laissé un message en priant de rappeler d'urgence au sujet du rendez-vous avec Guiora Guetta.

« Vous voyez, nous avons fait des progrès.

– Des progrès ? Nous tournons en rond, oui ! Et puis ça veut dire quoi B-MW ?

– Patience ! ai-je répondu avec autorité. Il voulait peut-être acheter une voiture ?

– Une voiture ? N'importe quoi !

– Le téléphone va sonner, vous allez voir. »

Le téléphone a effectivement sonné. C'était Jimmy.

« Où es-tu, Croc ? Qu'est-ce qui te prend de t'évanouir dans la nature ?

– Salut, Jimmy. Je suis à Jérusalem. C'est une longue histoire. Je n'ai pas pu te contacter, parce que mon téléphone était impliqué dans la fusillade de Sha'ar HaGai…

– Quoi ? Ton *téléphone* était impliqué… ?

– Jimmy, je t'expliquerai demain, O.K. ?

– Tu te rappelles qu'on doit préparer la réunion de Bruxelles pour la semaine prochaine.

– Je n'ai pas oublié. »

Il a raccroché sans autre forme de procès, comme d'habitude.

Le Palm de Guiora reposait dans le creux de ma main. Mon bras, frôlant celui de Shouli, se hérissait de plaisir.

Elle a posé sa tête sur mon épaule.

« J'ai besoin d'un verre », a-t-elle déclaré.

Nous sommes restés là trois heures. Elle n'arrêtait pas de parler et moi de l'écouter. Elle a éclusé une bouteille de vin à elle toute seule. Moi, je buvais du café. On aurait dit que la caféine creusait une tranchée dans mon cerveau. À mesure que le vin échauffait son corps, rosissait ses joues, qu'elle épanchait son cœur et son âme sans réserve devant moi, la caféine conférait à la scène un aspect vaguement irréel. Shouli parlait à travers ses larmes. Je n'ai pas retenu tout ce qu'elle m'a dit – un torrent de paroles débordant et se tarissant tour à tour, serpentant ici et là, et s'égarant dans les méandres de sa personnalité profonde. Tantôt elle se penchait en avant, le coude sur la table, la joue au creux de sa main, ses yeux noyés de larmes braqués sur les miens, tantôt elle se rejetait en arrière, les jambes croisées, les bras grands ouverts. Moi, je me bornais à ponctuer son discours : un point d'interrogation par-ci, une virgule par là, une pause ou une parenthèse. Je jouais le rôle de l'auditeur passif recueillant la pluie tombée de son ciel hivernal. Mais pourquoi moi ? me suis-je demandé. Question que je n'ai cessé de me poser après coup – ce jour-là, les semaines et les mois suivants.

Elle m'a parlé de ses parents, ses sœurs, ses amies, son ex-mari, son travail et aussi de sexe, sujet qui, évidemment, est resté gravé dans ma mémoire. Elle avait reçu une éducation religieuse dont elle s'était détachée par la suite. Elle était originaire de Jérusalem, mariée à vingt ans, divorcée à vingt-quatre. Après la rupture, elle se promenait en jean taille basse et T-shirt découvrant le nombril. Elle s'était mise à goûter à la merveilleuse liberté qu'octroyait la peau nue caressée par le vent, aux regards et aux hommages masculins qui ne la laissaient pas insensible.

Le sexe, a-t-elle avoué après un énième verre de vin, elle l'avait découvert du temps de son mariage. Un jour, alors que son mari effectuait sa période de réserve, elle avait loué un film porno au distributeur automatique. Elle s'ennuyait ferme, et puis elle était intriguée. Jusqu'au retour de son mari, elle avait visionné plus de dix DVD, une douzaine de fois chacun. Elle était devenue accro à la masturbation. Elle n'avait trompé son mari qu'en imagination. Elle se figurait séduire n'importe qui – des acteurs de films porno, des joueurs de football, des ministres, les serveurs, les cuisiniers ou les clients de l'hôtel où elle travaillait, voire des passants croisés dans la rue. Tous les jours, plusieurs fois par jour, dès qu'elle le pouvait. Quand son mari était à la maison, elle le faisait sous la douche ou dans une autre pièce. En son absence, elle s'y adonnait n'importe où, au gré de sa fantaisie. Elle n'en avait soufflé mot à personne. Son mari qui, comme elle, était issu d'un milieu traditionnel, ignorait à quel point ses récentes découvertes, dont il ne savait rien, l'excitaient.

Il avait été son premier amant. Elle avait perdu sa virginité peu de temps avant le mariage. Ayant connu l'orgasme et nourri les fantasmes les plus fous, elle avait essayé de lui faire comprendre qu'elle en voulait plus, mais le sexe ne l'intéressait pas. Il n'y prenait aucun plaisir. Leur mariage battait de l'aile, pas à cause du sexe, mais pour d'autres raisons qu'elle lui avait expliquées en partie.

Après le divorce, le nombre de ses amants était rapidement passé de un à huit. La plupart du temps, elle était frustrée. Il ne faut pas prendre ses rêves pour la réalité. Dans la vie réelle, les choses sont plus compliquées, elles demandent plus de temps, les gens sont moins désirables, plus réservés. Ni votre partenaire ni vous-même ne vous comportez comme dans les rêves. Shouli avait rencontré Guiora Guetta dans le lobby de l'hôtel où elle travaillait. Il était irrésistible avec ses cheveux couleur de miel sombre et, surtout, ses lunettes de soleil. Il lui avait fait signe d'approcher. Quel frimeur, ce type ! avait-elle songé *in petto*. Ôtant ses lunettes, il lui avait proposé de boire quelque chose. Elle avait ri. Quel culot alors ! C'était l'un des vigiles de l'hôtel : son premier petit ami sérieux depuis son divorce, peut-être le premier de sa vie. Ils n'avaient pas de secrets l'un pour l'autre. Ils aimaient les mêmes choses, les films pornos, les fantasmes, les jeux. Mais du moment qu'il n'y avait plus de mystère, ce n'était plus excitant. Le sexe avec Guiora était merveilleux, seulement l'attrait de la nouveauté avait disparu. « Tu n'es jamais contente, lui reprochait-il. L'herbe est toujours plus verte ailleurs. »

« Je l'aimais vraiment. Il était dingue. Il adorait me surprendre ».

Sa voix s'est brisée. Ses lèvres tremblaient. Elle a éclaté en sanglots. Elle s'est essuyé les yeux et mouché le nez.

« Il voulait faire quoi dans la vie ?

– Il cherchait du travail. Il ne savait pas trop où il en était. Il avait des tas d'idées. Il voulait créer sa propre société. Peut-être dans l'informatique. Il était fou d'ordinateurs. En attendant, il travaillait comme agent de sécurité, un emploi-jeune subventionné par le ministère des Affaires sociales pour aider les soldats fraîchement démobilisés. »

Elle a gardé le silence. Moi aussi. Je l'ai observée. Impossible d'imaginer la fille qu'elle venait de me décrire. Elle avait une beauté sombre, dépouillée. Une épaisse chevelure noir de jais qui tombait sur ses épaules en vagues soyeuses. La peau était couleur moka clair. La bouche souriante, de grands yeux noirs, profonds comme deux lacs.

La salle était à présent bondée de clients taciturnes, repliés sur eux-mêmes. Ils ne nous dérangeaient pas. Je serais bien resté là à l'écouter encore et encore. Je me noyais dans ses yeux, ses histoires me captivaient. La scène avait quelque chose d'étrange. Je courais depuis des années après le temps, chaque seconde enfuie. L'idée de me retrouver dans un café à discuter pendant des heures à bâtons rompus ne m'avait jamais effleuré. J'en avais oublié l'éventualité. Je n'avais pas de temps à perdre. À présent, je laissais les minutes s'écouler sans y penser. Sans craindre de manquer quelque chose. Enfin presque. Le temps, de son côté, semblait figé, à croire qu'il s'était arrêté, comme s'il attendait de voir ce que j'allais faire. Je m'efforçais de chasser les pensées parasites à propos du temps, du bureau, de Douchi… L'essentiel était d'apprendre à se laisser aller, à ne pas tout maîtriser.

« Racontez encore », ai-je supplié Shouli.

Elle était chef à l'hôtel King David, au bout de la rue. C'était dur. Debout huit heures par jour. Une femme ayant embrassé une carrière masculine. La plupart des cuisiniers de l'hôtel étaient arabes, à l'exception de quelques Russes et de deux Israéliens. Elle s'en moquait, mais elle avait du mal à s'intégrer dans leur monde. Aux heures d'affluence, il y avait cinq chefs dans la cuisine travaillant d'arrache-pied. Le tourisme avait légèrement chuté à cause des attentats, heureusement que le calme était revenu à Jérusalem, l'hôtel ne désemplissait pas, avait-elle précisé en touchant du bois.

Elle aimait son job, mais ignorait combien de temps elle tiendrait encore. Elle était de service ce soir-là. Elle pourrait se faire remplacer sans problème, la direction connaissait

Guiora. Brusquement, elle n'était pas sûre de vouloir annuler.

« Peut-être vaut-il mieux s'abrutir de travail après une journée pareille ?

– Avec un verre de trop dans le nez ?

– C'est vrai, mais j'ai l'habitude, tout le monde boit en cuisine.

– Une bouteille entière ?

– Non, peut-être pas. »

Elle s'est fendu d'un lent sourire.

« Tiens, ils n'ont pas rappelé, ai-je déclaré tout à trac.

– Qui ça ? »

J'ai désigné le Palm Pilot de Guiora.

« Ah oui, c'est vrai. Je peux réessayer ? »

Un homme lui a répondu.

« Bonjour ! a-t-elle minaudé d'une voix sexy. Je m'appelle Shouli. » Elle a esquissé une grimace qui signifiait : Je suis censée dire quoi, maintenant ?

J'ai haussé les épaules. En effet, que pouvait-elle dire ?

« Qui est à l'appareil ? a-t-elle repris. Oh, salut Binyamin ! Écoutez, je suis l'amie de Guiora Guetta, vous savez ce qui lui est arrivé, non ? (Elle a écouté pendant quelques secondes.) Vous ne connaissez pas de Guiora Guetta ? Mais il avait noté un rendez-vous avec vous dans son agenda, avec ce numéro… Pardon… Allô ? Allô ? »

Elle m'a tendu le téléphone, l'œil aviné, l'air complètement déboussolé.

« Il a dit qu'il ne sait pas de quoi je parle.

– On n'a qu'à y aller. Nous avons l'adresse.

– Maintenant ?

– Quand vous voudrez.

– Je n'ai pas le courage d'aller à Tel-Aviv maintenant, c'est au-dessus de mes forces. Peut-être demain. Je vais travailler. Vous voulez bien m'accompagner ? »

Je rêvais de l'embrasser.

« Vous êtes sûre ? » me suis-je contenté de dire.

Elle l'était.

16

« *B*ONJOUR SVETLANA, *comment va-t-il ? Il a pris son bain ? Ses réactions ?*

– Bonjour, docteur Hartom. Son père a dit qu'il a ouvert les yeux un petit moment hier… À part ça, rien de nouveau… Ah si, il transpire beaucoup. Et quand il écoute les cassettes d'Amr Diab, on dirait que ses traits se détendent…

– Quand il écoute quoi… ? Ses plaies ? L'alimentation ? Les pupilles ? »

Pas la lampe, pas la lampe ! Tu n'as pas intérêt, Svetlana, je te préviens !

« *Il mange bien… il a pris un kilo trois cents depuis qu'il est là. Il va à la selle comme sur des roulettes. Les plaies sont propres. Les massages semblent efficaces.*

– Bon. Quel jour sommes-nous ? Je pense que nous serons bientôt fixées sur l'évolution de son état. »

La maison de grand-père Fahmi et de grand-mère Samira avait été divisée en quatre appartements de façon plutôt rudimentaire. Le studio d'al-Amari en faisait partie. Les familles de mes oncles et tantes y avaient logé au fil des années. Il y avait une salle d'eau microscopique, un W. C., une minuscule pièce comportant d'un côté un petit lavabo et un frigo riquiqui, de l'autre un lit, un guéridon et une mini télévision. Un matelas d'appoint était appuyé contre la cloison. Les murs sales étaient peints en jaune. Le frigo contenait du lait, quelques yaourts, deux œufs et des légumes blets. Au-dessus étaient posés du café, des sachets de thé, des pitas et du sel. L'ampoule nue au plafond restait allumée toute la journée, car le soleil ne filtrait que par un interstice au-dessus du lavabo et sous la porte.

J'ai pris une douche rapide et mis un peu d'ordre : nettoyé les cendriers qui débordaient, jeté les bouteilles et les emballages, un concombre pourri, ôté la poussière sur le téléviseur et le guéridon. J'ai retapé le lit, plié mes vêtements et avalé un yaourt. Je mourais de faim. J'ai fait bouillir de l'eau dans une casserole, où j'ai jeté une pomme de terre et un œuf. Une fois cuits, je les ai épluchés, découpés en morceaux et mélangés dans un bol avec une demi-boîte de thon dénichée au fond du frigo. Un festin royal. Après quoi, j'ai allumé la télé libanaise qui diffusait de la musique et des clips – exactement ce dont j'avais besoin.

« Le docteur Hartom affirme que ton état s'améliore. Ils sont toujours dehors avec leurs banderoles. Tu as vraiment fait ce qu'ils disent à Croc ? Je l'ai vu à la télé, un jeune homme sympathique. Comme toi, Fahmi. Je t'aime bien. On dit que ton frère est un vrai terroriste, mais toi, je n'arrive pas à y croire et je ne pense pas que tu aies pu faire une chose pareille à Croc. »

Croc ? Où est-il ? Nous sommes à la plage... dans sa voiture verte. Nous partageons une pomme et une grenade.

Je crève de chaleur. Je brûle en haut...

« La bombe est prête ?

– Presque. »

Bilahl est arrivé et a englouti le reste de la salade. Il a parlé tout bas au téléphone. Ensuite, il a zappé sur al-Jazira : on montrait le bâtiment éventré où Halil Abou-Zeid avait trouvé la mort. Des enfants fouillaient les décombres. Bilahl a fixé l'écran en silence avant de ressortir. Je me suis délecté de regarder Shirine Abou-Akla, la correspondante d'al-Jazira, qui rendait compte de la situation. Quand elle a eu fini, je suis retourné à l'émission musicale de la chaîne libanaise.

Lulu a appelé de Murair. Papa était malade. Il s'inquiétait pour nous. Je lui ai dit de me donner plutôt de ses nouvelles, comment s'était passée sa journée à l'école. Elle me manquait. Je ne l'avais pas vue depuis plusieurs mois. Elle avait croisé Rana, m'a-t-elle appris.

J'aimais Rana. Nous avions grandi ensemble. C'était grâce à elle que j'étais devenu ce que que j'étais aujourd'hui. Elle faisait partie de moi. C'était la femme de ma vie. Elle me manquait. Mais je devais l'oublier. Il le fallait. Comme je devais oublier Murair, ma sœur, mon père, mon avenir. Maintenant, j'étais ailleurs. Al-Amari. Bilahl, la télévision.

J'ai regardé les danseuses sur l'écran, et puis j'ai fermé les yeux.

Bilahl avait hâte de passer à l'action pour venger la mort de Halil Abou-Zeid. Il voulait une réaction immédiate. Le chahid mentionnerait Halil dans la vidéo, pour que ce soit bien clair. Qu'ils comprennent que leurs hélicoptères et leurs missiles ne nous effrayaient pas et n'allaient pas nous arrêter.

« Halil a dit qu'il valait mieux se tenir à carreau quelques jours, ai-je objecté.

– Oui, a admis Bilahl, mais il faut agir vite, en sa mémoire. »

J'ai plongé mon regard dans ses yeux sombres et j'ai soudain ressenti une violente douleur à la poitrine. J'ai enfoui machinalement mon visage dans mes mains. Bilahl m'a tapoté l'épaule. Je tremblais.

L'après-midi, j'ai déambulé dans le camp pour prendre l'air et me changer les idées. Des femmes portaient des paniers sur la tête. L'herbe verte, la moutarde jaune et les coquelicots rouges commençaient à fleurir au bord des chemins. J'ai arraché une feuille du grand figuier. Une énorme flaque s'étalait au beau milieu du terrain où s'entraînait l'équipe de football du camp, derrière la mosquée. J'ai pris place sur les gradins à côté d'autres jeunes désœuvrés, tandis que les balles de ping-pong provenant du club voisin résonnaient dans ma tête comme un métronome. L'équipe d'Al-Amari avait gagné à plusieurs reprises le championnat de Cisjordanie. Cette saison, depuis mon arrivée en fait, elle était plutôt nulle. Je lui avais peut-être apporté la poisse. Avec un shekel trouvé dans ma poche, j'ai acheté deux bananes à un étal. Un vrai régal en cette splendide journée d'hiver ! Des gamins jouaient au ballon contre un mur, comme d'habitude. La vie ici ne changeait jamais, exception faite des graffitis sur les murs. Bilahl allait bientôt envoyer les gosses avec des bombes de peinture rouge, verte, et noire glorifier la mémoire du chahid Halil Abou-Zeid et réclamer vengeance.

L'*istichhadi* s'appelait Naji. Bilahl lui avait parlé à la mosquée, un peu plus tôt dans la matinée. Il rêvait de mourir en martyr dans la voie de Dieu. Il avait connu Abou-Zeid à la mosquée et avait soif de revanche.

« Tu le connais bien ? Depuis longtemps ?

– J'ai foi en Dieu et j'essaie de sonder ce type. Mais on ne sait jamais. On ne peut pas connaître quelqu'un à fond. Naji m'a l'air O.K. Serein, les nerfs solides, mais je peux me tromper. Je me renseigne sur son compte et sur sa famille.

– Et si tu te trompes ?

– Tant pis, c'est la volonté de Dieu, a répliqué Bilahl avec assurance. (Il assumait les responsabilités d'Abou-Zeid. Je ne savais pas si on lui avait officiellement confié cette fonction et s'il connaissait les dirigeants de l'organisation.) De toute façon, il ignore mon numéro de téléphone et mon vrai nom, a-t-il souligné. Tu vas lui expliquer le fonctionnement de la bombe. En dehors de nous deux, il ne verra personne et n'aura pas le droit de téléphoner. Il s'isolera dans l'autre appartement, qui nous sert de centre d'opérations, et, à partir de là, il sera coupé du monde. Il viendra dormir chez nous la dernière nuit. »

J'ai préparé du thé. Il faisait si froid que de la buée s'échappait de ma bouche. Le portable de Bilahl a sonné sur le thème de l'*Agence Tous Risques*. « Oui, papa… », a répondu Bilahl. J'imaginais notre père avec sa chevelure argentée chez nous, à Murair. Bilahl s'efforçait d'être poli et respectueux. Papa et lui… « Il y a longtemps que je n'ai plus d'autorité sur lui, m'avait dit papa un jour. J'ai déjà baissé les bras. Mais toi… j'ai le cœur qui saigne, je sais que tu n'es pas un meurtrier. Je te connais, Fahmi, mieux que personne. » « Bien sûr que je ne suis pas un meurtrier ! » m'étais-je défendu. J'ai ajouté du sucre. Bilahl parlait avec quelqu'un d'autre, l'homme qui avait enquêté sur Naji. Ce dernier avait apparemment un passé criminel. Après quoi, Bilahl a appelé Naji. Comment savoir ce qu'il avait dans le ventre ?

J'ai tiré la ceinture d'explosifs de sa cachette dans le placard mural, je l'ai dépouillée des couvertures et des vieux journaux qui la protégeaient et l'ai posée sur la table. Je l'ai soulevée et explorée sous toutes les coutures. Les tubes contenant l'explosif n'avaient pas bougé, rien ne s'était évaporé. J'ai sorti les billes en métal et les clous de l'un des compartiments entourant un pain de RDX, que j'ai montré à Bilahl.

« Nous avons ici sept kilos d'explosifs et environ dix kilos de fer. Ça peut provoquer de sérieux dégâts. (Il a secoué la tête.) Tu veux essayer ? » ai-je proposé.

Je ne voulais pas insinuer qu'il devait être volontaire, mais il a mal interprété mes propos. Il a gardé le silence, les yeux dans le vague.

« On va d'abord voir comment Naji va s'en sortir », a-t-il conclu.

Le café d'Ali Jaafar Hussein, le seul et unique d'Al-Amari, se trouvait au coin de la rue. J'ai commandé un Coca que j'ai savouré à petites gorgées. Nous nous sommes installés dehors, sur des tabourets. Nous étions seuls. Un vent chargé de pluie nous cinglait la peau, et nous avions les pieds trempés. Naji est arrivé quelques minutes plus tard. Bilahl et moi avons échangé un regard. Il était très jeune avec de bonnes joues lisses et parlait les yeux baissés, comme une vierge effarouchée.

« Tu transpires encore. À quoi penses-tu ? »

Je me demande quand tu vas arrêter de jacasser, Svetlana.

« Oh, Fahmi, je t'ai raconté la soirée horrible que j'ai passée hier à la maison ? »

Des soldats ont fait irruption chez toi ? Ils ont tout cassé, arrêté ta famille, assassiné ta mère ? Cette sorte de choses, Svetlana, hein ?

Dès que je lui ai attaché la ceinture, j'ai senti le corps de Naji se raidir, ses muscles se contracter. Il s'est mordu les lèvres sans rien dire.

« Il faut ajuster les bretelles, assez étroitement pour que tu puisses la porter sous ta chemise. »

Naji était plutôt potelé, la peau claire. J'ai joint le geste à la parole. Il m'a effleuré la main pour signifier que c'était assez serré. Je me tenais tout près de lui, je sentais l'odeur des gouttes de pluie sur son cou, l'odeur de la peur.

« Voilà la batterie. Tu la transportes séparément et tu la branches à la dernière minute, d'accord ? »

Il a hoché la tête.

« À partir du moment où elle est branchée, il y a davantage de risques d'accident, tu vois ? »

En guise de démonstration, j'ai déconnecté l'explosif du circuit électrique et vissé une ampoule à la place. Je lui ai montré comment connecter la batterie et il y est parvenu après plusieurs tentatives infructueuses. Il avait le front baigné de sueur. Bilahl est sorti fumer une cigarette. À son retour, je lui ai jeté un regard sceptique. On doit être froid comme un concombre pour faire ça. Il faut avoir le cœur bien accroché et être un peu cinglé même. Je ne comprenais pas pourquoi Naji s'était porté volontaire.

« Après la batterie, on va voir le système de sécurité. Ce clou empêche d'actionner le bouton. Tu l'enlèves comme ceci. »

Il s'est exécuté.

« Tu peux le pousser maintenant. Pas trop fort. Le temps d'un battement de cils – dès que tu le presseras, ce sera fini. Tu ne sentiras rien du tout. Ni l'explosion ni la douleur, sauf la certitude que tu es auprès de Dieu. »

La respiration de Naji s'est accélérée. Il a posé une main sur mon épaule.

« Tu vas quitter cette vie et son cortège de souffrances, de problèmes et de misères, a renchéri Bilahl. Une petite poussée sur le bouton et ton âme montera au paradis, aux côtés de Dieu et de tous les *chouhada.* »

Naji a collé son front sur mon épaule. J'ai tendu la main pour l'attirer à moi. Je sentais son souffle dans mon cou. J'ai glissé un regard vers mon frère en secouant légèrement la tête.

« Appuie maintenant », ai-je murmuré.

Il a obéi. L'ampoule s'est allumée une fraction de seconde, on a entendu un horrible craquement et elle s'est éteinte. Naji a sursauté de peur.

« L'ampoule a claqué, c'est tout », ai-je expliqué.

Je suis allé en chercher une autre. J'ai attendu que mes mains cessent de trembler. À mon retour, Naji s'était ressaisi. J'ai changé l'ampoule, il a fait une nouvelle tentative et, cette fois, il a réussi sans mon aide. Il a retiré la ceinture et l'a déposée sur la table. J'ai rejoint Bilahl dans un coin de la pièce et lui ai chuchoté quelque chose à l'oreille.

17

MA MIGRAINE a empiré après que j'ai accompagné Shouli à l'hôtel. J'avais des élancements dans le crâne, comme des piqûres d'aiguilles. Je me suis arrêté à une buvette pour acheter une bouteille d'eau. J'ai jeté un coup d'œil derrière le vendeur et demandé une barre de chocolat Ta'ami, des cigarettes et des chewing-gums goût pastèque. J'ai allumé une cigarette, même si je ne fume pas. (C'était le cas autrefois à l'armée, mais aujourd'hui cela me ferait perdre trop de temps.) La douleur ne s'est pas atténuée et j'avais des nausées. Après deux bouffées, j'ai jeté la cigarette et le paquet dans la poubelle la plus proche. Idem pour le chocolat, que j'ai à peine entamé. Sur le trajet de retour chez mes parents, j'ai bu la bouteille à petits coups et mastiqué la tablette avec une telle vigueur que j'ai failli me déboîter la mâchoire.

Ma mère m'a donné des cachets et préparé des schnitzels, des escalopes panées. Nous avons mangé en silence, mes parents et moi. Le professeur d'anglais de trente ans d'ancienneté, l'ex-importateur de beurre de cacahuètes et moi, le fournisseur de solutions intégrées en téléphonie.

« Sha'ar HaGai c'est vraiment l'escalade », a commenté papa.

J'ai acquiescé. J'ai perçu un éclair de souffrance dans les yeux de ma mère. Elle m'a demandé des nouvelles de Douchi. Bonne question. Moi, je pensais à Shouli. Comment s'en sortait-elle au restaurant ? J'aurais bien voulu faire un saut là-bas pour voir.

« Douchi ? Elle va très bien. »

J'aurais dû l'appeler, mais je n'avais aucune envie d'écouter ses récriminations. Encore une scène. À quoi bon ? Ma mère voulait savoir si mes rendez-vous s'étaient bien passés. Mes rendez-vous ? À Jérusalem, a-t-elle précisé.

« Oui, merci. »

La dernière bouchée de shnitzel avalée, j'ai fixé les sourcils de Danny Ronen sur la deuxième chaîne. Maman s'est évertuée à nettoyer une tache sur le canapé, tout en maugréant entre ses dents des reproches à l'adresse de mon père.

« Les forces de sécurité, a déclaré le journaliste, possédaient des informations contradictoires au sujet de la provenance de la cellule terroriste responsable de la fusillade sur la route Jérusalem-Tel-Aviv, près de Sha'ar HaGai. Selon les premiers éléments de l'enquête, certaines pistes convergeaient vers le village d'Husan, à côté de Bethléem, comme annoncé hier. Aujourd'hui, de nouveaux indices contredisaient cette thèse. Dans leur revendication, les brigades Izz al-Din Al-Qassam parlaient de "jeunes gens" et non d'un tireur solitaire, comme on le croyait. En outre, les affiches placardées en Cisjordanie à la mémoire du kamikaze Shafik Omar, dix-neuf ans, semblaient mentionner Ramallah comme point d'origine de l'attentat de la ligne 9 *bis*, et non Naplouse, contrairement à ce que l'on pensait au départ. Les forces de sécurité ignoraient si les pancartes et les messages étaient fiables ou destinés à semer la confusion.

« En tout cas, a poursuivi Danny Ronen, l'aviation a perpétré un assassinat ciblé cet après-midi dans les bureaux de la Société islamique de charité d'al-Bireh. L'attaque a provoqué la mort de Halil Mahmoud Abou-Zeid, l'un des chefs des brigades Izz al-Din Al-Qassam à Ramallah, responsable d'une série d'attentats récents, dont celui de Sha'ar HaGai, l'explosion de la ligne 9 *bis* à Tel-Aviv et le restaurant Sbarro, rue Jaffa à Jérusalem. »

« Dis-moi, Yohanan, le responsable de l'attentat de Sbarro n'était pas la victime de l'assassinat ciblé précédent ? ai-je demandé à mon père.

– Oui. Et celui d'avant aussi. »

D'après les assassinats ciblés, l'attentat de Sbarro avait été planifié par diverses personnes et organisations dans différentes villes : Naplouse, Ramallah, Hébron, le Jihad islamique, les Brigades des martyrs al-Aqsa, le Hamas. Tous avaient mis la main à la pâte, et maintenant, ils en avaient une en moins. Enfin, dans le meilleur des cas.

Les obsèques se déroulaient sur l'écran : le deuil, la cérémonie, l'oraison funèbre. Les yeux rougis.

« Il faut trouver les responsables de cette atrocité… »

« Je ne comprends pas… je ne comprends pas… je ne comprends pas. »

« C'était un brave homme, si gentil… »

« Quand j'ai regardé le journal à la télé, j'ai cru que mon cœur s'arrêtait de battre… comme si j'avais été frappée par… »

« Il sera toujours avec moi, il l'a toujours été. Il a profondément marqué ma vie, comme personne avant lui… »

La voix mourut, tandis que la caméra montrait en gros plan les beaux yeux d'une jolie soldate en pleurs. La journaliste a résumé les faits avant de rendre l'antenne au studio de Jérusalem. Danny Ronen a haussé les sourcils. Mon père voulait voir un documentaire à propos duquel il avait lu une bonne critique dans le journal.

Douchi m'a appelé et demandé, sur un ton pragmatique, si c'était fini entre nous, si j'étais parti pour de bon. Auquel cas, elle aimerait en connaître les raisons et savoir quand j'avais l'intention de passer prendre mes affaires.

« C'est ce que tu veux ?

– C'est moi qui suis partie sans donner de mes nouvelles pendant vingt-quatre heures ?

– Non, bien sûr, mais je te repose la question : est-ce bien ce que tu veux ?

– Je ne sais pas. Je ne crois pas. Quoi qu'il en soit, on pourrait peut-être se comporter en adultes, non ? Après quatre ans…

– Oui, tu as raison. Excuse-moi… j'ai un mal de crâne carabiné… Tu fais quoi en ce moment ?

– Je regarde la deuxième chaîne. Tu es où ?

– À Jérusalem. Chez mes parents. »

Silence. Elle digérait l'information. Au moins, pensait-elle, j'étais en lieu sûr, je ne me défilais pas, n'inventais pas n'importe quel prétexte. Telle que je la connaissais, c'était une maigre consolation. Elle forgeait toujours les pires scénarios catastrophes, l'héritage de sa mère. En d'autres termes, service client et SAV garantis à vie, même outre-tombe.

« Salue-les de ma part.

– Je n'y manquerai pas. »

Je l'imaginais à l'autre bout du fil, des films apocalyptiques plein la tête, réprimant ses larmes. J'ai entendu un petit rire.

« Tu as dit quelque chose ?

– Non, non. Bibi est là. »

Bibi me détestait. Depuis le temps qu'elle conseillait à Douchi de me plaquer ! Douchi elle-même me l'avait dit.

« Ah, et vous êtes en train de casser du sucre sur mon dos, je parie ?

– Eh bien non, pas encore, si tu veux le savoir. »

Je voyais presque Bibi levant les deux pouces en signe d'approbation, se mordant les lèvres pour ne pas rire.

« Je me sens déjà rougir jusqu'aux oreilles sous les compliments.

– O.K.

– O.K. ? Et c'est tout ?

– Tu veux ajouter quelque chose ? Que tu penses revenir, peut-être, ou que tu as l'intention de partir ? »

Son aplomb était sidérant. Elle n'était pas du tout en train d'envisager le pire. J'étais bluffé.

« Au fait, hier, je me trouvais à Sha'ar HaGai au moment de l'attentat, tu te rends compte ? La vitre arrière a explosé, et l'écran de mon portable aussi.

– Croc, rappelle-moi quand tu auras vraiment quelque chose à dire et que tu sauras ce que tu veux faire de ta vie. Tu sais où me trouver. Je dois raccrocher. Viens me voir quand tu voudras parler sérieusement.

– D'accord. »

Je me figurais cette garce de Bibi applaudissant des deux mains.

Douchi n'avait même pas réagi à ce que je lui avais dit. J'ai examiné l'écran de mon téléphone, et suis allé effleurer du doigt la vitre intacte de ma Polo. Aurais-je vraiment tout imaginé ? Houmi, le soldat grassouillet, Zohar Argov ? C'était pourtant dans les journaux, je n'avais pas rêvé. Je me suis mis à marcher. Mes pas m'ont conduit presque à mon insu vers le square et la buvette. Elle était fermée, mais rien n'avait changé depuis mon enfance, vingt ans plus tôt. Le petit édicule en bois, les autocollants portant les slogans du Likoud et des colons. *Un Juif ne chasse pas un autre Juif ! Hébron pour l'éternité ! Bibi : un leader fort pour un peuple fort !* Derrière, il y avait l'aire de jeux avec ses échelles en bois et son filet à grimper où j'avais fumé ma première cigarette, mon premier joint, et où j'avais embrassé une fille et caressé ses seins pour la première fois. J'ai traversé le petit jardin et je me suis retrouvé dans la rue parallèle, en face de chez Moukou. Il habite toujours avec sa famille dans l'immeuble où il a grandi. À la mort de son père, il avait installé sa mère dans un appartement plus petit. Les fenêtres étaient éclairées, et les enfants chahutaient. J'ai aperçu sa silhouette derrière la vitre. Il parlait avec un interlocuteur invisible. Je l'ai appelé. Depuis la rue, j'entendais la sonnerie résonner dans l'appartement ; les enfants se sont interrompus. J'ai laissé sonner plusieurs fois. Il n'a pas répondu. Je n'ai pas déposé de message.

Nous ne nous sommes pas parlé depuis le 11 septembre. Le jour de la catastrophe, le jour de la honte. Combien d'appels avais-je dû passer ce jour-là pour prévenir les invités de ne pas se déranger ! La mère de Douchi avait semé une belle pagaille, de son vivant comme après sa mort. Sur sa tombe, on devrait inscrire :

« Léah Neeman – l'emmerdeuse ».

Je ne me souviens pas de ma conversation avec Moukou. Impossible de me rappeler les innombrables échanges que j'avais eus ce jour-là, on aurait dit un délire continuel, l'épais brouillard rougeâtre de l'humiliation. Bien sûr, nous avions une bonne excuse. Il existe des situations plus embarrassantes dans l'histoire des mariages, j'imagine. Mais ça ne suffit pas à réconforter un homme atteint dans sa fierté. Et avec Moukou, qui était marié depuis des années, trois enfants, un bel appartement à Réhavia et un poste à la Cour suprême, c'était encore pire. Il s'attendait à ce que j'entre à mon tour dans le monde réel, petit-bourgeois et, au dernier moment, j'avais lamentablement échoué. À trente-deux ans, j'étais toujours célibataire ! Ce reproche voilé était omniprésent entre nous, le pire souvenir de cette journée. Après quoi, je m'étais rendu à la salle que nous avions louée pour le mariage afin d'accueillir les invités que je n'avais pas réussi à contacter. Douchi avait refusé de m'accompagner.

Je me suis assis sur notre banc. Combien d'heures avions-nous passées dans ce jardin, Moukou, Danny Lam et moi, à jouer aux billes, à chat, au football, aux cartes, et à prendre une taffe ? Devenir adulte dans un jardin. Nous n'étions ni les premiers ni les derniers. Danny Lam est mort le jour où j'ai failli mourir moi aussi. Une question de chance, ou de hasard, ai-je pensé. C'était lui ou moi, et j'ai fini par gagner. Ou par perdre, selon la conception de la vie de chacun. Et ses parents, qu'étaient-ils devenus ? Rachel Lam, sa ravissante sœur ? Sa petite amie Orit, partie pour New York un mois après sa mort, pendant son service militaire ? Elle n'avait plus jamais donné de ses nouvelles.

Une vibration au fond de ma poche m'a tiré de mes réflexions : le Palm de Guiora Guetta. L'écran lumineux éclairait mes mains d'une lueur bleutée dans la pénombre. Un rappel dans l'agenda programmé par Guiora : *Shouli – fin de service.* Je me suis levé et suis reparti à l'hôtel. Je ne savais pas pourquoi. J'avais accompli ma mission et transmis le message, comme Guiora me l'avait demandé – enfin plus ou moins. N'importe qui aurait agi de même et assisté également à l'enterrement. En plus, j'avais tenu la main de sa fiancée éplorée dans un café et l'avais écoutée déverser ce qu'elle avait sur le cœur. Jusque-là, rien d'anormal. Alors pourquoi insister ? C'était évident. Même si ce n'était pas prévu. Il n'y avait rien de pervers là-dedans. C'est arrivé tout naturellement. Je n'ai fait qu'obéir à l'appel. Le Palm a vibré alors que j'étais assis sur un banc, dans le square. J'ai sauté sur mes pieds, suis monté dans ma voiture, j'ai pris la direction de l'hôtel et suis arrivé pile au moment où elle en sortait.

Ils avaient été très surpris de la voir en cuisine – à ma demande, Shouli m'avait tout raconté en détail. Elle avait expliqué qu'elle préférait travailler plutôt que se morfondre dans son coin. Elle était sûre ? avait insisté Alon, le chef cuisinier, en l'entraînant un peu à l'écart. La soirée promettait d'être mouvementée. Elle avait répété que oui en s'effondrant dans ses bras. La première heure, elle avait travaillé en silence. Un silence contagieux. Alon et les trois autres cuistots, Issam, Ossama et Alex, n'avaient pas ouvert la bouche non plus. Pas plus que les serveurs qui entraient et sortaient dans un ballet incessant, ni le maître d'hôtel, Yatzpan (il s'appelait Mahmoud, mais il ressemblait à Eli Yatzpan, l'humoriste, en plus gros), qui adorait la taquiner. Et pas davantage Nasser le sommelier, lequel était du genre taciturne. Les deux imprimantes de la cuisine vomissaient sans interruption les commandes que les serveurs tapaient sur l'écran du restaurant. Alon déchiffrait les coupons, répartissait les tâches entre les cuisiniers – les salades, les grillades, les poissons, les desserts – et traitait les appels du room service. Vêtue d'une veste blanche boutonnée sur le côté, une toque en papier sur la tête, Shouli, très concentrée, ne pensait à rien.

Issam, un bavard impénitent avec ses cheveux bouclés, son front dégarni et son éternel sourire, faisait des messes basses en arabe avec Ossama. D'habitude, Shouli enrageait, elle leur reprochait leurs conciliabules, s'en prenait à Ossama dont la voix stridente lui déchirait les tympans – pire qu'un sifflet à roulette. Cette fois, elle n'avait pas réagi, elle avait étalé des lamelles de saumon sur un bagel tranché et toasté, enfourné dix minutes les lasagnes à la sauce tomate et au parmesan, et vérifié la cuisson de la pointe d'un couteau. Elle avait prélevé une boule sur le tas de pâte préparé à l'avance afin de confectionner deux pizzas, ajouté la sauce tomate, une poignée de mozzarella, une autre de parmesan, des oignons et des poivrons verts. Après la cuisson, sept minutes à pleine puissance, elle les avait disposées sur des plats de service... Elle s'immergeait dans un océan de sensations et d'odeurs. La mozzarella gluante, la chair translucide du poisson, l'élasticité réconfortante de la pâte, l'odeur fraîche du saumon, la senteur piquante du basilic, l'oignon qui vous arrachait des larmes. « Alex, salade de fruits et tarte aux pommes ! » « Issam, raviolis et frites ! » « Shouli, carpaccio d'artichaut ! » Elle avait émincé les artichauts et disposé sur une assiette les fines tranches arrosées de citron et d'huile d'olive, elle avait ajouté un tour de poivre du moulin, du fromage bulgare, des tomates séchées et de la roquette pour la décoration, et avait posé l'assiette sur le plan de travail en aluminium. « Le carpaccio d'artichaut, c'est pour qui ? » avait crié Alon, le responsable du planning ce soir-là. Shouli avait montré la roquette dans le saladier. « Ossama, tu veux bien aller en chercher d'autre ? Il n'en reste presque plus. » Elle connaissait par cœur le menu punaisé au mur depuis six mois. Il suffisait qu'Alon annonce une nouvelle commande pour que ses doigts, ses mains se mettent aussitôt en branle, attrapant, étalant, émiettant, pétrissant, hachant, poêlant…

Malgré le vin et le chagrin, elle avait tenu le coup pendant près de deux heures. Inquiet de son silence prolongé, Alon lui avait proposé d'avaler un café et de prendre un peu de repos dans l'arrière-cuisine Elle avait préféré une bière. Dès la première gorgée, elle s'était mise à pleurer sans retenue, tremblante, secouée par les sanglots. Elle avait senti une main se poser sur son épaule, et, en se retournant, elle avait reconnu Marouane. Shouli en pinçait secrètement pour ce beau gosse de dix-neuf ans aux yeux de biche, originaire de Beit Hanina. Ils avaient échangé quelques œillades furtives, mais en dehors de ses fantasmes solitaires, il n'y avait rien entre eux. Sa gentillesse lui donnait la nausée. Ses larmes avaient redoublé et elle lui avait crié de s'en aller. Bouleversé, Marouane s'était retiré sans demander son reste. Les clients la regardaient pleurer. Quelqu'un avait appelé Alon. Il lui avait demandé si elle voulait partir. Elle avait refusé, le visage enfoui dans ses mains. Que voulait-elle alors ? Elle ne savait pas. Du café ? Elle avait avalé une grande lampée de sa Heineken, suivie d'une nouvelle crise de larmes. Elle s'était rendue aux toilettes s'asperger le visage d'eau froide avant de retourner travailler à l'état d'automate. Elle avait les pieds et le dos douloureux, n'ayant pas beaucoup dormi la nuit précédente, mais elle serrait les dents. Une amie, l'une des serveuses, lui avait conseillé de rentrer chez elle. Les assiettes s'empilaient. Alon avait hurlé à Youssouf d'apporter les soucoupes. Guiora est mort, Guiora est mort, Guiora est mort, ressassait-elle en boucle. Guiora, Marouane, Croc, Guiora, Marouane, Croc. Les Arabes fredonnaient tout bas. « Alex, va chercher la salade ! » La dent d'argent d'Alex avait étincelé quand il avait souri.

« Croc ?

– Vous avez donc pensé à moi ? »

À bord de la Polo, nous quittions la rue du Roi David en direction de la colonie allemande.

« Oui, j'ai pensé à vous, entre autres », a-t-elle confirmé.

Je n'ai pas répliqué. Parvenus à la gare, nous avons pris à gauche vers Arnona et Armon Hanatsiv jusqu'au kibboutz Ramat Rachel que nous avons dépassé. Elle m'a indiqué un endroit d'où le regard embrassait le désert de Juda et elle a pouffé de rire quand je lui ai demandé s'il y avait un danger.

« Alors, quel message vous a-t-il demandé de me transmettre ? »

Il m'a fallu une fraction de seconde pour comprendre.

« Je ne sais pas. Il n'a pas eu le temps de me le dire. Il réfléchissait. Mais il voulait vous déclarer son amour, j'en mettrai ma main au feu. »

Elle m'a dévisagé.

« Je l'ai lu dans ses yeux, ai-je repris en fixant le levier de vitesses. Ça ne signifiait pas : "Qu'elle n'oublie pas de donner à manger aux chats." Notez que je le comprends très bien.

– Il n'avait pas de chats. Il ne les supportait pas.

– Je comprends ça aussi. »

Elle a souri. J'ai effacé son sourire d'un baiser. Ses lèvres, profondes et salées comme la mer, avaient la douceur des plumes.

18

NOUS SOMMES DES ÊTRES HUMAINS, après tout, pas des anges, a déclaré Bilahl avec brusquerie. Il se trouvait dans la pièce quand l'ampoule avait explosé. Curieusement, il n'avait pas l'air d'en vouloir à Naji. Tout le monde peut changer d'avis. C'est normal. Naji a dit qu'il ne se sentait pas prêt. Une autre fois, peut-être…

« C'est un informateur, tu crois ?

– Qu'est-ce que tu vas chercher ? Il m'a donné le nom de quelqu'un d'autre. Mahmoud Salam al-Mahmouzi. Il adhère à notre sainte cause, il a vingt-trois ans et il est né à Al-Amari. Le camp a besoin d'un héros.

– Il va venir ici ?

– Pas tout de suite. On va d'abord le convoquer à l'autre appartement pour voir s'il a des tripes. Ensuite, une fois qu'on en aura fini avec l'explosif, la vidéo et le coiffeur, on pourra peut-être démarrer demain vers midi. »

« … oui, maman. Oui, maman. Oui. Demain. Maman, je ne peux pas parler ici… oui. Pas maintenant… »

Un tube pour l'urine. Un autre pour respirer.

« Non, je suis au travail, maman. Il n'y a aucun danger. Il n'est pas… non, tu racontes n'importe quoi, il est O.K. Il ne peut rien me faire du tout… Stoi ! Ostav'te menya v pokoe ! *Fiche-moi la paix. »*

Mets une chanson, Svet, fais-moi un massage, Svet…

« Ouf, quelle casse-pied ! Alors, comment ça va, Fahmi ? Ma mère a peur que tu me fasses du mal, ha, ha… Oh… on a fait cacapipi ? »

Svet, ferme-la, s'il te plaît ! Encore ce téléphone, et moi qui ne peux rien faire…

Nous avons dépassé le café d'Ali. Des hommes aux cheveux gris jouaient aux cartes ou au backgammon en buvant du thé servi dans des verres. Des jeunes se morfondaient dans un coin. Bilahl leur a fait un signe de tête. À Al-Amari, mes compagnons à moi étaient sur le petit écran. Rita Khoury dans *Le Maillon faible* à la télé libanaise. George Kardahi dans *Qui veut gagner des millions ?* sur MBC, Tommy Mousari dans *L'Arche de Noé* sur la deuxième chaîne, Ihab Abou-Nassif dans *La Mission* sur Al-Manar, et la belle Shirine Abou-Akla qui présentait le journal sur al-Jazira. Je recevais de temps en temps un coup de fil de Rami le boiteux, ou de Nasser, un ami de Jérusalem… J'ai grandi avec lui, Titi et Rami le boiteux à Murair : on jouait aux billes, avec les ânes, ensuite, il y a eu les filles, l'école, le football. Rami a eu le genou brisé par une balle en plastique quand il avait huit ans, pendant la première Intifada. Titi travaille au check-point de Majdel Bani Fadel. Il vend des boissons fraîches avec sa vieille camionnette Peugeot. Chaque matin, il empile des plateaux de canettes (une douzaine qu'il va chercher à l'épicerie de son oncle Faez) dans une caisse remplie de glace pilée et arrive au barrage après un quart d'heure de trajet. Nasser a quitté le village. Il travaille à l'hôtel King David à Jérusalem et habite à Beit Hanina. Je ne sais pas ce qu'il fabrique exactement, mais il se fait pas mal d'argent, il fréquente des filles superbes, etc. Un jour, il avait rasé sa barbe à cause d'une Juive. Quand il était petit, il se liait facilement d'amitié avec les soldats. Il a toujours apprécié ce que la vie offrait de l'autre côté. Il ne s'est jamais identifié aux combats de Bilahl… Nasser me fait penser à mon enfance enfuie, alors, quand il m'appelle, je ne réponds pas et laisse la boîte vocale recueillir les messages…

« *Maman, je t'ai déjà dit que je ne peux pas parler au travail ! Non, je ne crie pas. D'accord, d'accord, je t'accompagnerai demain matin. Comment oses-tu… ? Écoute, il y a quelqu'un, je dois te laisser…* »

Un croissant de lune nimbait d'une clarté argentée le camp avec ses petites maisons, les toits de tôle hérissés d'antennes, les ruelles de terre battue, les rares tronçons asphaltés, les vieilles voitures cabossées, les tracteurs hors d'âge et la coupole de la mosquée. Quelques passants rentraient chez eux. Des enfants jouaient au foot sous le halo jaunâtre d'un réverbère. Je regardais Bilahl – il jouait très bien avant –, qui les observait d'un œil distrait.

Mahmouzi avait grandi à Al-Amari. Après ses études secondaires, il avait travaillé dans l'agriculture puis dans le bâtiment en Israël jusqu'à la fermeture de tous les passages. À son retour, il était entré à l'École polytechnique d'Hébron et avait abandonné peu après. Voilà quatre ans qu'il était devenu très croyant et pratiquant. Il avait contacté des membres du Jihad islamique, à Ramallah, qui lui avaient opposé un refus, alléguant qu'ils ne recrutaient pas. Il avait parlé avec Naji ce matin-là.

Ses parents s'étaient séparés quand il avait sept ou huit ans. Il avait une sœur. Autrefois, c'étaient des enfants turbulents. Ils jetaient des pierres sur les fenêtres de la mosquée. Il habitait encore chez sa mère. Son père s'était remarié et vivait à Naplouse. Sa sœur suivait des études de droit à Amman.

Je lui ai demandé pourquoi il était déprimé.

« Je ne suis pas déprimé.

– Tu as dit adieu à ta famille ?

– Non, à personne. »

Je lui ai expliqué le fonctionnement de la ceinture, comme je l'avais fait avec Naji. Il était adroit de ses mains et n'avait pas froid aux yeux. Après quoi, Bilahl lui a parlé longuement à voix basse. Mahmouzi s'est agenouillé dans un coin sur un petit tapis que Bilahl lui avait donné, l'échine courbée. Au moment où nous l'avons quitté, il s'est relevé, les yeux clos, en psalmodiant entre ses dents. Son haleine dessinait des volutes dans l'air glacé.

Bilahl lui a ordonné de ne pas sortir et de ne parler à personne.

« Qu'est-ce que je vais faire de ma mère ? Elle me rend folle… »

Enfin ! Ce n'est pas trop tôt ! Svet, j'ai besoin d'un massage…

« À quoi penses-tu ? Tu transpires ? Il y a une véritable tempête dehors, et toi tu transpires. Voilà, tu vas te sentir mieux avec ça. Oui ? »

Oui…

Il y a onze portes au Paradis, d'où s'écoulent des fleuves multicolores – blancs comme le lait, dorés comme le miel, pourpres comme un vin qui n'enivre pas. On y trouve des dattiers et des pommiers aux troncs et aux branches d'or fin. Le jojoba, l'encens, la vigne et les fleurs y croissent naturellement. L'air sent l'ambre gris dans la lumière éternelle. Soixante-dix vierges d'une grande beauté, vêtues de blanc...

Nous mourrons tous, quelle que soit la durée de notre vie terrestre, dix ou cent ans, certains rejoindront Dieu, d'autres pas.

Bilahl n'avait pas révélé à Mahmouzi où devait se dérouler la prochaine opération. Je lui ai posé la question en rentrant chez nous.

Jérusalem.

19

Après quatre jours de pluie et de brouillard, le matin était transparent, l'air si vif qu'il chatouillait la gorge à chaque inspiration – le ciel bleu était aussi profond et lumineux que les pupilles d'un chat siamois.

Shouli habitait dans la colonie allemande, une résidence au bout de la rue Hatzfira avec courts de tennis. C'était très joli : des arbres et des jardins partout, les murs tapissés de lierre, les gazouillis des oiseaux. Quand je l'ai déposée chez elle, cette nuit-là, je lui ai demandé si elle avait envie d'échanger quelques balles.

Elle s'est mise à rire.

« Une autre fois.

– Demain matin ? Tu travailles demain ?

– Oui, le soir, pas le matin. »

Elle a caressé ma joue mal rasée et ouvert la portière.

Après son divorce, Shouli était retournée vivre chez son père. Davidi Vaknin avait été ravi de recueillir sa fille, non seulement pour l'aider à sortir de cette mauvaise passe, mais aussi parce qu'il espérait la ramener à la religion, dont le jeune couple s'était éloigné durant leurs quatre années de mariage. Et puis il se sentait très seul. La mère de Shouli était décédée des suites d'une longue maladie, quelques mois après le mariage de son aînée, et Leti, la cadette, était partie crapahuter en Inde.

Le lendemain matin donc, je me suis garé près de chez elle et nous avons emprunté la rue Hatzfira en direction d'Emek Refaim. Je lui ai pris la main, mais elle était mal à l'aise, et prétexta qu'elle avait froid et voulait mettre ses gants.

« Ne t'inquiète pas, tu verras ce soir… a-t-elle murmuré en me lançant un regard lourd de sous-entendus.

– Je ne suis pas inquiet. »

Elle a baissé les yeux avec un sourire gêné, riche d'une vague promesse. J'avais beau savoir qu'elle venait de perdre son petit ami, que son existence avait basculé du jour au lendemain, etc., je devinais sa vraie nature : la sensibilité exacerbée, elle était impulsive, pleine de vie. Une bouffée de chaleur m'a submergé, j'avais la gorge nouée, le souffle coupé, je n'arrivais plus à respirer, le cœur battant à grands coups pour compenser le manque d'oxygène.

Nous nous sommes arrêtés à la poste. Pour obtenir son diplôme, elle devait effectuer une année de stage dans un grand restaurant, présenter une lettre de recommandation d'un chef réputé (Alon s'était exécuté de bonne grâce) et passer un examen théorique et pratique à l'hôtel Tadmor d'Herzliya. Elle a envoyé les formulaires. Ensuite, elle a acheté du pain pour son père et un agenda dans une papeterie. Elle avait décidé d'écrire chaque jour à Guiora.

« Tu vas tout lui dire ?

– Je ne lui ai jamais rien caché pendant les quatre mois que nous avons vécu ensemble.

– Et lui ?

– Peut-être, qui sait ? Nous avions l'habitude de nous raconter notre journée avant de dormir. Je n'arrêtais pas de le supplier : “Encore, raconte-moi encore quelque chose.” À force d’insister, il finissait par céder et me confier un tas de choses. Et réciproquement. (Shouli a marqué une pause.) Au fait, as-tu des nouvelles du type qu’il devait rencontrer à Tel-Aviv ?

– Binyamin ? Celui du Palm Pilot ? On était convenus de le voir à Tel-Aviv, non ?

– Si. On pourrait y aller demain ?

– D’accord, comme tu veux. »

Rien ne pressait. Nous avions d’autres projets cette nuit-là.

« J’ai très envie d’une glace Europa », a-t-elle soudain décrété d’un ton péremptoire.

Je me suis incliné. Il n’y avait pas à discuter.

Le café était bondé. Le vigile a vérifié que nous ne cachions pas une bombe à l’aide du détecteur de métaux – la grosse sucette ronde fixée au bout d’un bâtonnet d’acier a émis des piaulements dépités. Shouli a commandé un croissant avec sa glace, et moi, un sandwich aux œufs et un cappuccino. Elle tenait à m’inviter (« je te dois bien ça »), mais je n’ai rien voulu entendre. Je l’ai entraînée vers une petite table pour deux, près de la porte, et je me suis assis face à l’entrée. Elle s’est installée en vis-à-vis et m’a observé en silence.

« Qu’y a-t-il ?

– Pourquoi as-tu choisi cette table ?

– Pourquoi pas ? Elle était libre. »

Elle a promené son regard dans la salle où se trouvaient quelques chaises libres.

« Tu veux changer ?

– Non. C’était notre table attitrée à Guiora et à moi. C’est incroyable que tu aies choisi celle-là ! Et aussi que tu lui aies parlé juste avant sa mort ! On dirait que… (Ses yeux se sont remplis de larmes.) Je raconte n’importe quoi, ne fais pas attention. C'est drôle, mais je me plaçais toujours face à la rue et lui dos à la fenêtre, a-t-elle repris après un temps. Maintenant, je vois ce qu'il voyait. Tous ces gens ici… »

Je la couvais des yeux.

– Oui, mais il y une très jolie chose que tu ne pouvais pas voir », ai-je lancé.

Les événements de la veille me sont revenus en mémoire à la vitesse d'un TGV : le trajet à l'orée du désert, son sourire, notre baiser et ce qui a suivi, son long cou flexible, sa peau lisse et soyeuse, le fin duvet sur ses avant-bras. Elle avait oublié de respirer tandis que je posais mes lèvres sur ses seins, et lâché un long soupir quand ma bouche a happé ses tétons l'un après l'autre. Elle a déboutonné son jean, l'a fait glisser le long de ses jambes et posé d'autorité ma main sur sa cuisse. J'ai penché la tête sur sa cheville pour mordiller le petit crocodile. Après quoi, j'ai parcouru lentement son corps de mes lèvres, parsemant de baisers légers ses genoux, ses cuisses, remontant sur les hanches, le nombril, ses seins, que j'ai sucés et léchés tour à tour, le creux de son épaule, sa gorge, sa mâchoire jusqu'à sa bouche qui se consumait d'impatience. J'ai palpé d'un doigt une fleur brodée sur sa petite culotte, dessiné des cercles concentriques tout autour, et me suis enhardi à glisser un autre doigt sous l'élastique, là où sa peau était si tendre… J'ai massé avec délectation le léger renflement de son pubis, exploré l'intérieur de sa cuisse, puis j'ai introduit un doigt en elle, pendant que, les lèvres collées contre mon oreille, elle me pressait de poursuivre. J'ai commencé à la caresser langoureusement, tandis que mon autre main était partout à la fois. Bientôt, submergée par un puissant orgasme, elle s'est cambrée sur le siège, la tête nichée contre mon épaule, le corps secoué de spasmes qui ressemblaient à des sanglots, tandis que je la tenais étroitement enlacée, ma main humide posée sur sa cuisse dorée. Un parfum de sexe et de noix de coco mêlé d'une vague odeur de graisse – le fusil de Houmi qui, deux jours plus tôt seulement, se trouvait assis là, à la place de Shouli – emplissait l'habitacle. Elle voulait que je la ramène chez elle. Je m'étais empressé de la satisfaire.

« À quoi penses-tu ? »

Le train s'est enfui à toute vitesse.

Elle a deviné à mon air penaud.

« Tu vas me faire rougir.

– On se voit toujours ce soir, d'accord ? »

J'ai été interrompu par la sonnerie de mon téléphone. Guilli venait aux nouvelles. J'étais encore à Jérusalem, lui ai-je répondu. Jimmy attendait des explications, m'a-t-elle signalé. J'ai promis de les lui fournir.

« Nike et Nokia, voilà ce que tu es, a proféré Shouli.

– Et toi, tu es quoi ?

– Moi, je fais la cuisine pour les Nike et les Nokia de ton espèce. Enfin, je crois. Les clients, je ne les vois jamais. Le matin, quand j'arrive, ils dorment encore, surtout l'hiver quand il fait nuit. J'entre par l'entrée de service, en même temps que les légumes du marché, le pain de la boulangerie Angel, la téhina de Naplouse et les pitas de la vieille ville. »

Le sandwich était excellent, comme d'habitude. Œuf, tomates, pain complet et mayonnaise. J'ai salé et poivré sans modération. Super !

« Tu désires autre chose ? ai-je demandé.

– Je ne sais pas. J'aimerais aller au cimetière me recueillir sur la tombe de Guiora et retourner voir ses parents avec toi, si tu veux bien m'accompagner. »

Je lui ai caressé la main. J'aurais fait n'importe quoi pour elle. Pas seulement parce que j'étais tombé amoureux. Il se passait quelque chose entre nous, je ne le nie pas. Et ce n'était qu'un début. Le plus curieux était que j'avais perdu la notion du temps. À croire qu'il s'était arrêté. Je n'essayais plus de le gagner. Je ne courais plus après. On aurait dit que Jérusalem était sur une autre planète. J'observais les gens attablés à côté de nous. Qui étaient-ils ? Étaient-ils donc tous oisifs et désœuvrés ? Ils ne travaillaient pas ? La superbe fille à l'œil charbonneux assise en face de moi s'est excusée en souriant – elle s'absentait deux minutes pour aller aux toilettes.

Après son départ, j'ai perçu la musique. Bab al-Oued. *Que brille la première étoile au-dessus de Beit Mahsir.* Quelques personnes fredonnaient sans proférer un son, comme en play-back. J'ai tourné la tête pour regarder dehors. Jérusalem ressemblait à une tache de moisissure sous le ciel bleu électrique, pétrifiée par la peur. J'ai surpris une conversation à la table voisine. « Gabi a demandé au vigile de chasser le suspect du restaurant. Le vigile lui a répondu qu'il commençait son service dans dix minutes. O.K. a fait Gabi, il a foncé vers la porte de derrière et a détalé à toutes jambes. Le terroriste a appuyé sur le bouton, mais le détonateur n'a pas fonctionné… » Tout le monde s'est tordu de rire. J'ai fixé les tabourets rouges du bar, les tables rouge et noir, humé l'odeur de café et de thon. J'ai pris un journal et lu que l'enterrement du caporal Houmi Glazer, dix-neuf ans, avait eu lieu la veille au cimetière militaire de Petah Tiqva. Et si j'allais également rendre visite à sa famille ? J'ai croqué le carré de chocolat servi avec le café, de même que celui de Shouli. J'aurais bien aimé une autre tasse, mais je n'avais pas la force d'aller la chercher. Et puis il ne faut pas abuser de la caféine. J'éprouvais une bizarre impression d'étrangeté, comme si j'observais les choses à distance. La caféine (je l'avais lu quelque part) active l'activité neuronale, amenant l'hypophyse à relâcher des hormones qui vont faire produire davantage d'adrénaline aux glandes surrénales. Elle entraîne la dilatation des pupilles, des bronches, des vaisseaux sanguins, l'augmentation de la pression artérielle, du taux de sucre dans le sang, elle booste l'énergie, induit la contraction des muscles et, bizarrement, un refroidissement aux extrémités, en particulier aux doigts.

« Pourquoi regardes-tu tes mains comme ça ?

– Pour rien.

– On change de place ? J'aimerais bien voir la rue moi aussi. »

Je me suis levé, et lui ai effleuré l'épaule au moment où elle passait devant moi pour s'asseoir. Un geste minuscule, mais très intime. J'ai contourné la table à mon tour.

« Tu sais, Croc, pendant que j'étais aux toilettes, j'ai réfléchi, a-t-elle déclaré mot pour mot, si je me rappelle bien. La vie continue. Nous sommes bien vivants. Guiora n'est plus là, et maintenant, c'est toi qui es assis ici, à sa place... C'était un chic type, tu sais ?

– Oui, je crois m'en être rendu compte.

– C'était quelqu'un de bien. C'est affreux. Ça fait très, très mal. On se voyait chaque jour. On se touchait, on se parlait. Il avait une très belle voix, a-t-elle ajouté sur un ton suraigu en réprimant un sanglot. En tout cas, on ne peut pas interrompre le cours de la vie. C'est comme l'eau qui contourne les obstacles et s'infiltre dans le sol à travers le béton et le bitume. Impossible de l'arrêter. »

Elle a marqué une pause. Je n'ai rien dit. Elle fixait un point sur la table. Peut-être jouait-elle avec sa coupe glacée ?

« C'est une belle idée, a-t-elle repris, sans doute la meilleure que j'aie eue depuis longtemps. »

Les lèvres pincées, elle a esquissé un petit sourire plein d'espoir, à la fois triste et sagace.

Brusquement, on aurait dit que l'air se mettait à trembler.

20

« *IL NE MANQUERAIT PLUS que tous ces gens dehors avec leurs pancartes sachent que je m'occupe de toi. Eux et leur Croc, alors ! C'est vrai ce qu'on raconte, Fahmi ? Tu as vraiment essayé de le tuer ? Je ne peux pas le croire. Tu as l'air…* »

Ô ma patrie, ô ma patrie, pays de mes ancêtres, pour toi je ne reculerai devant aucun sacrifice, je déchaînerai ma vengeance, transporté par la profonde aspiration d'un peuple qui réclame sa terre. J'ai gravi des montagnes, j'ai accompli maints exploits, je me suis démené comme un lion pour rompre les chaînes…

« *Tu as l'air si…* »

Je ne peux ni bouger ni ouvrir les yeux.

« *… si gentil, je ne sais pas. Tu ne ferais pas de mal à une mouche, et encore moins à Croc.* »

Où est Croc ? Ça veut dire quoi cette histoire ?

« *Tu n'as pas le regard d'un assassin, j'en mettrai ma main au feu. Et si j'allais leur parler…* »

Où est Croc ? Un chic type. Cinq cents shekels pour une journée de travail…

« À ma place, ils t'auraient déjà débranché. Je pourrais le faire tout de suite. Le tube pour l'air, l'autre pour l'urine, et puis... »

Croc dans *L'Arche de Noé* avec Tommy Mousari, et avec moi, Fahmi...

La mosquée al-Aqsa nous appelait à la révolte contre nos oppresseurs. Nous nous battrons tous ensemble pour toi, mon vaillant peuple. Nous crierons de toutes nos forces : Allah akbar, Allah akbar ! Nous vengerons les larmes de nos mères, chaque goutte de sang, et chaque chahid tué sera remplacé. Pour toi, ô ma nation héroïque...

Mahmouzi s'est réveillé tôt, il a lu le Coran et fait ses prières. Il avait bien dormi. Moi, je n'aurais jamais pu fermer l'œil, la dernière nuit.

Bilahl est arrivé dans la Mazda de Naji qui avait accepté de la lui prêter pour la journée. J'ai vérifié encore une fois la ceinture d'explosifs. Bilahl a remis à Mahmouzi une savonnette parfumée et lui a demandé de procéder à une toilette approfondie en l'honneur d'Allah. Après la douche, il a enfilé les vêtements neufs que Bilahl lui avait apportés et nous sommes partis à Ramallah à bord de la Mazda. Bilahl s'est garé dans une rue latérale. Il a donné vingt shekels à Mahmouzi et l'a envoyé chez le coiffeur. À moi, il en a remis cent, destinés à louer une caméra vidéo pour vingt-quatre heures et acheter une cassette.

Un des lions de la place était décapité. Sur une banderole tendue au-dessus, Arafat proclamait : « Tout est une question de volonté. » J'ai dépassé la boucherie, aujourd'hui fermée car son propriétaire avait été assassiné au cours d'un braquage. Il y avait foule dans les rues : des femmes élégantes des beaux quartiers chrétiens venues faire leurs achats, des étudiantes en route pour l'école normale de l'UNRWA. Des commerçants chenus se prélassaient au soleil sur le seuil de leurs boutiques.

« Puis-je savoir ce que vous voulez en faire, si ce n'est pas indiscret ? » s'est enquis le vendeur en me regardant par-dessus ses lunettes. La boutique sentait le thé à la menthe.

« Un de mes amis se marie. Il est chez le coiffeur, là-bas, de l'autre côté de la rue, il se prépare pour la cérémonie. »

L'homme m'a expliqué le mode d'emploi, il a introduit une cassette et m'a filmé en guise de démonstration. Après quoi, c'est moi qui l'ai filmé. Je lui ai lui laissé ma carte d'identité à titre de garantie.

Mahmouzi n'a pas ouvert la bouche chez le coiffeur, qui bavardait à tort et à travers. Il lui a parlé des soldats qui avaient fait irruption chez sa sœur à Al-Bireh, la semaine précédente. Ils avaient ouvert le frigo, les placards, dévoré le gâteau à la crème qu'Ibitsam avait confectionné pour l'anniversaire de sa fille. Ils s'étaient éternisés. Ils n'avaient rien cassé, mais leur avaient indiqué où s'asseoir, quand aller aux toilettes, ce qu'ils pouvaient faire ou ne pas faire, et puis, ils étaient partis.

« Ça va ? »

Il faisait allusion à la coupe qu'il venait de réaliser. Rasé de près, les cheveux humides et bien coiffés, Mahmouzi pouvait passer pour un Israélien.

« De nos jours, tout le monde se taille la barbe pour être dans le vent, a ronchonné le coiffeur. Ils veulent quoi au juste, hein ? Moi non plus, je ne porte pas la barbe, pourtant je suis un bon musulman. Qu'est-ce qu'il leur arrive aux jeunes d'aujourd'hui ?

– Je vous dois combien ? » a demandé Mahmouzi.

En remontant en voiture, j'ai remarqué la nervosité de mon frère. Le chauffeur habituel avait pris peur et disparu de la circulation depuis la mort d'Abou-Zeid. Bilahl devait trouver un remplaçant, lui fournir de faux papiers et une plaque d'immatriculation jaune pour la Mazda. Mahmouzi a regardé par la fenêtre pendant tout le trajet du retour.

J'ai accroché les deux drapeaux – le vert avec les versets du Coran, et le blanc représentant la mosquée al-Aqsa, une mitraillette et la légende : « La libération de la Terre sainte par les brigades Izz al-Din al-Qassam. » Les deux fusils de l'opération de Bab al-Oued étaient restés dans l'appartement. J'en ai posé un près du tapis de prière, tandis que, à genoux sur le sol, Mahmouzi brandissait l'autre. Bilahl avait apporté une kalachnikov rouillée et quelques vieilles mines hors d'usage qui feraient encore impression sur la vidéo. J'ai appuyé sur pause. Mahmouzi a prié, il s'est relevé et a noué un bandeau vert autour de sa tête.

J'ai relâché le bouton pour reprendre l'enregistrement, en présentant à Mahmouzi le texte rédigé par Bilahl :

« Moi, le chahid vivant Mahmoud Salam al-Mahmouzi, j'ai choisi la mort dans le sentier d'Allah, à l'exemple du chahid Halil Mahmoud Abou-Zeid, combattant au nom de Dieu, membre des brigades Izz al-Din al-Qassam. Je marcherai dans la voie des chouhada et vengerai l'assassinat du chahid Halil Mahmoud Abou-Zeid par l'armée d'occupation, afin de libérer toutes les terres sacrées de l'Islam, monter vers Dieu, miséricordieux et compatissant, et résider près des sources du paradis. »

Il a fixé la caméra sans mot dire et j'ai continué de filmer la scène en silence.

Svetlana, qu'est-ce que tu fiches ? Je gèle… Tu peux rajouter… ah, de l'eau chaude, c'est exactement ce qu'il me faut, oui… c'est bon…

« Tu adores les bains, pas vrai ? »

Pas autant que toi, Svetlana, on dirait !

« Tu aimes l'eau chaude, hein ? Mes mains sur ton corps… »

C'est faux, espèce de sale petite pute ! Tu ferais mieux de la fermer et me dire où est Croc ? Et ma mère ? Grand-père ? Où sont-ils tous passés ? Pourquoi m'ont-ils laissé seul avec toi, Svetlana ?

Ce rêve n'en finit pas…

« Ne fais pas de grimaces. Ne t'énerve pas. Qu'est-ce que je disais ? Arrête de t'agiter, mon chou… »

Le chauffeur est arrivé. La femme de Sha'ar HaGai. Un beau brin de fille. Maquillée, un ruban dans les cheveux, elle était vêtue d'un chemisier et d'un pantalon moulants : pour franchir les barrages. Quand je lui ai souri, Bilahl m'a foudroyé du regard et expédié à l'intérieur. Il lui a donné des consignes. Il me restait à attacher la ceinture autour de la taille de Mahmouzi. J'ai sorti l'ampoule, la batterie, branché le circuit électrique et mis le crochet de sécurité en place. « Un, connecter la batterie, deux, ôter la sécurité, trois, appuyer sur le bouton. »

Mahmouzi portait une chemise et un pull par-dessus la ceinture. Il s'est lavé le visage, brossé les dents et s'est aspergé de parfum. Avant de partir, il a enfilé une veste en jean délavé. Je lui ai souhaité bonne chance.

« Nous nous reverrons au paradis, si Dieu le veut, ai-je ajouté.

– Remets-t'en à Dieu, délivre les terres sacrées de l'Islam et ne nous oublie pas là haut, a débité mon frère avec ferveur.

Aide-nous à devenir des chouhada à notre tour, et plaide notre cause à l'entrée du paradis. Ce bas monde ne vaut rien en comparaison des retrouvailles avec Dieu au ciel. Tu seras le plus grand des rois. À bientôt, Inch' Allah ! Telle est la volonté divine. »

La Mazda exhalait de la fumée blanche dans l'air glacé. Mahmouzi a baisé son Coran, il s'est installé à l'arrière et a refermé la portière. La voiture a démarré.

La conductrice a déposé Mahmouzi un kilomètre avant le barrage de Kalandia, qu'elle a passé sans problème. Souriante, elle a tendu sa carte d'identité bleue aux soldats, et tout a marché comme sur des roulettes. Elle a roulé sur environ deux kilomètres et a stoppé juste après le virage de Bir Naballah. Mahmouzi a pris un raccourci utilisé par les ouvriers – l'armée ne l'avait pas encore découvert. Il possédait un faux permis de travail de l'université de Jérusalem, à tout hasard… Après l'avoir récupéré en chemin, elle a acheté un gros bouquet de fleurs à l'entrée de Jérusalem et l'a posé sur le tableau de bord. Le ciel était bleu pastel. Elle a emprunté la route numéro 1 jusqu'aux murailles de la vieille ville, à gauche, puis elle a poussé vers le centre et tourné dans la rue du Roi David, qu'elle a enfilée jusqu'au bout, avant d'emprunter la rue Emek Refaim après le jardin de la Cloche.

Mahmouzi gardait le silence. De temps à autre, il jetait un œil dans son Coran en psalmodiant : « Allah m'a choisi. » Elle s'était rendue au Café Europa lors d'une précédente visite à Jérusalem. Le café était excellent et il y avait toujours un monde fou. Un homme âgé, chauve, vêtu d'un vieux manteau vert lui avait fait du gringue. Il se demandait ce qu'une fille aussi jolie fabriquait toute seule dans un endroit pareil et avait insisté pour payer sa consommation. Elle lui avait carrément tourné le dos.

« Tu vois à droite, c'est là ! a-t-elle déclaré. Il y a beaucoup de monde. »

Mahmouzi a tourné la tête.

« Le vigile n'a pas l'air méchant.

– On peut chercher ailleurs dans la rue, si tu veux. »

Mahmouzi a fait signe que non. Elle s'est garée, l'estomac noué. « Tu vois ces maisons arabes ? Ils nous ont tout pris, ces sales voleurs ! »

C'était la cousine de Halil Abou-Zeid, m'a expliqué mon frère un peu plus tard.

Mahmouzi a relié la batterie à la ceinture.

« N'oublie pas le bouquet. Ah, et si possible, attends cinq minutes pour me laisser le temps de prendre le large. Bonne chance ! »

Mahmouzi est descendu et elle est repartie. Elle l'a suivi des yeux dans le rétroviseur, les fleurs à la main. Il lui semblait que le vigile ne l'arrêtait pas à l'entrée du café. Elle s'est dirigée vers Talpiot. Au feu rouge, elle a observé dans le rétroviseur la longue file des voitures qui la suivaient et a cru entendre une explosion. Elle s'est garée dans le parking d'un centre commercial, où elle s'est promenée un petit moment. Il y avait des radios et des téléviseurs allumés un peu partout. Elle s'est arrêtée devant la vitrine d'un magasin et a fixé l'écran quelques secondes. Elle ne pouvait rien entendre, mais le flash transmis en direct à cette heure de la journée était significatif. Les sourcils en accent circonflexe de Danny Ronen en disaient long.

Selon le communiqué diffusé par la deuxième chaîne, un peu plus tard dans la soirée, le vigile (légèrement blessé) avait louché sur le bouquet et fait signe à Mahmouzi de passer.

Ha'aretz avait décrit les lieux à travers le regard du chahid : des glaces partout, des tables rondes, rouge et noir, un long bar en bois flanqué de tabourets. L'air embaumait le café et le thon. D'après *Yediot Aharonot*, quelqu'un (à présent décédé) avait peut-être adressé la parole au kamikaze, qui avait souri en se disant intérieurement : *Tu ferais mieux de la fermer, pauvre idiot, tu vas mourir*. Il s'était dirigé vers le bar, avait fait la queue comme tout le monde, il avait commandé une boisson par gestes, le dernier verre du condamné. De l'eau, probablement, ou un café. Il l'avait avalé avant de consulter sa montre et ôter le mécanisme de sécurité. À la fin, il avait craché par terre, croisé le regard scandalisé de la serveuse (morte, elle aussi) qui ouvrait la bouche pour protester, et il avait pressé le bouton.

21

OÙ EN SERAIS-JE AUJOURD'HUI si nous avions joué au tennis, si nous étions allés au centre-ville, s'il n'avait pas fait si beau, ce matin-là, si Shouli n'avait pas eu envie d'une crème glacée, si les glaces Europa n'avaient pas existé, si nous étions partis une demi-heure plus tôt ou dix minutes plus tard, ou si – par le plus grand des hasards – elle n'avait pas voulu que nous changions de place. Il y a une infinité de si. Jour après jour, nous sommes confrontés à des dizaines d'options, et il nous faut trancher au risque de s'encroûter. Nos choix déterminent ce que nous sommes. Ainsi va le monde, et cette matinée froide et claire ne faisait pas exception. Quoi qu'il en soit, je ne peux m'empêcher de penser que, pour la troisième fois, quelqu'un d'autre tirait les ficelles en coulisse.

En revenant des toilettes, Shouli m'avait confié ses réflexions existentielles en me gratifiant d'un sourire un peu crispé, mais confiant, et puis l'air avait tremblé.

Il m'est impossible de démêler mes propres souvenirs de ce que j'ai reconstruit *a posteriori* à partir d'articles lus dans la presse, de photos, d'images vues à la télé, d'interviews de témoins dont les souvenirs pouvaient avoir été également forgés de toutes pièces à partir de journaux, photos et autres émissions télévisées. Les faits que je m'apprête à rapporter ne me concernent probablement pas, ou peut-être que si. Néanmoins, je crois me rappeler que l'air avait tremblé et qu'il faisait noir, comme si nous avions été transportés ailleurs à notre insu. De l'eau ruisselait du plafond et formait des flaques sur le sol jonché de blocs de béton, de gravats, de tables rouge et noir renversées, pulvérisées. Il régnait une odeur de chantier, de chair brûlée, de café, de sang, de poudre, de fleurs, de gaz lacrymogène. Je regardais fixement un sac à main d'où émergeait un portable. Je l'entendais sonner au milieu des hurlements. Des hurlements ou un silence oppressant ? Ou alors les deux – d'abord le silence, ensuite les cris et finalement les gémissements. Je n'apercevais Shouli nulle part. Je ne me souvenais de rien, sinon qu'elle m'avait parlé de je ne sais quoi avec un sourire en coin. Et d'une fleur jaune aussi. Je ne sais pas comment elle était arrivée là, mais je n'étais pas le seul à avoir vu des fleurs. Il y avait eu trois explosions, paraît-il, un éclair aveuglant et l'horrible impression d'être pris au piège. Moi, je n'avais rien remarqué, à cause d'un traumatisme à la tête qui avait nécessité deux points de suture, me laissant une énorme bosse et une cicatrice indélébile. Je ne me rappelais pas le coup, mais je n'ai pas oublié le pied qui m'a frappé. J'ai vu un godillot militaire foncer sur moi. J'ai mis un moment à comprendre ce qui m'arrivait. J'ai voulu crier, et c'est peut-être d'ailleurs ce que j'ai fait.

Quelqu'un m'a demandé si ça allait. J'ai ouvert les yeux, mais j'étais incapable de répondre. J'étouffais. La peau me brûlait. Une main a tenté de me relever. Une voix a dit qu'il ne fallait pas me déplacer avant d'avoir vérifié si je n'avais rien de cassé. Des doigts m'ont palpé avec délicatesse. On m'a retourné pour poursuivre l'examen, qui a dû être concluant car, peu après, j'ai senti qu'on me soulevait. « Vous pouvez marcher ? Mieux vaut sortir d'ici. » J'ai mis un pied devant l'autre, appuyé sur une épaule. Quelque chose était collé sous ma semelle. En attendant l'ambulance, assis sur le trottoir, j'ai essayé de l'ôter avec un bout de métal qui traînait là tout en regardant autour de moi.

Un corps disloqué vêtu d'un T-shirt Adidas bleu, une bague au doigt, le visage brûlé, la bouche béante, les yeux levés vers le ciel, gisait au milieu des débris de verre et de la poussière. « Il y a un autre morceau ici ! » s'époumonait quelqu'un. Mon regard a croisé celui d'un homme, un volontaire, qui s'activait à côté de moi. Nous avons réprimé un sourire. La scène n'avait pourtant rien de drôle. Peut-être parce que le mot « morceau » peut signifier aussi « une fille canon » en hébreu ? Des bénévoles de Zaka, une organisation de Juifs orthodoxes portant des gilets jaune et orange fluorescents récoltaient les restes humains dans des sacs afin de les enterrer rituellement.

Une main s'est posée sur mon épaule. Une jolie jeune femme aux courts cheveux châtains, le teint pâle, me regardait à travers ses lunettes.

« Vous vous sentez bien ? Je m'appelle Silvia, a-t-elle déclaré avec l'accent sud-américain. Je travaille au service de santé mentale d'Emek Refaim. J'ai entendu l'explosion et je suis tout de suite venue apporter mon aide.

– Oui, ça va », ai-je répondu, tremblant comme une feuille.

Silvia s'est avancée vers un gros homme aux cheveux frisés qui transpirait d'abondance, une main sur la hanche, l'autre posée sur son visage ensanglanté. Silvia lui a tapoté gentiment l'épaule.

« Vous allez bien ? Je travaille au service de santé mentale d'Emek Refaim. J'ai entendu l'explosion et je suis venue apporter mon aide. Comment vous appelez-vous ? »

L'autre l'a dévisagée d'un œil égaré.

« Avi.

– Enchantée, Avi, moi, c'est Silvia. Vous vous rappelez ce qu'il s'est passé ? Voulez-vous en parler ? »

Il la fixait toujours d'un air épouvanté, le ventre débordant de son T-shirt. Il ressemblait un peu à Shlomo Scharf, l'entraîneur de football.

« Écoutez, Avi, vous venez de vivre un événement particulièrement traumatisant. En parler à chaud pourrait vous être d'un grand secours par la suite. »

Il l'a dévisagée encore une bonne minute.

« Ce qui s'est passé ? ! a-t-il éructé. Vous me demandez ce qu'il s'est passé ? Ça ne se voit pas ?

– Euh… oui, bien sûr.

– Vous ne comprenez pas qu'un salopard d'Arabe, une espèce d'enculé de merde a tout fait exploser ici ?

– Oui, Avi, je voulais juste que vous essayiez.

– Que j'essaie… ! (Il hurlait si fort que la pauvre Silvia s'est dépêchée de battre en retraite.) Vous voulez rire ou quoi ? Non, sérieusement, ça ne va pas la tête ? Ces putains d'Arabes de merde… ! Il faut les baiser, tous, maintenant… ! Elle me demande si je me rappelle ce qu'il s'est passé ! » Il a agité les mains en l'air, dévoilant une balafre sanglante sur la joue. Quelqu'un s'est approché pour l'enlacer ou l'éloigner de la psychologue hébétée. Laquelle est restée plantée là, immobile, plusieurs secondes encore.

J'ai revu Silvia quelques semaines plus tard à l'hôpital où je me rendais à la réunion hebdomadaire de mon groupe de thérapie – j'en profitais aussi pour rendre visite à Shouli. Après cette mauvaise expérience, Silvia avait vu ses efforts couronnés de succès, du moins au début, en la personne d'une adolescente prostrée par terre, avec qui elle avait réussi à nouer un dialogue. Seulement, au moment où Silvia posait la main sur son épaule pour la réconforter, elle avait senti une substance collante – des bouts de peau et de chair – sur le chemisier de la jeune fille. La jeune psychologue avait craqué. Quand je l'avais croisée à ce moment-là, elle était en convalescence et s'apprêtait à rentrer chez elle.

J'ai gardé un souvenir précis de l'hôpital. Ma blessure à la tête était superficielle, mais les médecins ne voulaient prendre aucun risque. J'avais une coupure et une méchante bosse au front, du sang qui n'était pas le mien plein la chemise. Je suis resté plusieurs heures en observation. On a recousu ma blessure et j'ai reçu une transfusion (contrairement à moi, quelqu'un avait pris le temps de donner son sang), après quoi, on m'a attribué une chambre à l'étage où je me suis endormi.

À mon réveil, j'ai vu des silhouettes blanches s'agiter autour de moi, comme dans un jeu d'ombre et de lumière. On m'a épongé le front et le nez avec du coton. Une sonnerie a résonné quelque part. On a changé mon oreiller. J'avais la tête lourde et douloureuse. Petit à petit, les contours se sont précisés. La silhouette en blanc s'est transformée en infirmière et les taches de couleur en fleurs et en chocolats, apportés par je ne sais qui. Mon téléphone a sonné, ce qui m'a valu les remontrances de l'infirmière, alléguant qu'il était interdit d'allumer son portable à l'hôpital. Je l'ai aussitôt éteint. En le fourrant dans la poche de mon pantalon, soigneusement plié sur la tablette à côté de mon lit, j'ai trouvé des débris de verre – le Palm Pilot. Du moins ce qui en restait. Une nouvelle victime du terrorisme. Disparu à jamais, comme l'histoire de Guiora Guetta.

J'ai demandé d'une voix éraillée où était Shouli. J'avais du mal à articuler, mais l'infirmière a compris et m'a promis de se renseigner. Plus tard, elle m'a appris que Shouli se trouvait toujours aux urgences. Elle ne savait rien sur son état de santé. Les visites étaient interdites et, de toute façon, je n'avais pas le droit de me lever.

Mes parents, Léah et Yohanan Enoch, étaient là. Ma mère avait les yeux larmoyants, ceux de mon père, remplis d'épouvante, avouaient son impuissance. Encore des fleurs et du chocolat. Mon frère m'embrassait du Maryland. Il n'avait pas réussi à m'appeler à cause du décalage horaire. Il était prêt à sauter dans le premier avion pour venir me voir. J'ai dit que ce n'était vraiment pas la peine. Grand-mère avait téléphoné elle aussi pour savoir si j'avais besoin de quelque chose. Ma sœur Dafdaf est arrivée, suivie de Douchi. Ça m'a fait tout drôle de la revoir. Elle était tellement jolie que je n'ai pu m'empêcher de verser une larme. Je l'ai cueillie du bout de la langue avant de lui rendre son étreinte et déposer un baiser au creux de son cou en respirant son parfum familier.

« Douchki, qu'est-ce que tu fabriques ici ? ai-je plaisanté.

– Tu veux que je m'en aille ? »

Après avoir embrassé mes parents et ma sœur, elle est descendue chercher du café pour tout le monde et est revenue en compagnie d'une infirmière, poussant une table roulante où trônait un téléviseur loué par ses soins, Moukou sur leurs talons.

« C'est incroyable, Croc ! J'étais sur le point de t'appeler quand j'ai entendu l'explosion.

– Tu as entendu l'explosion ?

– Nous aussi, on l'a entendue à la maison, est intervenu mon père.

– On aurait dit qu'on jetait une grenouille du haut d'un immeuble, a ajouté Moukou.

– Une grenouille ? a répété Dafdaf, interloquée.

– Oui, une benne en forme de grenouille, tu vois ? a expliqué Moukou. Salut, Dafna, comment ça va ? » a-t-il enchaîné en embrassant ma sœur sur la joue.

Dafdaf, de deux ans notre cadette, était amoureuse de Moukou depuis toujours. Il l'avait déflorée à l'âge de seize ans, ayant fermement refusé de le faire avant. Il avait beau lui avoir juré de tenir sa langue, j'étais au courant.

« Non, je ne vois pas du tout, a rétorqué ma sœur.

– Ces énormes conteneurs verts pour le tri en forme de grenouille. Il n'y en a pas à Hadera ?

– Pas à Hadera, Moukou, à Pardes Hanna. »

Les parents, Douchi et moi assistions à cet échange en silence. J'imagine que nous pensions tous la même chose – leurs amours enfantines et ce qui en aurait résulté si ma sœur n'était pas partie. Douchi me caressait le visage et les cheveux d'une main, emprisonnant mes doigts de l'autre. C'était agréable. Nous n'avions pas besoin de parler et, de toute façon nous n'en avions guère la possibilité. Mon père nous avait intimé le silence pour regarder le journal télévisé.

« Peu avant midi aujourd'hui, une explosion a secoué la colonie allemande à Jérusalem, a déclaré Osnat Dekel, les yeux embués de larmes. Un kamikaze s'est fait sauter au Café Europa, rue Emek Refaim, à l'heure du déjeuner. Le bilan est de dix-huit morts et cinquante-trois blessés. Les détails avec notre correspondant Danny Ronen. »

À l'annonce du nombre des victimes, une sorte de frémissement a parcouru l'étage où d'autres téléviseurs étaient allumés, tous branchés sur la deuxième chaîne. « Quoi ? » a hurlé quelqu'un. Les larmes de ma mère se sont muées en sanglots, et papa l'a maladroitement serrée dans ses bras. Douchi a pétri ma main entre ses doigts tremblants. Moukou a pressé l'épaule de Dafdaf. La voix de Danny Ronen résonnait de tous les côtés.

« Les brigades Izz al-Din Al-Qassam, la branche armée du Hamas, ont revendiqué l'attaque à Jérusalem, a-t-il annoncé. Selon leurs dires, le kamikaze était un certain Mahmoud Salam al-Mahmouzi, originaire du camp de réfugiés d'Al-Amari. La télévision palestinienne avait diffusé cet après-midi une vidéo enregistrée par Mahmouzi, dans laquelle il affirmait que l'attentat était une réponse à l'assassinat de Halil Abou-Zeid à al-Bireh, hier matin. » Un concert de protestations a fusé du couloir, comme si on sifflait un arbitre incompétent lors d'un match de football. « Mais les renseignements militaires sont sceptiques quant à la capacité du Hamas à programmer une riposte aussi rapide. D'après une source sûre, Mahmouzi ne serait peut-être pas le terroriste, autrement dit, quelqu'un d'autre figurerait sur la vidéo. Le vrai kamikaze pourrait se cacher quelques jours à Jérusalem. L'enquête suit son cours. Halil Abou-Zeid a été la victime d'un attentat ciblé perpétré par l'aviation en représailles à la fusillade de Sha'ar HaGai, au début de la semaine. »

« Quels sacrés menteurs, ces Arabes, ce n'est pas croyable ! » a commenté mon père.

Au même moment, le rideau qui isolait le lit voisin du mien s'est écarté, et le visage d'une femme s'est encadré dans la fente.

« Vous vous rendez compte ? Ils n'ont pas honte ? Ce ne sont pas des êtres humains, ce sont des bêtes ! Ils nous balancent une vidéo et ils croient qu'on va gober n'importe quoi ? Je l'ai répété un million de fois : il faut qu'on s'en débarrasse jusqu'au dernier une fois pour toutes ! Je ne veux plus ni les voir ni les entendre. »

Nous l'avons dévisagée avec curiosité – elle avait le visage rouge et joufflu, un drôle de turban sur la tête.

« Merci ! » a dit papa en lui refermant le rideau au nez.

Moukou et Dafdaf sont partis, suivis presque aussitôt par les parents. Douchi et moi avons discuté (disons que j'ai écouté ses éternelles jérémiades à propos de ses salauds de collègues, cet hypocrite de Gvirzman en particulier), et regardé la télévision en grignotant un morceau. Quand elle s'est absentée pour aller aux toilettes, j'en ai profité pour demandé des nouvelles de Shouli à l'infirmière. Toujours aux urgences. Elle n'en savait pas plus. À son retour, Douchi a fermé le rideau de séparation autour de mon lit et allumé son portable en s'excusant. Elle avait une audience le lendemain et devait passer quelques coups de fil. Elle forçait mon admiration. D'ordinaire, avant une séance au tribunal, elle était nauséeuse et ne fermait pas l'œil de la nuit. Tout en écoutant ses messages, elle a levé les yeux et croisé les miens à deux reprises.

« Des gens voudraient te voir.

– Qui ça ?

– Je ne sais pas. Tu devrais consulter ta messagerie. C'est peut-être important.

– Pas ici, c'est formellement interdit ! »

Douchi a parlé boutique avec Boaz. Son téléphone a sonné dès qu'elle a raccroché. C'était pour moi.

« Eitan ? a fait une voix féminine que je n'ai pas reconnue.

– Oui

– Bonjour ! Je m'appelle Ya'ara. Je suis l'assistante de Rafi Reshef sur la radio de l'armée. Comment allez-vous ?

– Très bien, merci.

– Eitan, nous aimerions beaucoup vous avoir dans l'émission de demain matin. Accepteriez-vous de dire quelques mots sur l'attentat ? Nous raconter ce qui est arrivé ? Vous n'aurez qu'à répondre aux questions que vous posera Rafi.

– Pour quelle raison ?

– Pour entendre un témoin direct. Le point de vue d'une victime. Les gens en ont assez des politiciens. Ce sera bref. Cinq ou six minutes au maximum.

– Cinq ou six, vraiment ?

– Oui, pas davantage.

– Euh… bon, d'accord. »

J'ai regardé Douchi qui me dévorait des yeux. Nous avons fixé l'heure. Douchi a fait la grimace.

Elle s'est attardée jusqu'à une heure avancée. Le silence régnait à l'étage. Elle a jeté un œil par le rideau et l'a refermé aussitôt avec un sourire malicieux.

« Tu as déjà joué au docteur et à l'infirmière ? »

Elle a soulevé le drap et baissé la tête. Je pensais à Shouli. Elle m'avait promis que nous le ferions cette nuit. C'était effectivement le cas, mais pas avec elle. Et si elle était morte et qu'on voulait me le cacher ? Elle m'avait confié ses pensées secrètes avec son sourire triste, lèvres pincées. Douchi était sensationnelle. J'ai senti une larme perler au coin de mes yeux. J'ai eu un orgasme silencieux. Elle m'a nettoyé, a fait une toilette sommaire, elle a séché mes larmes d'un baiser, a embrassé ma bosse et effleuré mes joues râpeuses d'un doigt léger avant de s'en aller.

22

« IL A RÉAGI COMMENT ?

– Avec un naturel confondant, Tommy. À un point que vous ne pouvez pas imaginer. Quand la conductrice est venue le chercher, il a baisé le Coran sans sourciller. Impassible, c'est le mot juste. Il était détendu. Comme moi qui vous parle en ce moment. Un comportement tout ce qu'il y a de normal, quoi !

– Quelles ont été les dernières paroles que vous lui avez adressées ?

– Je lui ai souhaité bonne chance en souhaitant que nous nous revoyions au paradis, si Dieu le veut.

– Quel était son état d'esprit ?

– Il riait. Il parlait normalement, je vous l'ai dit, comme s'il partait en week-end. Rien à voir avec un homme sur le point de se faire sauter. Il était réservé, décontracté, calme et souriant. »

Tommy Mousari s'est frotté le menton, selon son habitude, avant de pivoter vers la caméra qu'il a fixée d'un œil sévère.

« Ici *L'Arche de Noé* avec Fahmi Omar al-Sabich. Une pause et nous reprenons le débat. »

Le public a applaudi. Tommy m'a dit que je m'en tirais très bien. J'ai avalé le verre d'eau qu'une fille superbe me tendait, et c'est reparti.

« La conductrice lui a fait des recommandations pendant le trajet ?

– Non, non. L'essentiel était de franchir les barrages. Au cas où on l'arrêterait, il devait se faire exploser immédiatement et entraîner la femme dans la mort. Ils auraient peut-être failli à leur mission, mais c'était mieux que de subir des interrogatoires, la torture ou trahir les frères et les amis.

– La torture ? a répété Tommy Mousari, abasourdi. Et à quoi ressemblait-il ? »

Le public retenait son souffle.

« Il s'est rasé la barbe et coupé les cheveux à l'occidentale. Plus une paire de favoris. Il ne parlait pas l'hébreu, mais je lui ai appris quelques mots – bonjour, bonsoir, etc. J'espère qu'il ne s'est pas emmêlé les pinceaux et n'a pas souhaité bonsoir à tout le monde au beau milieu de la matinée. »

Tout le monde a rigolé et Tommy s'est fendu d'un sourire.

« Bonjour Svetlana, ça va ? »

Lulu ! Sors-moi de là… Si je rêve, réveille-moi, s'il te plaît…

« Bonjour Lulu. Oh, tu as apporté des cassettes d'Amr Diab ? C'est super gentil, merci.

– Ça te plaît ?

– Est-ce que j'ai le choix ? Fahmi l'adore. Il l'écoute à longueur de journée. Du coup, moi aussi.

Comment va-t-il ?

– On lui donne la becquée, on lui fait des massages, on est aux petits soins pour lui… La belle vie, quoi !

– Il a ouvert les yeux ? Il a parlé ? Il a bougé ? »

Lulu, réveille-moi, ramène-moi chez nous, au village. Là où je n'aurai aucun souvenir.

« *Oui, les trois à la fois, dans une certaine mesure. À part ça, quoi de neuf ? Tu vas bien ? Tu as eu du mal à venir aujourd'hui ?*

– *Pfft... comme d'habitude. Ça m'a pris des heures... Heureusement que les gens dehors avec leurs pancartes ne savent pas qui je suis ! Dieu merci ! Il y avait même la police, tout à l'heure.*

– *Ce qu'ils racontent sur ton frère..., je ne veux pas le croire. Est-ce qu'il a blessé... euh... C'est vraiment un assassin ? J'ai vu Croc dans* L'Arche de Noé...

– L'Arche de Noé *? Naturellement...* »

« Se promener avec une ceinture d'explosifs, c'est dur ?

– Non, pas du tout, Tommy. À condition de croire à la cause, à la mission dont on est investi. On fait comme d'habitude. On plaisante, on écoute la radio, on fume une cigarette. Si ça pesait vingt-cinq ou trente kilos, comme l'affirme votre ministre de la Défense Shaul Mofaz, ce serait effectivement lourd à porter. Mais bon, Mofaz, personne ne le prend au sérieux, hein ? » Tommy Mousari m'a lancé un regard qui signifiait : « À votre avis ? » tandis que le public se tordait de rire. « Mais avec dix ou quinze kilos, c'est possible.

– Avant de presser le bouton, est-ce qu'on dit *Allahou Akbar* ?

– Non, c'est trop dangereux. Dieu est akbar, il est grand sans qu'on ait besoin de le préciser. C'est un mythe, quoi !

– Comment se débrouille-t-on pour payer dans l'autobus ?

– Si sa mission exige qu'on prenne le bus, je ne laisse rien au hasard – je me renseigne sur le prix du ticket, s'il y a un tarif réduit pour les étudiants, ou pour les soldats.

– Parce qu'il y a des réductions pour les soldats du Hamas, maintenant ? »

Fou rire dans la salle. J'ai fait chorus. Tommy avait l'air très content de lui.

« Et dites-moi, si une dame âgée monte, on se lève pour lui céder sa place ? Il faut respecter la vieillesse, pas vrai ? »

Le public se tordait de rire.

« On s'ennuie ferme au village. Il ne se passe rien. J'en ai plus qu'assez. Dis, tu reviendras quand tu iras mieux ? Je m'assois sur notre roche et je regarde la vallée en contrebas pendant des heures. Papa est plus triste que jamais. Il n'ouvre pratiquement pas la bouche. Tu dois revenir, Fahmi. Pour moi. »

J'aperçois la plage, mais quelque chose m'empêche de l'atteindre.

« La cousine Nizrine se marie le mois prochain avec Moustapha. Il enseigne la chimie à l'université. Elle va vivre à Kalkilya. Il veut partir travailler à Dubaï. Ça t'intéresse ? »

Ne t'arrête pas, Lulu, s'il te plaît. J'adore ta voix, si tu savais…

« Tu es là, Fahmi ? Pourquoi ne réponds-tu jamais ? Tu as bonne mine. Svetlana m'a montré l'éclat d'obus sur la radio. C'est minuscule. Je ne l'aurais jamais repéré seule. On dirait une vis de lunettes. Une petite tache sur ton front. »

L'identité de Mahmouzi, outre le fait qu'il était originaire d'un camp de réfugiés, a été divulguée dans le courant de l'après-midi. L'armée patrouillait dans les rues. Le couvre-feu n'était pas encore en vigueur, mais les rues étaient désertes. J'ai accompagné Bilahl à la mosquée pour la prière du soir – *Salat Al Ishà* – et, en rentrant, nous sommes passés devant la maison de Mahmouzi. Elle n'était pas encore détruite. Des soldats étaient en faction à la porte, devant laquelle s'attroupaient des badauds. Hamad, un cousin qui travaillait chez le serrurier du camp, nous a fait un signe.

« Je n'arrive pas à comprendre. À quoi pensent-ils ? Ils croient vraiment qu'ils vont vaincre l'armée ? À quoi ça rime ? Ça va encore nous attirer des ennuis et tout le monde va trinquer. Mon père est furax, a repris Hamad, voyant que nous ne pipions mot. Pour lui, le type qui a fait ça est un beau salaud. Ces gens-là nous rendent la vie impossible. On en a marre de toutes ces guerres.

– Pour moi, c'est un héros, a lâché tranquillement mon frère. Il nous a fait honneur. »

Hamad a louché vers les soldats.

« Quel honneur ? Il y a longtemps qu'on l'a perdu, notre honneur. Tu trouves que c'est un honneur d'être chassé de chez soi au beau milieu de la nuit ! »

À cause du couvre-feu prévu dans la soirée, les boutiques fermeraient plus tard. Nous nous sommes dépêchés de faire quelques emplettes avant de rentrer. Des fusées éclairantes illuminaient le ciel nuageux. J'ai préparé du thé pour Bilahl et moi avec un seul sachet, pendant que Danny Ronen nous certifiait que l'attentat n'était sûrement pas une réponse à l'assassinat d'Halil, car il ne pouvait pas avoir été planifié dans un si bref délai.

« Ce Danny Ronen, il a vraiment une tête d'enfoiré », a ricané mon frère.

« Le terroriste qui avait préparé cet attentat criminel pourrait se planquer à Jérusalem pendant des semaines », a poursuivi Ronen sur l'écran.

« Pauvre crétin ! a raillé Bilahl. Bon, c'est le moment de passer aux choses sérieuses. »

Je me suis figé, les tasses à la main, deux doigts dans chaque anse, et j'ai fixé mon frère d'un œil rond.

« Tu plaisantes ?

– La mère de toutes les opérations. Un truc à tout casser. »

Dehors, les soldats annonçaient le début du couvre-feu à grand renfort de haut-parleurs. J'ai jeté le matelas par terre et fait le lit à l'aide d'un drap et d'une couverture. Je me suis écroulé dessus, brisé de fatigue. Dehors, les vociférations n'en finissaient pas. Bilahl regardait toujours la télé, le volume au minimum. Avant de sombrer dans le sommeil, j'ai pensé à mon père, pleurant à chaudes larmes à la mort de ma mère, une main posée sur mon épaule en signe de réconfort. Qui cherchait-il à consoler, lui ou moi ?

23

J'AI ÉTÉ RÉVEILLÉ PAR UNE PLAINTE SOURDE. Le rideau tiré m'empêchait d'en deviner l'origine. J'avais mal dormi, cette nuit-là. Une douleur lancinante me transperçait le crâne chaque fois que ma bosse effleurait l'oreiller, et je revoyais le godillot me frapper indéfiniment à la tête. À un moment donné, j'ai abandonné la lutte et décidé d'aller voir Shouli aux urgences. Je m'imaginais, nouveau Bruce Willis, me faufilant au nez et à la barbe d'un gardien endormi pour parvenir jusqu'à elle. Or les urgences ne désemplissaient pas vingt-quatre heures sur vingt-quatre : c'était un va-et-vient permanent de patients, médecins, infirmières, lits à roulettes, au milieu des braillements et des gémissements. Même à trois heures du matin, alors qu'un silence de mort régnait à mon étage. L'infirmière de garde a consulté le panneau d'affichage et m'a défendu d'entrer. J'ai louché sur le tableau à mon tour avant de lui demander comment allait Shouli. État stationnaire.

« Très bien ! ai-je commenté, même si je n'avais pas la moindre idée de ce que cela signifiait. Pourrais-je quand même la voir ?

– Non », a-t-elle répliqué sèchement en décrochant son téléphone.

Je me suis traîné jusqu'à mon lit, et j'ai dû m'assoupir quelques minutes, jusqu'à que des geignements me réveillent en sursaut.

Le plateau du petit-déjeuner est arrivé, suivi d'un conseiller psychologique.

« Comment allez-vous ? » m'a-t-il demandé avant d'aborder le vif du sujet. Qu'avais-je vu ? Entendu ? Fait ? Ressenti ? Je devais lui relater chacun de mes faits et gestes pendant qu'il prenait des notes. Nous allions reconstituer ce que j'avais vécu ce jour-là. C'était crucial. Y compris les événements précédents, lesquels étaient d'égale importance.

J'ai répondu comme un somnambule, ajoutant que j'avais le droit de savoir la vérité au sujet de Shouli. Il m'a donné raison avant de reprendre le fil de son discours.

« Écoutez, Eitan, vous n'êtes pas dans votre état normal et vous réagissez avec une sensibilité exacerbée. Vous ne devez pas rater l'occasion qui s'offre à vous d'entreprendre immédiatement une thérapie, qui vous permettra de vous rétablir. Vous comprenez ?

– Me rétablir ? Quelle bêtise ! Mais de quoi parlez-vous à la fin ?

– Je parle de votre état. Vous êtes dans une situation très délicate et, sans un soutien psychologique, votre santé risque de se détériorer. Je vous suggère une thérapie de groupe, entre neuf et douze personnes victimes et traumatisées après un attentat, celui du Café Europa pour certaines d'ailleurs, comme vous. »

Il a noté quelque chose dans son carnet.

« Parce que je suis traumatisé, selon vous ? »

À mon avis, il avait l'air plus perturbé que moi. Je ne pouvais détacher les yeux du gros grain de beauté qu'il avait au coin de l'œil, et j'avais constaté qu'il évitait de me regarder en face.

« Il est encore trop tôt pour le dire, Eitan, mais il faudrait tout mettre en œuvre pour établir le diagnostic et un traitement, le cas échéant.

– Et ça se passe comment ?

– Chacun raconte son expérience. La thérapie de groupe marche très bien dans ce cas de figure. Je vous conseille d'essayer quelques sessions. L'animateur s'appelle Ilan. Personne ne vous forcera à poursuivre contre votre volonté. »

Il s'est penché en avant, comme pour créer une sorte de connivence entre nous. Avait-il un soupçon d'accent français ?

« Vivre ce genre d'événement provoque des dégâts, c'est certain, mais les effets sont réversibles, a-t-il exposé. Sans thérapie, il sera beaucoup plus difficile de surmonter le traumatisme. Votre état s'aggravera à long terme, croyez-moi. »

J'ai froncé les sourcils. La sonnerie de mon portable nous a interrompus. J'ai bredouillé une vague excuse avant de répondre. C'était Ya'ara de Galei Tsahal, la radio militaire.

« Bonjour, comment ça va ? Vous intervenez à l'antenne juste après la chanson, O.K. ? »

J'ai prié le psychologue de patienter quelques instants. Soudain, une voix très professionnelle, sépulcrale, la plus grave que j'aie jamais entendue, a résonné dans mon oreille, me tirant de ma torpeur.

« Un grave attentat s'est produit à Jérusalem. Le bilan est de dix-huit morts et cinquante trois blessés. On dirait que, depuis une semaine, il ne se passe pas un jour sans que survienne une nouvelle tragédie. Nous sommes avec Eitan Enoch en direct de l'hôpital Hadassah d'Ein Kerem, à Jérusalem. »

« Bonjour Eitan ! »

Que devais-je répondre ? Bonjour ? Salut ? Comment ça va, Rafi ?

« Bonjour, ai-je dit en le regrettant aussitôt.

– Bon, il faudrait d'abord expliquer aux auditeurs que vous vous trouviez au Café Europa, rue Emek Refaim, lors du dernier attentat.

– Oui.

(Il s'attendait à ce que que je réponde quoi au juste ?)

– Racontez-nous un peu votre expérience.

– Euh... nous sommes arrivés un peu avant midi.

– Nous ?

– Oui. Une amie et moi.

– O.K.

– Nous avons passé commande avant de nous attabler. J'ai choisi un sandwich œuf-tomates. (Il devait me prendre pour un parfait imbécile.) Il faisait très beau. Elle a remarqué que j'avais choisi la table où son petit ami Guiora et elle avaient l'habitude de s'asseoir. Euh... Guiora est mort dans l'attentat de Tel-Aviv au début de la semaine. »

Le psy a écarquillé les yeux.

« C'est vrai ? s'est exclamé Rafi Reshef.

– Oui.

– Avez-vous gardé un souvenir de... l'explosion ?

– Non. J'ai reçu un coup de pied dans la tête. Le trou noir. Je ne sais pas comment je me suis retrouvé dehors. Il y avait une jeune fille à l'accent sud-américain. Un type qui ressemblait un peu à Shlomo Scharf s'en est pris violemment à elle. C'était peut-être Shlomo, finalement.

(Je radotais ou quoi ? !)

– Et votre... amie ?

– Vous voulez savoir ce qu'il lui est arrivé ?

– Exactement, a confirmé la voix grave.

– Euh… je ne sais pas. Elle se trouve encore aux urgences. Personne ne m'a rien dit. À trois heures, ce matin, une infirmière m'a appris que son état était stable.

– Stable ?

– Oui. »

Il a ménagé une pause.

« Vous passez un cap difficile, hein ?

– Oui. En fait… euh… Shouli s'est rendue aux toilettes. En revenant, elle m'a demandé de changer de place. Elle voulait se mettre à celle de Guiora. Nous avons permuté et c'est arrivé tout de suite après. Si nous ne l'avions pas fait, c'est moi qui serais peut-être dans un état stable et elle en train de s'entretenir avec vous. (Où avais-je la tête quand j'avais accepté cette interview ?) D'un autre côté, le type mort dans l'attaque de Bab al-Oued… était assis à côté de moi lui aussi, alors… je ne sais pas.

– Eitan Enoch, victime de l'explosion d'Emek Refaim, hier. À mon sens, avec ces deux simples mots, "je ne sais pas", il résume le sentiment général mieux que n'importe quel politicien. C'est une curieuse coïncidence que vous ayez mentionné Bab al-Oued, car c'est justement notre prochaine pause musicale. Eitan Enoch, en direct de l'hôpital de Jérusalem, nous vous souhaitons bonne chance et un prompt rétablissement. »

Encore heureux qu'il n'ait pas conclu par « que dame poisse aille voir ailleurs », comme disait un de ses collègues dans les années quatre-vingt. Allez savoir pourquoi.

Le téléphone a sonné dès que j'ai raccroché. J'ai rejeté l'appel et il a retenti aussitôt. Du coup, je l'ai éteint et dardé un regard sur le nævus du psychologue, absorbé dans ses notes.

« C'était comment ? a-t-il questionné.

– Bof, pas terrible, j'ai l'impression.

– Mais… non ! Bien sûr que non ! Absolument pas ! Dites-moi, vous avez mentionné Bab al-Oued… vous y étiez vraiment ?

– Oui. Et aussi dans le 9 *bis* qui a sauté à Tel-Aviv, avec Guiora Guetta le petit ami de Shouli. »

Le conseiller psychologique m'a fixé d'un œil incrédule. Il avait le même regard que les rescapés du Café Europa, l'autre jour.

« Je descends prendre de ses nouvelles », a-t-il lancé en passant la porte.

Je l'ai remercié avec reconnaissance. J'ai employé le reste de la matinée à observer les nuages par la fenêtre ; une odeur âcre flottait dans l'air. Le psy a reparu vers midi. Shouli était dans le coma. On l'avait transférée aux soins intensifs, au huitième étage. On ne savait pas quand elle en sortirait. Le patient pouvait se réveiller au bout de deux à quatre semaines, finir comme un légume ou décéder. Mes parents ont débarqué, chargés de Tupperwares remplis de bonnes choses. Ils m'ont transmis les messages d'un tas de gens. Ils avaient reçu plusieurs coups de téléphone de l'étranger. Pourquoi ne les avais-je pas prévenus que je participais à l'émission de Rafi Reshef ? Ni soufflé mot de Sha'ar HaGai ? J'ai fini par tout leur avouer. Ils n'en revenaient pas. Moi, j'avais envie de dormir.

Plusieurs experts m'ont fait subir une batterie de tests. Ma tête allait apparemment très bien, mais une commotion cérébrale pouvait avoir de graves conséquences, surtout en cas de perte de conscience. Je ferais l'objet d'une surveillance médicale pendant quelques semaines, voire plusieurs mois.

« Une perte de conscience ? ai-je répété.

– Ce n'était pas le cas ?

– Je n'en sais rien.

– Vous souvenez-vous de ce qui s'est passé entre l'explosion et votre arrivée à l'hôpital ? »

J'ai eu beau me creuser la cervelle, impossible de me rappeler. Une main m'avait palpé, et puis je m'étais retrouvé dehors.

« Non.

– Donc, vous avez perdu connaissance. »

Je devrais faire un check-up tous les mercredis, avant la séance de thérapie.

« Quel genre de thérapie ?

– Une thérapie de groupe, le mercredi à dix-neuf heures trente. »

Entre les visites, les médecins, les coups de fil, les insomnies, les déambulations dans les couloirs où je me goinfrais de barres chocolatées achetées au distributeur, j'ai passé deux jours à l'hôpital dans un état proche de la transe. Des hordes de journalistes prenaient fébrilement des notes à mon chevet. Ma tendre Douchi. Jimmy au pas de charge, dix minutes avant de s'envoler pour Bruxelles. J'ai emprunté l'ascenseur et suis monté au dernier étage rendre visite à Shouli. Je me suis effondré en larmes, au point qu'on a dû me ramener au lit en fauteuil roulant. Et, bien sûr, la poussée d'adrénaline et un enivrant sentiment d'euphorie. J'étais en vie. Je me sentais formidablement vivant. J'avais vu la mort en face et en avais réchappé.

Parfois, surtout la nuit, une certitude venait ternir mon allégresse – la mort approchait, elle me guettait et finirait inéluctablement par m'emporter un jour.

J'ai participé à *L'Arche de Noé* le lendemain de ma sortie de l'hôpital. J'en ai gardé un vif souvenir pour la simple raison que j'avais visionné la cassette une bonne douzaine de fois. Impossible de m'en empêcher, telle une cicatrice qu'on meurt d'envie de gratter. Je la regardais et le regrettais aussitôt. À quoi sert de remuer le couteau dans la plaie ?

Une jeune fille, qui s'était présentée comme documentaliste, m'avait appelé le matin de mon retour à la maison, avant de me passer Tommy Mousari en personne. Même si je n'avais guère eu le temps de regarder la télé ces dernières années, je n'ignorais pas qui était Tommy Mousari. Impossible d'échapper à son sourire fanfaron et son œil de verre flamboyant le vendredi après dîner, chez mes parents, le père de Douchi ou chez sa mère (avant le 11 septembre). Pour rien au monde, aucun des trois salons qui nous accueillaient le vendredi soir, si l'on n'avait trouvé aucun prétexte valable pour se défiler, n'aurait manqué le magazine de Mousari, année après année – *Précepte de Mousari*, *Maxime de Mousari*, et *Notre Mousari national.* (Précisons que Mousari signifie « moral » en hébreu, d'où des calembours et jeux de mots douteux à n'en plus finir.) L'émission culte était *L'Arche de Noé*, même moi, je le savais. Je devais être le seul à bouder ce plateau réunissant une veuve de gauche et une autre de droite, une femme colon et une habitante de Tel-Aviv, un dissident de l'armée et un général, un cynique et un patriote, une star et un SDF. Bref, le pays entier la regardait, toutes tendances politiques confondues, de la gauche à la droite, d'est en ouest, du riche au pauvre (comme le proclamait le slogan publicitaire). Douchi ne faisait pas exception. Au bureau aussi, tout le monde en parlait à l'heure du déjeuner. D'après Talia Tenne, le programme était également populaire en Égypte, au Liban et en Jordanie. Donc, quand Tommy Mousari lui-même a pris la peine de décrocher son téléphone, j'ai mesuré l'importance de l'événement.

« Bonsoir et bienvenue à *L'Arche de Noé* ! Ici... Tommy Mousari !!! »

Le public lui a réservé une véritable ovation pendant que j'attendais dans les coulisses avant de paraître sur scène.

« Merci. Merci. Allons... je vous en prie... voyons... ça suffit ! »

Il a fait taire les applaudissements et les acclamations avec de grands gestes. « Ce soir, *L'Arche de Noé* accueille un invité très spécial. Nous avons... un crocodile parmi nous ! » Un murmure a parcouru l'assistance. Un crocodile ? Tommy a pris une profonde inspiration et esquissé un sourire, son œil de verre étincelait. « Non, non, il ne s'agit pas d'un vrai crocodile, mais d'un jeune homme surnommé Croc. » Il a pivoté vers une autre caméra. « Nous autres, Israéliens, nous venons de vivre une semaine particulièrement éprouvante. Trois attentats atroces. » Il a marqué une pause afin de ménager le suspense avant de reprendre d'une voix égale. « Allons-nous flancher ? » « Non ! » se sont égosillés les spectateurs comme un seul homme. « Allons-nous baisser les bras ? » « Non ! » « Allons-nous nous serrer les coudes pour devenir plus forts que jamais ? Et nous enraciner ici parce que cette terre est notre patrie et que nous n'en avons pas d'autre ? » « Oui ! » a beuglé le public, galvanisé par les pancartes brandies, fort inutilement d'ailleurs, par deux souffleurs de mots.

« Bonjour, Eitan ? Vous êtes bien Eitan Enoch ? avait commencé Tommy Mousari ce matin-là au téléphone.

– On m'appelle Croc, avais-je répliqué, allez savoir pourquoi.

– Croc ? Va pour Croc, alors. Je vous ai entendu chez Rafi Reshef et j'ai été ému aux larmes... »

Pas d'erreur, c'étaient bien la voix et l'intonation de Tommy.

« Si j'ai bien compris, vous avez été témoin de l'attentat de Sha'ar HaGai, et vous vous trouviez également au Café Europa au moment de l'explosion ?

– Témoin ? Euh… le soldat que j'ai pris en stop est mort d'une balle dans le cou.

– Deux attentats la même semaine, c'est une coïncidence extraordinaire, non ?

– En fait, trois. »

Je lui avais relaté les circonstances. C'était incroyable, miraculeux, avait-il commenté. Quelqu'un devait me protéger, j'avais été désigné pour leur montrer que nous étions les plus forts, bref j'étais un symbole. Je ne voulais pas apparaître à la télévision, avais-je protesté. Alors il avait déployé ses charmes à la Moshe Dayan, un vrai feu d'artifice. J'avais si mal à la tête que j'avais fini par céder.

« Eitan est un jeune homme hors du commun. Par une extraordinaire coïncidence, il s'est trouvé sur les lieux des trois attentats meurtriers de cette semaine. Il a perdu des amis et assisté à des scènes qui resteront à jamais gravées dans sa mémoire. Il a côtoyé la mort, mesdames et messieurs, et vous savez quoi ? » L'assistance buvait ses paroles. « Il lui a tenu tête ! » Applaudissements. « Il a vu la mort en face et lui a dit non, merci ! » Tommy a réclamé le silence d'un geste. La caméra avait zoomé sur son visage qui s'était assombri. « Voilà pourquoi Croc représente aujourd'hui le symbole d'Israël. Il est l'homme qui, se retrouvant aux premières loges du terrorisme, a dit : non, merci ! Mesdames et messieurs, j'ai le grand honneur et le privilège de recevoir ce courageux jeune homme, le Croc des attentats, Eitan Enoch !!! » La documentaliste m'a poussé sur la scène d'une légère bourrade sur l'épaule.

« Bonsoir Croc ! » Un large sourire aux lèvres, les bras grands ouverts qui se sont refermés dans une cordiale étreinte. « Vous voulez bien nous raconter votre expérience et aussi d'où vient votre surnom ? » Rires dans la salle. J'ai affiché un sourire. « Mais d'abord, vous savez comment fonctionne *L'Arche de Noé*… ? » « Des couples, des couples ! » s'est époumoné le public. « Exactement, deux par deux, de part et d'autre de la barrière. Ce soir, nous avons au côté de Croc une jeune fille exceptionnelle. Restez avec nous, vous saurez tout après une page de publicité. D'accord ? »

C'était l'émission la plus bouleversante qu'ils aient jamais vue, m'assuraient les passants en m'arrêtant dans la rue, les jours suivants. « Salut, Croc ! » m'apostrophaient les gamins, la tête aux fenêtres des bus. Des amis et des parents dont j'avais oublié l'existence se manifestaient. Tommy Mousari m'a téléphoné à deux reprises : le lendemain, pour me remercier et me dire qu'il ne se rappelait pas avoir jamais été aussi ému de toute sa carrière et que l'audience était formidable. La seconde fois, pour m'annoncer que le président de l'État l'avait appelé afin de le féliciter. « Écoutez, Croc, les réactions sont tellement enthousiastes que nous allons vous réinviter bientôt. On trouvera bien un prétexte. »

« Le lieutenant Dikla Gadasi a servi deux ans et demi dans les territoires et elle vient d'être démobilisée, il y a à peine une semaine. En tant qu'officier de la police militaire, elle a empêché un grand nombre de terroristes de traverser la frontière. Elle a observé de près les racines de la haine. Voici… Dikla Gadasi ! »

Une jeune Yéménite mince et portant lunettes est montée sur scène et a pris place devant moi. Tommy a échangé quelques mots avec elle. Elle ne pouvait pas les encadrer. Un soldat qui servait là-bas devait les haïr viscéralement pour éviter de commettre un faux pas.

« Quand vous les avez en face de vous, vous êtes parfois obligés de vous boucher le nez à cause de l'odeur. » Rires. « Mais on ne peut pas tendre l'autre joue, on ne doit pas s'apitoyer. Jusqu'à ce qu'on soit à cent, mille, un million pour cent sûr que cet individu ne risque pas de nous faire du mal, il ne faut faire aucune concession. Et il aura beau se lamenter et vous raconter des bobards à propos de sa femme enceinte, son enfant malade ou son emploi qu'il est en train de perdre. On s'en fiche !

– Hmm… intéressant. *L'Arche de Noé* s'intéresse à l'autre côté de la barrière. Nous avons ici une soldate qui nous protège du terrorisme et de l'autre… (Il a esquissé un geste dans ma direction.) un citoyen lambda, une innocente victime. Croc, vous avez vu de vos propres yeux les conséquences du terrorisme. Les haïssez-vous aussi, comme Dikla ?

– Euh… (Je me suis accordé un temps de réflexion.) Je… je ne sais pas trop. J'essaie de ne haïr personne. Même ceux qui auraient l'intention de me tuer. Je pense que nous devons être forts, quoi qu'il arrive. » Applaudissements mitigés. Avais-je vraiment dit ça ? La fille binoclarde ne voulait rien entendre. « Je ne comprends pas comment on peut ne pas détester quelqu'un qui a l'intention de vous tuer. Surtout eux. Si vous viviez depuis deux ans et demi dans leur merde, excusez-moi, vous comprendriez ce que je dis. Les bonnes âmes devraient aller sur place pour se rendre compte à quel point c'est dégoûtant, et on verra après si elles soutiennent encore un État palestinien. » Tommy s'est frotté les mains. Je me suis mis à transpirer. « Eh bien, euh… je n'ai jamais prétendu que je n'en veux pas à celui qui a l'intention de me tuer. Euh… il ne faut pas capituler, c'est certain. Nous ne devons pas relâcher la pression. » Comment en étais-je arrivé là ? La politique et moi, ça fait deux. Tommy a déchiffré le papier qu'on venait de lui passer. « Un message de Ran de Ramat Gan. D'après lui, nous devrions nous en prendre à nous-mêmes. Ils vivent dans la merde, comme dit Dikla, parce que nous ne leur donnons pas les moyens de mener une autre existence… » La soldate a sauté en l'air. « S'il vous plaît, Dikla, laissez-moi terminer », a prié Tommy. « C'est notre politique de colonisation illégale et des soldats comme Dikla qui leur donnent des envies de meurtre. » Tommy a relevé la tête. « Dikla, nous connaissons votre avis, mais j'aimerais avoir celui de Croc sur ce sujet. » J'ai avalé péniblement ma salive. « Oui, je peux comprendre la réaction de cet auditeur. Nous ne pouvons pas constamment faire porter le chapeau à l'autre partie. » Dikla a ouvert la bouche pour protester. « Je comprends votre irritation », ai-je poursuivi, histoire de la calmer. « Mais, parfois, leur colère à eux est un peu fondée aussi. » « Je n'en crois pas mes oreilles… il justifie le terrorisme ? Il a survécu à trois attentats et il légitime le terrorisme ? » Elle m'a jeté un regard plein de mépris. « Moi, justifier le terrorisme, ça ne va pas ? » « Ne nous emportons pas, Dikla, personne ne justifie le terrorisme, est intervenu Tommy. J'imagine que Croc se pose des questions. Après une semaine si éprouvante, dans sa vie comme dans la nôtre, on ne peut pas ne pas s'interroger sur le pourquoi et le comment ! » Tommy m'a regardé avec sympathie. « C'est ça », ai-je confirmé, soulagé. Après quoi, nous avons abordé le déroulement des événements. Là, j'étais plus à l'aise et je me suis borné à raconter les faits. Sur les idées, c'est plus compliqué. Quoi qu'on dise, on n'échappe jamais à la critique.

Tommy s'est tourné vers moi.

« En résumé, qu'avez-vous à dire à vos compatriotes ? Comment, à votre avis, devrions-nous affronter le terrorisme ? Proposez-vous une solution ?

– Nous devons être forts et relever la tête. (J'ai croisé le regard satisfait de Dikla.) La vie continue. Il faut prendre le bus, emprunter les autoroutes, aller au café. Que deviendrons-nous, si nous ne menons pas une existence normale ? Mais nous devons faire preuve d'humanité. C'est essentiel, car nous sommes avant tout des êtres humains, n'est-ce pas ? Nous serions en dessous de tout si nous l'oubliions. » Silence. Tommy s'est penché et m'a serré la main au milieu d'une salve d'applaudissements. Je dégoulinais de sueur. De parfaits inconnus m'ont serré la main à leur tour. Je ressentais un poids dans la poitrine. Je suis allé aux toilettes. Mieux vaut taire ce que j'y ai fait. J'avais la nausée. Je ne savais plus pourquoi j'étais venu ni ce que j'avais pu raconter. Je suis sorti prendre l'air et, une fois dehors, j'ai songé qu'il n'y avait aucune raison d'y retourner. Je suis donc rentré à la maison. Je continuais à transpirer, à frissonner et à me retourner toutes les cinq minutes pour vérifier que personne ne me suivait. L'ovation délirante du public a résonné dans mes oreilles une grande partie de la nuit.

24

SVET, POURQUOI N'Y A-T-IL PAS DE MUSIQUE ? Mets une cassette…

« *Excellent ! Les paupières bougent… Le docteur Hartom va être contente…* »

J'ai le cerveau ramolli.

« *C'est l'heure du bain…* »

Et ce rêve n'en finit pas, toujours le même…

« *Oh, Fahmi, c'est incroyable ! Les manifestants dehors, tu sais ? Il y en a un qui a essayé de s'introduire ici cette nuit. Les vigiles sont intervenus juste à temps. Ils s'y sont mis à trois pour le refouler, il hurlait le nom de Croc…* »

Ah oui, Croc… sa petite bagnole verte, et moi avec ma pomme…

La première fois que je l'avais vu, je regardais *L'Arche de Noé*, blotti sous ma couverture dans le salon obscur, illuminé par la clarté bleutée du téléviseur et les résistances incandescentes du radiateur électrique…, bien avant notre rencontre et le trajet en voiture… Croc m'avait plu. C'était vraiment une extraordinaire coïncidence, comme l'avait remarqué Tommy Mousari.

« On va s'occuper de ce Croc, a proclamé Bilahl.

– Qu'est-ce que tu racontes ?

– Le symbole d'Israël, hein ? Le résistant, celui qui dit non, merci. Quelle bande de crétins !

– Oui, tu as vu ? Ils ont tellement peur qu'ils font dans leur froc. Ils ne parlent plus que de nous. »

Mon frère n'est jamais content, me suis-je dit intérieurement.

« Ce Croc doit mourir, a répété Bilahl.

– Et moi, je veux bien liquider aussi la petite brunette, si tu veux.

– Non, aucun intérêt. Le Croc, oui. On va le supprimer vite fait. »

Le vacarme des bulldozers était devenu une sorte de bruit de fond omniprésent. Des enfants leur jetaient des pierres. De temps à autre, on entendait des salves et des clameurs. Un jour, un char a tiré par erreur sur une patrouille. Les soldats furieux ont détruit la maison voisine sous prétexte qu'elle obstruait leur champ de vision. Bilahl et ses amis allaient et venaient en fonction du couvre-feu ; le soir, ils se réunissaient pour fumer et palabrer (sur les Juifs, les Américains, les humiliations, la guerre asymétrique, le Jihad, les armes, Jénine, Gaza, Hébron...). Ma tête était sur le point d'exploser. La nuit, ils dormaient à même le sol carrelé, sans jamais se séparer de leurs fusils. Le reste du temps, ils se rendaient à la mosquée, à l'université, en ville – ils n'avaient que la prière à la bouche. Une fois le couvre-feu levé, quand j'ai enfin pu sortir, j'ai constaté que de nouveaux graffitis à la gloire d'Halil fleurissaient sur les murs, ainsi que des affiches de Mahmouzi réalisées à partir de la vidéo que j'avais tournée.

Étranges journées ! Un sentiment de puissance, de triomphe, mêlé à la continuelle humiliation infligée par l'armée qui faisait ce qui lui chantait dans notre camp occupé. J'ai repensé avec nostalgie à mes parents, à Lulu, et, cruelle torture, à Rana : son parfum, sa peau.

De la fenêtre, on voyait un blindé suivi par deux colonnes de soldats équipés de casques, de gilets pare-balles et de sacs à dos, tenant leurs fusils en bandoulière à deux mains – la droite sur le pontet, le pouce caressant le cran d'arrêt, l'index pressant la gâchette jusqu'au point de verrouillage, la main serrant la crosse, sous la protection de plastique. Sur un ordre bref, les doigts se mettraient en branle et autant de vies seraient supprimées de la surface de la terre. Quand ils ont enlevé les casques, j'ai entrevu des yeux, des cheveux, un nez, une barbe de plusieurs jours – un spectacle fascinant.

« Ils ont une de ces frousses, tu as remarqué ? » a ricané Bilahl.

De temps à autre, les fenêtres et la terre tremblaient, on aurait dit que de violentes secousses vous ébranlaient jusqu'au fondement, et puis on entendait le bulldozer approcher. Ils avaient démoli la maison familiale de Mahmouzi et élargi plusieurs routes pour permettre aux blindés de circuler. Comment aurait réagi grand-père Fahmi ? On l'avait d'abord chassé de son village. Il avait campé huit ans sous la tente. Ensuite, il s'était bâti un abri provisoire avec des tôles, de la boue séchée, et, un peu plus tard, quelques parpaings, du mortier et du ciment pour le sol. Lui et ses voisins avaient construit leurs maisons pierre par pierre. Un quartier avait lentement surgi de terre. Le camp de réfugiés s'était transformé en une véritable ville. Et puis avaient débarqué les responsables de tous les malheurs du monde. La largeur des rues ne leur plaisant pas, ils avaient rasé les clôtures et les murs, renversé les voitures, abattu les poteaux érigés à la force du poignet pour amener l'électricité et le téléphone. À seule fin de permettre le passage des blindés.

Dans l'air étouffant, les voitures renversées ressemblaient à des tortues, les quatre fers en l'air sur leur carapace, les crosses des fusils martelaient les portes métalliques…

Des chasseurs volaient à basse altitude, dessinant un panache blanc dans le ciel. Des hélicoptères bourdonnaient au-dessus de nos têtes. Des soldats ont pénétré chez les habitants, ils ont dormi dans les lits avec leurs godillots couverts de boue. Ils ont vidé les placards, brisé les fenêtres, souillé les toilettes. Ils ont arraché les posters des chambres d'enfants. Ils ont percé des trous dans les murs pour passer d'une maison à l'autre. Tel un sillage de mépris, ils ont abandonné derrière eux des pelures de clémentines, des enveloppes de bonbons et de chewing-gums, des mouchoirs en papier sales. Ils ont saccagé l'équipement et détruit les médicaments du dispensaire. Ils ont tiré sur une femme occupée à étendre sa lessive, sur un enfant qui, le visage barbouillé de peinture verte, faisait le clown en face d'eux. Leurs pieds soulevaient un nuage de poussière jaunâtre. Le Croc devrait venir voir, ai-je songé.

Qu'un soldat ose entrer chez moi, mettre tout sens dessus dessous, casser les meubles, me narguer ou me menacer ! Je m'imaginais lui assener un coup de tête sur le nez, j'entendais ses os craquer, ses hurlements, je voyais son sang gicler sur mon front. Les mâchoires serrées, je le regardais se tordre de douleur par terre en gémissant et en me suppliant de l'épargner. J'avais la bave aux lèvres, tellement ma soif de vengeance était grande.

Ils avaient refusé de lui donner un simple verre d'eau. Un mur de terre avait surgi et disparu d'une semaine à l'autre, sans que personne ne comprenne le pourquoi du comment.

Qui est là ? Qui me touche les joues ? Qui me caresse les cheveux ? Parle-moi, dis quelque chose, s'il te plaît...

Je reconnais ton parfum... je sais que c'est toi... Comment t'appelles-tu... ?

Je regrette d'être parti, de ne jamais être revenu. Si tu savais à quel point je suis désolé.

Bilahl a réussi à se faufiler à la barbe des soldats pour se rendre à Gaza, et Rana était arrivée de Murair. Comment s'était-elle débrouillée pour passer à travers les mailles du filet pendant le couvre-feu, malgré les patrouilles, les jeeps et les bulldozers ? Je ne sais pas, mais elle y était parvenue. Bilahl ne l'aimait pas. Il pensait qu'elle était... bref, c'est facile à deviner. « Comment ça va ? » a-t-elle demandé. J'ai touché ses cheveux, et elle m'a laissé faire. Mon cœur cognait si fort dans ma poitrine que j'ai cru qu'il allait s'en échapper. J'ai humé son parfum. Sa chevelure me fascinait. C'est curieux, les cheveux, ils nous sont étrangers et, en même temps, ils font intimement partie de nous. Je les ai caressés de longues minutes en silence, sans la regarder. Elle a baissé la tête et entouré ses genoux de ses bras. Finalement, elle s'est relevée et m'a dévisagé, les larmes aux yeux.

« Pourquoi n'es-tu pas venu ? »

Pour quelle raison refouler mes désirs ? Et les siens. Bilahl était à Gaza... On trouve toujours l'occasion quand on veut vraiment quelque chose ! Elle était là, immobile devant moi. Je me suis renversé sur le canapé sans la quitter des yeux.

Tout s'était passé comme je l'avais rêvé. En hiver, j'aimais me blottir près du radiateur. Je laissais les résistances électriques chauffer mon pantalon ou mon pull, au point d'y mettre le feu ou presque, avant de les plaquer contre ma peau et sentir la chaleur presque insupportable devenir une délicieuse tiédeur. Je me suis donc approché du chauffage, et quand mon pantalon a commencé à me brûler la peau, je me suis dépêché de l'enlever et je l'ai culbutée sur le canapé.

Qui est-ce ? Qui me touche le visage ?
Rana, dis quelque chose !
S'il te plaît, Rana !

Le couvre-feu a été levé pendant deux heures pour l'enterrement d'Halil Abou-Zeid à Ramallah. Les murs, le long du cortège, disparaissaient sous les graffitis et les affiches. Une foule agitait les drapeaux jaunes du Fatah et les verts du Hamas. « Un million de chouada marchent sur Jérusalem ! » braillaient-ils. Il y avait une telle cohue qu'il était impossible de s'approcher du corps pour l'embrasser. Des combattants avaient le visage masqué par un keffieh pour échapper aux photos, prises d'un hélicoptère militaire qui patrouillait dans le ciel. Un chasseur est passé en ébranlant les maisons. Quelqu'un a tiré en l'air, mais les soldats montaient la garde non loin de là. Qu'ils s'approchent s'ils osent, ai-je entendu quelqu'un grommeler entre ses dents…

La conductrice, la cousine de Halil, se tenait devant la tombe qu'on recouvrait de terre et de sable. Les yeux pleins de larmes, elle remuait machinalement les lèvres en balançant la tête de gauche à droite, encore et encore, accablée de chagrin, le cœur brisé, folle de rage.

Bilahl est rentré de Gaza avec de l'argent et un blanc-seing pour mener une autre opération – la mère de toutes. Nous sommes revenus de l'enterrement ensemble. Un nouveau barrage se dressait à l'entrée du camp. Un jeune soldat nous a arrêtés. J'ai croisé le regard de mon frère. « Ne fais pas de bêtises », ai-je murmuré. Il a toisé le soldat. « Tu sais qui je suis ? Tu as le culot de me demander mes papiers ? Tu vas me dire si j'ai ou non le droit de rentrer chez moi, de sortir dans la rue ? Tu crois me faire une insigne faveur en levant le couvre-feu pendant deux heures ? » Le soldat ne comprenait pas un mot. « *Shou ?* » (quoi ?) a-t-il bredouillé avec un regard épouvanté. Il a jeté un coup d'œil derrière lui et a appelé quelqu'un, sans doute un camarade qui comprenait l'arabe. Je lui ai expliqué en hébreu que nous voulions simplement retourner à la maison. J'ai souri. Bilahl m'a regardé d'un air écœuré. Le soldat nous a rendu nos papiers. « *Ahlan wa sahalan* » (bienvenue), a-t-il articulé, les seuls mots qu'il connaissait, c'est sûr. J'ai hoché la tête. Nous marchions sans parler. J'ai ramassé un bonbon qu'un soldat avait probablement jeté là. Je l'ai déballé et l'ai gobé. Il était acidulé, le cœur tendre… délicieux. Bilahl a craché par terre avec dégoût. J'aurais dû tenir tête à mon grand frère et proférer quelque chose qui lui mette du plomb dans la cervelle.

25

J'AI SUIVI UNE THÉRAPIE de groupe tous les mercredis au cours des treize semaines suivantes. À dix-neuf heures trente précises, je me présentais dans une salle au quatrième niveau de l'hôpital Hadassah Ein-Kerem, quatre étages au-dessous de la chambre où se trouvait Shouli, toujours plongée dans le coma.

Le mercredi était devenu une sorte de point d'ancrage. Les autres jours ressemblaient à des montagnes russes en folie où le temps s'étirait comme du chewing-gum. Certains s'enfonçaient lentement dans la routine quotidienne – le brossage des dents, l'ordinateur, la deuxième chaîne de télévision, un plateau-repas à la cafétéria du bureau, les disputes avec Douchi (« C'est qui à la fin cette Shouli dont tu as parlé chez Rafi Reshef ? »). Où donc était passé le temps… ? Je finissais par ressembler à un zombie. Le mercredi formait une sorte de rempart contre le monde extérieur. Il servait de point de mire, de repère au reste de la semaine pour me rappeler que quelque chose avait changé. Il m'empêchait de me réfugier dans le passé d'Avant, décourageait toute velléité d'oublier le présent de l'Après. Il me ramenait à Jérusalem et me crucifiait sur la croix de la réalité. Il arrêtait la marche du temps.

Chaque mercredi donc, à quatorze heures, toute affaire cessante, je prenais la ligne 9 *bis* qui me déposait à la gare routière et, de là, le bus numéro 405 pour Jérusalem, puis le 27 jusqu'à l'hôpital Hadassah Ein-Kerem. (Une suggestion d'Ilan, l'animateur du groupe, à laquelle Douchi s'opposait, elle voulait que je prenne la Polo.) J'étais prêt à faire une tentative, mais j'ai eu un haut-le-cœur dès que j'ai mis le pied dans le minibus et j'ai vomi à deux reprises. Les passagers – certains m'avaient reconnu – ont été très compréhensifs. Douchi a insisté en faveur de la Polo, mais Ilan l'a convaincue, et elle m'a décidé à son tour. Je n'ai plus vomi. Au contraire, même si je me sentais encore nauséeux, l'expérience commençait à me plaire.

Je démarrais ma visite à l'hôpital par une barre chocolatée prélevée au distributeur du rez-de-chaussée, avant de monter voir Shouli. Puis je me rendais chez le médecin qui examinait ma bosse au front en me débitant ses sempiternelles plaisanteries – par exemple : « Je dois prendre votre tête pour un contrôle, pouvez-vous vous en passer deux petites heures ? » – avant de renouveler mon ordonnance. À l'issue de la séance de thérapie, vers vingt et une heure trente, je reprenais le chemin du retour : le 27 jusqu'à la gare routière, un sandwich à l'œuf au Café Europa (à l'instigation d'Ilan, histoire de reconstituer ma journée avant l'attentat) ou un falafel (une idée à moi), et enfin le bus numéro 480 pour la gare routière au nord de Tel-Aviv, où Douchi venait me chercher, parce que « trop, c'est trop », disait-elle.

Ilan perdait ses cheveux qu'il avait longs, Pas assez pour les attacher en catogan, Dieu merci, non il avait adopté la coupe mulet afin de dissimuler sa calvitie précoce. Il portait le bouc, était plutôt replet et pas spécialement grand. Bref, il était très laid, ce qui n'a rien à voir avec la suite des événements. Il avait de beaux yeux bleus qui détonnaient avec le reste de sa personne, un peu comme le Taj Mahal au milieu de la saleté et des bouses de vaches, à Agra.

J'ai sans doute évoqué le Taj Mahal à cause de Naama, la plus jolie fille du groupe qui avait effectué plusieurs visites en Inde. À la première séance, je n'arrivais pas à en détacher mon regard. Par chance, elle était intarissable, un vrai moulin à paroles, ce qui a fini par m'exaspérer, mais, à ce moment-là, c'était un prétexte rêvé pour la reluquer à mon aise. Cinq ans auparavant, elle avait été victime d'un attentat à Jérusalem, où elle avait vu mourir ses deux meilleures amies. Depuis, elle ne prenait plus le bus, n'allait plus au café ni au restaurant et évitait le centre-ville comme la peste. Quand elle marchait dans la rue, elle contournait les abribus et autres points névralgiques qu'elle avait situés sur un plan. Elle complétait ces données à chaque nouvel attentat à Jérusalem. D'une semaine à l'autre, elle exposait sa théorie – basée sur des faits plus ou moins scientifiquement établis –, selon laquelle le destin voulait qu'elle succombe dans un attentat. Elle vivait dans la peur. Son radar personnel ne s'arrêtait jamais : toutes les cinq minutes, elle regardait derrière elle de manière obsessionnelle.

« Mais où est la logique ? ai-je demandé lors de ma première réunion. Il n'y a jamais deux attentats au même endroit, ils savent qu'on va renforcer la surveillance. »

Je me suis rappelé ma discussion avec Douchi, le lendemain de l'attentat de la ligne 9 *bis*. Naama n'était pas Douchi. Elle ne se répandait pas en invectives, et se bornait à battre de ses longs cils en baissant la tête.

« Veuillez ne pas interrompre nos amis, Croc, est intervenu Ilan. Vous verrez que la logique ne régit pas toujours nos existences. D'autres forces entrent parfois en jeu. »

J'ai dégluti avec difficulté et suis rentré dans ma coquille en bredouillant des excuses.

« Ils ont attaqué la ligne 18 deux fois en deux semaines, a allégué Naama.

– Là, vous marquez un point. »

Uzi Bracha était soudeur. Un matin, on l'avait envoyé réparer un feu tricolore endommagé. Il était monté sur une grue pour atteindre le poteau, qui avait été sectionné au cours d'un attentat, détail qu'il ignorait. Des lambeaux de peau et probablement un œil y adhéraient encore. De retour à la maison, Uzi Bracha avait appelé un serrurier pour poser huit verrous sur la porte. Cela fait, il avait acheté un revolver chez un armurier, rue de Jaffa, puis il était rentré chez lui et s'était installé sur un fauteuil, l'arme pointée sur la porte. J'aimais bien cet homme taciturne et son air sincèrement effrayé.

Je leur ai parlé de Guiora Guetta, de Houmi, le soldat autostoppeur, et de Shouli, plongée dans le coma, là-haut. J'ai décrit la vitre arrière qui avait volé en éclats, le lourd godillot qui m'avait blessé à la tête. Je ne pensais pas souffrir d'un syndrome de stress post-traumatique, ai-je conclu. « Est-ce que vous regardez sans arrêt par-dessus votre épaule ? » Parfois. « Votre cœur accélère-t-il sans raison ? » Soixante pulsations en cinq secondes. « Avez-vous des nausées ? » Constamment. « La sirène d'une ambulance vous donne-t-elle des sueurs froides ? » Ah, c'est donc ça ! « Vous pleurez sans raison ? » Non, mais j'ai souvent les yeux larmoyants. « Et le générique du bulletin d'informations ? » Oui, il me tape sur les nerfs.

« Aucun doute, vous avez tous les symptômes, a tranché Uzi Bracha.

– Vous me permettez d'établir moi-même le diagnostic, Uzi, d'accord ? est intervenu Ilan. Vous voyez, Croc, devant une menace ou une agression, la réaction physique au stress s'exprime par la peur. C'est notre mécanisme de défense le plus spontané. Et c'est d'ailleurs une réaction tout à fait saine. »

Yulia pleurait tout le temps. Au début, je la trouvais assommante, mais, après quelques séances, je ne l'entendais presque plus, comme un bruit de fond. Elle se trouvait avec moi au Café Europa. Ma sœur d'armes, quoi ! Elle se rappelait tout le monde, y compris Shouli et moi. Elle était arrivée aux urgences dans un état dissociatif (je cite Ilan) et souffrait de sérieux troubles du sommeil.

Daniela (elle exigeait qu'on l'appelle Dani) assistait à un mariage avec sa sœur et sa nièce âgée de deux ans à Beit Shemesh. Sa sœur et la fillette avaient été tuées, Dani grièvement blessée, mais elle s'en était sortie. Après trois mois d'hospitalisation, elle avait dû réapprendre à marcher pendant plus longtemps encore. Son état physique la laissait indifférente. Elle s'employait à reconstituer par le menu le déroulement des événements qui avaient entraîné le décès de sa sœur et de sa nièce. Où se trouvaient-elles exactement quand le terroriste s'était fait sauter ? Comment étaient-elles mortes ? À cause de l'explosion ou de la destruction du bâtiment ? Elle se sentait coupable d'avoir survécu. S'était-elle traînée à côté de sa sœur et de sa nièce sans leur porter secours ? « Elle était très bavarde, cette petite fille… », a-t-elle précisé. « Le pire, c'est qu'un enfant ne peut pas comprendre, a renchéri la jolie Naama. C'est terrible. Un adulte sait que les attentats existent, qu'il risque d'être la prochaine victime.

Mais un enfant ? Au moins elle était avec sa mère, pas toute seule. Imaginez-vous si… » Naama aimait s'écouter parler. Il y avait également parmi nous un jeune homme ayant subi dix-sept opérations un peu partout. Une anorexique. Un type avec une brûlure au front, sourd d'une oreille. Une vieille femme accompagnée chaque fois de son fils, de sa fille, voire de l'un de ses petits-enfants, jamais le même, elle en avait treize à la douzaine.

Une fois par semaine, je m'immergeais dans cet univers pendant deux heures. J'écoutais les confessions de mes compagnons, je versais des larmes sur leurs misères, et réciproquement. Les souvenirs me revenaient en force, même si parfois tout se mélangeait dans ma tête. D'après Ilan, je vivais trois phases post-traumatiques parallèles : la phase de l'événement, à savoir l'attentat au Café Europa, celle de la réaction immédiate à Sha'ar HaGai, et enfin celle de la première réaction, lors de l'explosion du minibus. J'étais un cas plutôt rare et isolé. Comme tout le monde, notre animateur m'avait vu dans *L'Arche de Noé*. Cela le perturbait, je le sentais, même s'il s'abstenait de commentaire. Nul doute que ma célébrité en tant que rescapé miraculeux ne cadrait pas bien avec mon statut de nouvel arrivant dans le groupe. Les autres, en revanche, étaient fascinés. Ils étaient fiers de moi, à croire que, d'une certaine manière, je les représentais. Ils aimaient arpenter les couloirs de l'hôpital en ma compagnie, alors que des inconnus me reconnaissaient et me serraient la main en me présentant leurs condoléances. Un jour que je me trouvais en compagnie de Dani, nous avons croisé un député venu rendre visite aux blessés. Il nous a serré la main. Il empestait l'après-rasage. Il a raconté une blague idiote – il s'agissait d'un membre du Hamas arrivant au paradis à qui on annonçait les bonnes et les mauvaises nouvelles.

À chaque séance, nous devions narrer ce qui était arrivé en détail de façon à ramener quelques bribes de souvenirs à la surface. L'idée était d'ouvrir de nouvelles perspectives. Nous entendions inlassablement les mêmes histoires et nous prêtions au jeu de bonne grâce. De temps en temps, Ilan nous interrompait et posait une question à laquelle il fallait répondre du tac au tac.

« À quoi ressemble le bruit d'une l'explosion ?

– Un léger *plop*, a commencé Noa.

– Un grand *boum*, a ajouté Dani.

– *Voummm*, comme au Liban, comme une mine, a renchéri Uri le barbu, à moins que ce ne soit Roy, je n'ai jamais réussi à les distinguer, ces deux-là.

– Ça fait mal aux oreilles, c'est tout, a précisé Roy, ou Uri. Et il y a eu un souffle d'air, aussi. J'ai senti quelque chose et j'ai levé la tête.

– Le floc du sang giclant sur le mur.

– Des applaudissements ou des feux d'artifice, a commenté Yulia à propos de l'attentat au Café Europa.

– Des éclats de verre et le silence, comme le ronronnement d'un ascenseur…

– À quoi ça rime ? a éclaté Uzi Bracha. À quoi bon deviner le bruit d'une explosion, hein ? »

Silence général.

« Je vous ai parlé de l'expérience des souris ? » est intervenu Ilan. Sans attendre la réponse, car il la connaissait (il en avait parlé jusqu'à plus soif) il a poursuivi : « On a testé les réactions des souris aux chocs électriques. Une souris enfermée dans une cage, munie d'une porte de sortie, qui est soumise à un stress électrique peut s'échapper. Elle apprend vite le lien entre la douleur et le choc électrique, et elle fuit le stress. Une autre souris reçoit un choc électrique dans une cage fermée. Elle tombe malade, perd ses poils et développe un ulcère. Maintenant, deux autres souris prisonnières d'une cage subissent un choc électrique sans en être affectées. Parce qu'elles étaient ensemble. Elles étaient prisonnières, comme la deuxième souris, dans un endroit dangereux sans porte de sortie. Mais elles n'étaient pas seules. C'est ce que nous faisons ici. Chacun d'entre nous est prisonnier d'une phase dont il ne peut échapper. Mais nous sommes solidaires les uns des autres.

– Et nous ne perdons pas nos cheveux », ai-je remarqué.

Ilan m'a jeté un regard noir.

Seuls les sanglots de Yulia troublaient le silence qui était retombé.

« Un malheur partagé est un demi-malheur ? a dit Dani.

– Quelque chose comme ça », a approuvé Ilan en caressant sa barbiche.

Chaque mercredi, je prenais l'ascenseur et montais au huitième passer un petit moment avec Shouli. J'ai appris à mieux la connaître pendant son coma. Son beau visage n'avait pas changé, mais son regard avait perdu sa profondeur. Des tubes, reliés à sa bouche et à son bras, s'enfonçaient sous le drap dans son cœur. Des machines la nourrissaient, faisaient circuler son sang, respiraient à sa place.

Au fil des semaines, j'identifiais son humeur en fonction de l'atmosphère de sa chambre. Un jour que je lui parlais – nous étions seuls –, elle a bougé les yeux, et j'ai senti que c'était uniquement pour moi.

Je lui ai offert un bouquet pour son anniversaire. « Joyeux anniversaire ! » lui ai-je souhaité. Il y avait une profusion de fleurs et de cadeaux près du lit. Dans ce pays, fêter un anniversaire relève de l'exploit. Et le mariage ? Plus encore, même s'il ne dure pas. Alors un enfant, c'est une vraie prouesse, c'est un peu comme si vous fondiez une dynastie. J'ai lu dans le journal que l'on fait chez nous beaucoup d'enfants, enfin relativement. Shouli n'a pas réagi. Je lui ai décrit la vue plongeante qu'offrait sa chambre sur les collines boisées et la vallée. Parfois, si nous étions seuls, je soulevais le drap pour caresser le crocodile tatoué sur sa cheville, notre signe secret à nous. Une fois – la soirée était douce –, j'avais trouvé les fenêtres ouvertes et un pigeon passablement amoché avait virevolté à l'intérieur, telle une synapse en feu. C'était peut-être un signe. Ou alors un simple pigeon ?

Alon, le chef cuisinier de l'hôtel, venait souvent la voir, parfois accompagné de ses collègues. D'après lui, Shouli était très douée. Il connaissait Guiora, un « gentil jeune homme ». Le père de Shouli et sa sœur lui rendaient une visite quotidienne. Profondément déprimés, ils pleuraient et priaient sans arrêt, espérant un miracle. Rendre visite à sa fille et être arabes démontrait une profonde insensibilité, avait reproché un jour le père à Alon. Alon et Osama avaient quitté la pièce en signe de protestation. « J'aurais dû répondre quelque chose, m'avait-il ensuite confié dans le couloir. Des objections, ce n'est pas ce qui manque. Je ne suis pas un de ses sales gauchistes, mais il faut un peu respecter l'autre, quand même… » Le lit de Shouli est devenu un point de rencontre. J'ai suivi les états de santé de sa tante, un vrai feuilleton, et j'ai conseillé son conjoint à propos du marché des télécommunications, ou d'une agence de voyages. Lui, en retour, m'a recommandé un expert-comptable. Le père de Guetta ne cessait de me demander ce que son fils allait faire à Tel-Aviv le jour de sa mort. Je n'en savais rien, répondais-je immanquablement. Un jour, il m'a prié d'écrire quelques mots pour un livre commémoratif et je lui ai promis d'y réfléchir. Une fois, je suis même venu avec Douchi, suite à notre éternelle dispute : « C'est qui à la fin cette Shouli dont tu as parlé à la radio chez Rafi Reshef ? »

Pendant ce temps, celle qui… notre dénominateur commun, était clouée sur son lit, solitaire et silencieuse, branchée à des machines, sans vie mais vivante, attendant que quelque chose arrive. Et quelque chose a effectivement fini par arriver.

Le meilleur moment du mercredi était le retour à la maison. Un trajet en car, le soir, n'est pas dénué de charme. On a le loisir de réfléchir. La journée qui vient de s'achever semble sombrer et se dissoudre dans le sang. Les gens sont avares de paroles, ils s'expriment à voix basse, peut-être par respect pour l'obscurité, le ronronnement du moteur, les lumières des villages défilant à toute vitesse, la clarté bleuâtre des veilleuses. Au cours de mes voyages nocturnes, le front pressé contre la fenêtre, je respirais à fond pour tenter de me calmer. Je faisais tranquillement le bilan. La mémoire me revenait. Là, dans le bus qui me ramenait à Tel-Aviv, j'ai fini par m'accepter tel que j'étais et par réfléchir à ce que je voulais devenir.

26

« *Tu es l'homme idéal, Fahmi, tu sais ? Tu ne cries jamais, tu ne disparais pas on ne sait où, tu ne sens pas la vodka, les cigarettes ou les femmes. Voyons voir… le kiné dans une heure, puis un bain. Mais d'abord un massage… Tu as eu une journée chargée, hier. Lulu, en plus de Rana. Elle est très jolie, je trouve. Elle n'ouvre jamais la bouche, mais elle t'a embrassé sur le front, je l'ai vue.* »

Bilahl se croyait capable de s'occuper de ce qui agitait les esprits : la mère de toutes les opérations. Depuis son retour de Gaza, il affichait une morgue insolente. Il se croyait invincible et fourmillait d'idées dont il m'avait révélé les grandes lignes.

L'aéroport Ben Gourion : après l'opération du Fatah dans les années soixante-dix, il était intouchable. Le terminal était une cible de choix. Un avion représentait une autre éventualité, au sol ou en vol. L'impact serait énorme, de même que les conséquences économiques pour les Israéliens. Outre l'angoisse à l'idée que toutes les issues étaient fermées et qu'ils ne pourraient plus se réfugier chez le grand frère d'Amérique, ils seraient cloîtrés ici avec nous, pour toujours.

Deuxième option, l'aéroport d'Eilat. Un peu excentré peut-être, mais les répercussions en seraient tout aussi considérables. Il était de moindre importance, plus vulnérable, situé près du centre-ville et des hôtels. La sécurité laissait à désirer. Il y avait plusieurs accès possibles : depuis le sud de la Cisjordanie, de la bande de Gaza, via l'Égypte, le long de la frontière ou à partir du Sinaï, de l'Arabie saoudite ou d'Akaba, avec un commando maritime. Eilat était un point névralgique.

« Ce n'est pas un hasard si Eilat n'a encore jamais été attaquée, ai-je argumenté. Ce n'est pas la Palestine.

– New York et Munich non plus.

– C'est vrai, mais tu parles de la mère de toutes les… »

Troisième option : un grand hôtel de Jérusalem. « Comme l'hôtel King David que les Juifs avaient fait sauter à l'époque du mandat britannique. Ils s'étaient introduits dans la place à bord d'une fourgonnette bourrée de trois cent cinquante kilos d'explosifs. C'est de ça que je parle. Un événement qui marquera les annales de l'Histoire. »

Quatrième option : un symbole, la Tour de David.

« La Tour de David ? »

Cinquième option : la Knesset. « Des hommes armés noyauteront les équipes de traiteurs et de nettoyage qui entrent en camionnette par l'entrée du personnel. Il faudra infiltrer quelqu'un dans la place pendant quelques mois.

– Pas facile », ai-je commenté.

Mon frère m'a lancé un regard irrité.

« Je n'ai jamais dit que ce serait facile. On va encore réfléchir. Toutes les suggestions sont les bienvenues. En attendant, tu vas fabriquer des explosifs pour constituer des réserves. »

« Comment répondent ses muscles, docteur ?

– Oh, vous savez, il ne peut pas les bouger comme nous. Il faudrait effectuer des massages quotidiens, comme ceci…

– Je sais. J'ai augmenté le nombre des séances. Il bénéficie de massages plus longs et plus profonds que les autres…

– Et vérifiez le dos et le siège, car il est le plus souvent en position allongée…

– Bien sûr. Pour la prévention des escarres. Je prends toutes les précautions nécessaires. Pourriez-vous m'aider à le retourner, s'il vous plaît…

– Vous m'impressionnez, Svetlana…

– Attention aux tubes… oui, celui-ci est pour l'oxygène, l'autre pour l'urine. On le soigne vraiment aux petits oignons, il a de la chance. Ce n'est pas le cas de tout le monde ici, pas vrai, docteur ? »

Dehors, des soldats progressaient en file indienne derrière une colonne de blindés, tels des canetons suivant leur mère. À force, ils ne nous impressionnaient plus guère, un peu comme des animaux habitués à se côtoyer au zoo. Les enfants leur jetaient des pierres avec une certaine tendresse, si l'on peut dire.

J'ai rempli deux grands verres de Coca-Cola, que j'avais gagnés avec un pack de six bouteilles. Bilahl a bu une gorgée avec réticence. Le liquide a explosé en un millier de petites bulles sous sa langue. Je n'aimais pas trop son attitude. J'ignorais ce qu'on lui avait dit à Gaza, mais j'avais bien vu l'argent qu'il avait rapporté. Deux mille en liquide. Deux gros billets, et, pour lui, même un verre de Coca était quelque chose d'impur, de méprisable. On aurait dû en profiter, comprendre que le robinet pouvait se tarir d'un moment à l'autre. Facile à dire après coup.

J'ai regardé *Qui veut gagner des millions*, *Le Maillon faible* et *La Mission* en grignotant des pépites de tournesol. Un concurrent est parvenu à la « question en or » lui permettant de doubler sa mise, soit les cinq millions de livres libanaises qu'il avait déjà gagnées.

La voici :

« La semaine dernière, des membres des brigades Izz al-Din Al-Qassam ont attaqué un autobus sur la route entre Jaffa et Jérusalem. En quelle année des combattants palestiniens pour la liberté ont-ils mené des opérations similaires contre des bus juifs au même endroit ? »

En 1978, a répondu le candidat. Je ne souriais plus, à l'image de grand-père Fahmi au paradis, j'en étais sûr. Ihab l'animateur l'a fixé un bref instant avant de l'informer qu'il venait de perdre cinq millions de livres. Et puis il s'est lancé dans le récit du combat de Beit Mahsir. Quand Bilahl est rentré, je lui ai tout raconté. Il a éteint le poste et m'a jeté que j'aurais intérêt à moins regarder la télévision et fréquenter davantage la mosquée. Sans répondre, je me suis vautré sur le canapé où Rana et moi avions vécu une expérience dont il n'avait pas idée.

27

J'ai tenté de reprendre une vie normale, surtout dans deux domaines : Douchi et Time's Arrow. Douchi était adorable et attentionnée, du moins s'y efforçait-elle. Au bureau aussi on m'avait accueilli à bras ouverts. Mes collègues rivalisaient de patience et de gentillesse, m'accordant le temps et l'attention nécessaires. Jimmy, lui, soutenait que j'avais tout manigancé pour ne pas faire le déplacement à Bruxelles. Patience et longueur de temps…, me serinait-on au travail, lors des séances de thérapie du mercredi, ou au chevet de Shouli.

Ce n'était pas facile. *A posteriori*, c'était même impossible. Dans ma vie antérieure, par exemple, je dormais normalement, dans la nouvelle, non. Réveillé bien avant l'aube, perturbé par de mauvais rêves, j'errais dans l'appartement silencieux ou fixais l'écran neigeux de la télévision dont l'éclat bleuté était apaisant. Je me suis mis à fumer pour passer le temps. Le tabac me rendait grognon et nauséeux. Pour un oui ou pour un non, je rabrouais Douchi qui essayait de me parler, lui enjoignant de retourner au lit car elle ne pouvait pas comprendre. J'appelais souvent Uzi Bracha, toujours très matinal, mais cela ne m'aidait pas vraiment. Quelques semaines plus tard, le médecin m'a prescrit un somnifère, de la zoplicone. C'était tantôt efficace, tantôt pas, mais cela me plongeait dans un état de léthargie et de confusion. Le temps s'écoulait entre nuits blanches, journées noires, et vice versa. Un véritable cercle vicieux. Je souffrais de migraine, j'avais les nerfs à vif. Mes pensées filaient, bref, j'étais au bout du rouleau.

En outre, j'étais le *Croc des Attentats*, celui qui monopolisait l'attention, le symbole de la résistance, le creuset des idées et des inspirations d'autrui. De nouvelles forces s'étaient emparées de ma vie, auxquelles je ne pouvais, et peut-être ne voulais me soustraire. Les propositions, les pressions de la part d'inconnus, de conseillers de tout poil… Il ne se passait pas un jour sans que de parfaits étrangers viennent me faire la leçon, ou me demander mon opinion sur tel ou tel sujet. Pouvais-je donner mon soutien, ma voix, mon avis ? Peu importait si, la plupart du temps, je n'en avais aucun sur la question.

J'ai été contacté par *À droite et à gauche*, un pâle ersatz de *L'Arche de Noé*, une émission de la radio militaire dans laquelle des partisans des deux bords s'invectivaient à qui mieux mieux. « Eitan Enoch, que pensez-vous de la décision d'instaurer le couvre-feu dans les territoires pendant les fêtes ? » « Monsieur Enoch, en tant que victime de l'Intifada, pouvez-vous expliquer l'horreur du terrorisme à ma charmante collègue, confortablement installée dans son studio climatisé de Tel-Aviv ? » « Eitan Enoch, que pensez-vous du retrait unilatéral ? » « Du mur de séparation ? » « Du transfert des colons juifs ? » « De la solution des deux États ? » Ils m'appelaient deux ou trois fois par semaine, ce qui était plutôt incompréhensible, vu que je n'avais jamais de réponses. Il était très difficile de vivre ainsi et nous devions trouver les moyens de l'alléger, ai-je déclaré à propos du couvre-feu. Au sujet des attentats : y mettre fin et les combattre de toutes nos forces. Concernant le mur : limiter les dégâts autant que possible. Quant au retrait unilatéral, j'ai approuvé à condition que la sécurité soit garantie. Je n'apportais pas de réelles solutions, à l'exemple des hommes politiques : ils prononçaient des mots, qui composaient des phrases, formaient des paragraphes, et, en fin de compte, ils pratiquaient la langue de bois. Apparemment, mes interlocuteurs ne s'en lassaient pas, puisqu'ils continuaient à me téléphoner.

Après un énième débat oiseux animé par *À droite et à gauche*, j'ai reçu un appel de Benzi Dikstein, le porte-parole du Conseil des villages.

« Le problème est là ! a-t-il répondu quand je lui ai demandé de quoi il en retournait. Personne ne nous connaît. Nous sommes un lobby qui représente plusieurs villages du Grand Israël en lutte contre le démantèlement des colonies et le transfert des Juifs.

– Ah, des colons !

– Nous préférons dire "habitants", a corrigé Benzi. Eitan, vous êtes quelqu'un de célèbre, vous avez une grande expérience de la vie et le sens des réalités, vous seriez un formidable atout pour notre cause. »

J'ai éclaté de rire.

« Moi ?

– Oui, je vous ai entendu condamner le transfert des Juifs à la radio, il y a deux minutes. Au fait, connaissez-vous la signification de votre nom, Enoch ?

– Euh… non. J'avais l'intention de me renseigner au musée de la Diaspora, un de ces jours. Vous le savez, vous ?

– Bien sûr, c'est une déformation de Hanokh, le père de Mathusalem, qu'on n'est d'ailleurs jamais parvenu à tuer, Mathusalem, je veux dire. Pendant un bon bout de temps, en tout cas… »

Il a lâché deux brefs aboiements, qui pouvaient passer pour un éclat de rire.

Un jour Shmulik Krauss m'a téléphoné.

« Oh bon sang ! C'est Shmulik Krauss ! ai-je crié à Douchi qui a accouru au petit trot.

– Ce n'est pas lui, impossible, ce doit être l'autre, le gauchiste. »

J'ai repris l'écouteur.

« Non, je ne suis pas le chanteur, bien sûr. J'appartiens à l'organisation *Stop à l'Occupation.*

– Oh !

– Nous avons bien aimé ce que vous avez dit ce matin, a-t-il précisé, passant sans transition du singulier au pluriel, contre ce couvre-feu ridicule que notre génial ministre de la Défense a offert en cadeau pour les fêtes aux résidents de Cisjordanie – pas aux Juifs évidemment. (Impossible de me rappeler mes propos, mais il était fort probable que j'aie qualifié Mofaz de clown.) Voudriez-vous prendre la parole au cours de la manifestation de samedi soir, place Rabin ? »

Il y eu beaucoup d'autres échanges de ce type. Des appels de la droite, de la gauche, des non-alignés, de SOS violences familiales, et, un jour, après que, tout en parlant à la radio depuis mon portable, j'avais marché sur une crotte de chien rue Ibn Gabirol et maudit les propriétaires qui ne ramassaient pas les déjections de leurs animaux, j'avais reçu un appel de l'*Association pour la propreté de Tel-Aviv* m'informant qu'ils militaient pour le transfert des chiens.

On m'a conseillé de réclamer des dommages et intérêts à la Sécurité sociale. Un avocat s'est même proposé de me défendre sur la base d'un pacte de *quota litis*. Un comité d'indemnisation, constitué par trois experts juridiques au sein du ministère de la Défense, examinait en effet les demandes d'indemnités des victimes présumées d'attentats terroristes. Vu que j'étais une vedette médiatique, j'obtiendrais gain de cause sans aucune difficulté, affirmait l'homme de loi. J'ai participé à des réunions, discuté tactique et stratégie, découpé des articles dans la presse. Peine perdue. C'étaient vraiment des gens sans cœur, a gémi l'avocat, la tête dans les mains. Le pays sombrait dans la décadence ! C'était la faute de ma notoriété. Il m'a réclamé sans vergogne deux mille dollars. Douchi m'a traité d'imbécile, elle m'avait averti dès le départ de ne pas m'embarquer dans cette galère.

Quelqu'un d'autre m'a conseillé de tenter ma chance auprès de l'Association des victimes du terrorisme. En pure perte.

Qui d'autre ? Ah oui, les Renseignements généraux. Il m'a fallu une demi-heure pour comprendre ce qu'ils me voulaient. Je m'étais trouvé à trois reprises sur les lieux d'un attentat et m'en étais sorti sans une égratignure. N'était-ce pas un peu suspect ? Avais-je des amis arabes ? Ou dans les Territoires ? Éprouvais-je de la sympathie pour les souffrances des Palestiniens ? Est-ce que je soutenais leur combat ? Ils déshonoraient la nation et devraient s'en prendre aux responsables, pas aux victimes, ai-je rétorqué. Là-dessus, j'ai fondu en larmes. Ils ont fini par me laisser tranquille. Du moins, je l'espérais.

Une association privée d'aide aux victimes du terrorisme dénommée *Une famille* m'a prié d'établir un dialogue avec les blessés une fois par semaine. Après *L'Arche de Noé*, les articles dans la presse, les émissions de radio et de télévision, je pourrais leur remonter le moral, pensaient-ils. Je m'y suis rendu à deux ou trois reprises, mais certaines personnes dans le public m'ont accusé d'exploiter à mon profit des événements ayant fait plusieurs morts et blessés. Je me suis défendu en montrant ma bosse au front : je n'en tirais aucun bénéfice et n'avais jamais alimenté ce matraquage médiatique. En vain. Je parlais à des gens souvent gravement atteints ou ayant perdu des êtres chers. J'étais le bouc émissaire sur lequel déverser leur rage. J'ai tenté inutilement de désamorcer la polémique en m'éclipsant. J'avais cessé mes visites parce que je ne me retrouvais plus sous les feux des projecteurs, ma seule priorité était d'accroître ma notoriété, me reprochait-on. On ne pouvait pas toujours gagner, telle était la leçon que j'ai tirée de cette période, mais mieux valait ne pas le crier sur les toits, parce qu'alors on me reprochait d'avoir le culot de me plaindre, « je ferais mieux de me taire, alors que d'autres étaient handicapés ou paralysés à vie. »

Judicieux conseil que je me suis empressé de mettre en pratique.

La couverture du journal *People* titrait : « Eitan Enoch, l'as de l'évasion ». Le quotidien *Ma'ariv* publiait un portrait de moi. Dans un autre journal, je répondais à un questionnaire portant entre autres sur ma couleur de prédilection, ou ma chanson favorite de cette année (gris ; *Nine* par les Nomad Saddlers). Dans *La Ville*, j'ai constaté qu'on épiait mes moindres faits et gestes « Celui qui a dit "non, merci !" au terrorisme, le Croc des Attentats, a été aperçu au Bar Bara-Bush où il a commandé un hamburger baptisé *Le Cannibale a les crocs ce soir*. »

Parmi mes nouveaux amis, les vrais ou les faux, ceux d'un jour ou de toujours, mes deux préférés étaient des policiers. L'inspecteur Avi « Almaz » Yahalom était le chef de l'équipe d'investigation sur l'attentat du minibus, à Tel-Aviv. Tsion Ferrer enquêtait sur l'attaque du Café Europa à Jérusalem. L'équipe d'Almaz était constituée de deux personnes, lui-même et une policière prénommée Ricky. L'équipe de Tsion se résumait à… Tsion. Ils faisaient leur travail, c'était indéniable, mais quand il a été prouvé qu'il s'agissait d'une action politique, la DCRI a pris le relais. La police enquêtait sur les aspects criminels de l'attentat : véhicules volés, recoupement d'informations, escroqueries sur l'assurance-vie ou la propriété, identification des victimes… et parfois, la DCRI exploitait ses conclusions.

Almaz et Tsion se sont adressés à moi, comme à tous les témoins (l'inspecteur chargé de l'attentat de Sha'ar HaGai m'avait également contacté, mais je ne vais pas vous faire perdre un temps précieux avec ce gros plein de soupe, stupide et arrogant, qui avait jugé bon de me flanquer les Renseignements généraux aux trousses). J'avais rendez-vous avec Tsion à Jérusalem, un mercredi. C'était l'un des premiers beaux jours suivant l'hiver, le ciel était lumineux, non voilé par la brume qui couvrait habituellement Tel-Aviv. Ferrer portait des lunettes teintées en sautoir. Sa chemise bleu pâle était tachée aux aisselles. Il m'attendait à l'entrée de la base de la police, route de Bethléem, et m'a guidé au milieu des eucalyptus jusqu'à un local en préfabriqué. Là, il m'a montré les images de la vidéosurveillance du Café Europa, où je jouais un certain rôle, semblait-il. Assis dans le camion, je fumais une cigarette, dont je détestais le goût, en visionnant un film muet en noir et blanc, dont j'étais l'un des acteurs. Je me suis vu en train de siroter mon café, seul, le regard dans le vague se fixant ensuite sur un point précis (« j'espère que vous matiez une jolie fille », a remarqué Ferrer), je me suis gratté le nez, puis me suis mouché dans une serviette en papier. J'ai consulté ma montre. Sur ses entrefaites, Shouli est arrivée, nous avons échangé quelques mots, et nos places. À présent, je tournais le dos à la caméra et Shouli lui faisait face. Ses derniers moments avant la déflagration, souriante, séductrice, effleurant le bord de sa coupe de glace du bout des doigts. Elle s'est penchée en avant pour me dire quelque chose. Je me rappelais pratiquement chacune de ses paroles, que je parvenais à lire sur ses lèvres. Tout à l'heure, aux toilettes, une idée lui était venue à l'esprit, peut-être la plus brillante qu'elle ait eue depuis longtemps. Elle m'a décoché un petit sourire triste, et, ensuite, l'air a tremblé. Je le voyais vraiment trembler. Tsion a stoppé la vidéo, il a actionné la touche retour arrière, puis arrêt sur image et m'a désigné le terroriste. Il s'appelait Mahmouzi. J'ai cru le voir tressaillir sur l'écran, comme s'il anticipait l'explosion. Curieusement, je ne ressentais aucune haine. J'ai été pris d'un malaise subit. J'avais des frissons, mon corps se décomposait en pixels avant de se reconstituer aussitôt, j'étais secoué de spasmes, je dégoulinais de sueur, les tempes battant si fort que j'ai bien cru devenir sourd, une nausée m'a soulevé l'estomac et j'ai vomi tripes et boyaux. J'ai voulu me relever mais je ne tenais plus debout. « Sortez… moi… d'ici… » ai-je bredouillé. Un bras s'est tendu pour me soutenir, et j'ai perdu connaissance pour me réveiller à l'hôpital Hadassah. Environ une heure plus tard, j'ai quitté mon lit pour me rendre à la salle de thérapie. Cette séance m'a aidé à reprendre du poil de la bête, je me sentais plus fort que jamais, invulnérable.

Almaz, l'enquêteur de Tel-Aviv, m'avait fixé un rendez-vous dans un café, rue Yehouda Maccabi. Il ne portait pas l'uniforme. Il ne m'a pas montré de film. Nous avons conversé tranquillement. D'origine égyptienne, il était marié à une Irlandaise, rencontrée dans un avion, et habitait rue Boublik, au nord de la ville. Après les banalités d'usage, nous avons abordé l'attentat. Je lui ai raconté tout ce que je savais à propos de Guiora Guetta et de sa vie à Jérusalem. Je lui ai également signalé que ni les parents de Guiora ni sa petite amie ne savaient ce qu'il venait faire à Tel-Aviv, ce matin-là, et que Shouli et moi avions décidé de le découvrir. Il ne voyait pas en quoi se déplacer dans une autre ville sans avertir ses parents ou sa fiancée constituait un crime. Peut-être, mais la question avait piqué ma curiosité et je tenais à trouver la réponse pour la communiquer à Shouli, quand elle se réveillerait. « Allez-y, si ça vous chante », a-t-il riposté. Quand j'ai évoqué le Palm Pilot, il a observé en souriant qu'il pourrait m'arrêter pour recel.

« Je vais restituer ce qu'il en reste à ses parents. Je ne l'ai pas volé ! Quelle idée !

– C'est ce qu'ils disent tous. Mais la loi est la loi. »

Les parieurs aussi m'avaient vu à *L'Arche de Noé* et réclamaient leur part du gâteau. Itzik, le nom de mon interlocuteur, habitait Netanya et travaillait dans un casino illégal au deuxième étage d'un « pub réglo » (selon sa définition) situé dans la zone industrielle de la ville. J'ai refusé son invitation à venir boire un verre « offert par la maison ». Entre autres activités, le casino organisait des paris sur les matchs de football et les attentats.

Un jour, je l'avoue, j'avais misé quelques shekels sur un attentat moi aussi. Bar avait organisé un pari à propos de la date et du nombre de victimes. Jérusalem et quatre personnes, avais-je pronostiqué. Il n'y en avait eu que trois, mais j'avais gagné trente-cinq shekels. Bar avait des amis à Holon qui pariaient de façon « professionnelle » sur les attentats, m'avait-il confié. Je lui avais remis un billet de cent shekels pour gager sur Jérusalem. Deux semaines plus tard, j'en avais reçu deux cents. Aussi, quand Itzik m'avait appelé, j'avais été moins surpris par ces paris, dont je connaissais l'existence, que par sa singulière proposition.

« J'aimerais vous engager comme expert, m'a-t-il expliqué. Vous me signalerez où aura lieu le prochain attentat et j'augmenterai la mise en fonction de vos informations. »

Je marchais dans la rue, mon portable à l'oreille. Je me suis arrêté et me suis laissé tomber sur un banc.

« Pardonnez-moi, mais depuis quand suis-je un expert ?

– J'ai regardé *L'Arche de Noé* comme tout le monde ! Je vous offre mille dollars par mois. Cash. Quoi qu'il arrive, attentats ou pas, vous recevrez mille dollars. Vous n'aurez qu'à m'indiquer où aura lieu le prochain.

– Écoutez, Itzik, est-ce que vous…

– O.K., bon, si vous ne voulez pas, dites-moi au moins où *vous* vous rendrez.

– Itzik… c'est impossible… je suis désolé. De toute façon, je ne bouge pas de Tel-Aviv.

– Deux mille dollars. Vous gagnerez deux sacs par mois en vous roulant les pouces. Vous ne pouvez pas refuser !

– Si, justement (pourquoi pas, au fait ?). J'étais là par hasard. Une simple coïncidence. Plusieurs semaines ont passé depuis, et il ne m'est rien arrivé, vous voyez bien ?

– Peut-être, mais il n'y a pas eu d'autres attentats non plus », a contré Itzik.

J'étais sollicité de toutes parts. Des invitations à des premières de films, un psychologue proposant une toute nouvelle thérapie, la veuve de Shlomo Yarkoni, l'armée en quête d'inspiration/motivation, un fleuriste me proposant de faire la publicité de sa boutique, la maîtresse de Shlomo Yarkoni, une offre pour arbitrer un concours de jeunes talents…

Les parents de Houmi sont venus me voir. Sa mère m'a raconté leurs malheurs.

Le frère de Houmi avait été tué à l'âge de dix ans par une bombe artisanale (contenue dans une bouteille de soda vide), un attentat probablement perpétré par l'OLP. Son père et sa mère étaient divorcés depuis deux ans. Le grand-père paternel était décédé cinq mois auparavant des suites d'un cancer de la prostate, et, trente jours plus tard, c'était au tour de la grand-mère maternelle de succomber à la maladie d'Alzheimer. Et maintenant Houmi.

« Vous vous réveillez un matin en vous préparant à vivre une journée comme les autres et, brusquement, votre existence est sens dessus dessous. Il y a tellement de choses dont j'aurais aimé lui parler. Vous, vous menez une petite vie confortable et tranquille, bien à l'abri, entouré de votre famille et de vos amis. Vous n'avez jamais connu de tragédies. »

J'ai probablement répondu que la vie continuait, je ne sais plus, en tout cas, ça ne lui a pas plu.

« Vous vous trompez lourdement. La vie ne peut pas continuer après la mort d'un enfant. On ne fait jamais le deuil.

– Arrête, Etti, s'il te plaît, il n'y est pour rien ! s'est écrié son ex-mari.

– Je ne dis pas le contraire, mais comment peut-il balancer ce genre d'ineptie ? » s'est-elle insurgée, au bord des larmes.

L'homme a levé les yeux au ciel. Il y avait une tension radioactive dans l'air. Peut-être leur était-elle nécessaire ? Quand Etti s'est détournée, il m'a lancé un regard totalement désespéré.

28

L'EXISTENCE À AL-AMARI devenait intenable. Le couvre-feu était levé puis réimposé, chaque nuit, les soldats menaient un raid, pénétraient dans les maisons, cassaient les meubles, confisquaient les biens, frappaient les occupants en vociférant. Ils forçaient les hommes à sortir de chez eux, et les gardaient plusieurs heures les mains liées et les yeux bandés avant d'en placer certains en détention arbitraire. Ils récompensaient généreusement les indics et, à Ramallah, il y avait un tas de chiens disposés à parler. Ils ont cogné à notre porte à deux reprises en pleine nuit et m'ont emmené à la mosquée – j'ai souffert le martyre, agenouillé, pendant des heures, un bandeau sur les yeux. Bilahl dormait sur la terrasse pour éviter de se faire embarquer et subir la honte et les humiliations ; ce faisant, il courait un plus grand risque, naturellement. Inutile de dire que, pour toutes ces raisons, la mère de toutes les opérations était au point mort. L'argent de Gaza s'épuisait, aussi ai-je proposé à Jalahl l'électricien de le seconder, seulement il n'y avait pas assez de travail pour deux. Je restais donc à la maison devant la télé. Mais jusqu'à quand peut-on regarder *Le Maillon faible* ?

Un jour, plusieurs semaines après la dernière opération militaire, l'eau des robinets a tari. Et, comme d'habitude, la saison chaude, comme toutes les autres saisons chaudes, était arrivée trop tôt. Une heure plus tard, il ne restait pas une seule bouteille chez l'épicier. J'avais soif. J'ai pensé à ma mère et à Lulu. Ma sœur me manquait terriblement. Je ne l'avais pas vue depuis des mois. J'ai téléphoné à la maison. Elle a répondu. Elle allait bien, papa aussi, même s'il était triste. Il n'y avait rien de nouveau. Quelque chose dans son intonation avait changé, elle me paraissait plus sombre, la voix d'une adolescente de treize ans à peine sortie de l'enfance. Je brûlais de la revoir.

« Lulu, je vais venir.

– C'est vrai ? Vraiment vrai ? Quand ?

– Maintenant. »

Dans mon enfance, grand-père Fahmi effectuait souvent à cheval le trajet d'Al-Amari à Murair pour venir nous voir. Il lui fallait une heure. Aujourd'hui, en voiture, il en faut trois, avec de la chance, pour couvrir une distance de vingt kilomètres à vol d'oiseau. Connaissez-vous un autre lieu au monde où la durée du trajet a augmenté avec le temps au lieu du contraire ?

J'ai fourré quelques vêtements dans un sac et me suis mis en route. Le camp était nimbé d'or dans la lumière matinale. Des affiches et des graffitis en l'honneur de Mahmouzi et d'Halil tapissaient encore les murs, les rues étaient jonchées de gros blocs de béton. Au poste militaire, à la sortie du camp, un soldat, ses lunettes de soleil sur le nez, a levé le bras pour m'arrêter. Il a contrôlé ma carte d'identité verte et ouvert mon sac qu'il a passé au crible avant de me fouiller sommairement.

« Où vas-tu ? a-t-il questionné en hébreu.

– À Murair.

– Où est-ce ? »

Je le lui ai indiqué du doigt.

« Non, pas de geste, explique-moi. »

Je ne savais pas trop quoi dire.

« Là-bas, après Ramallah. »

J'ai dû lui expliquer pour quelle raison je m'y rendais. Il m'a réclamé un *tasrikh* – un laissez-passer m'autorisant à circuler librement en Cisjordanie. Je lui ai montré le permis délivré à mon oncle Jalahl par la compagnie d'électricité de Ramallah. Il m'a donné des instructions quant à ce qu'il m'était permis de faire ou non. J'ai hoché la tête. J'ai tourné à gauche vers Ramallah et emprunté la route traversant la ville en direction de Naplouse, au nord, jusqu'à ce que la barrière soit hors de vue. Je me suis arrêté pour faire du stop. Cinq minutes plus tard, je me retrouvais au checkpoint de Beitin.

« On va attendre au moins une heure », a déclaré le conducteur.

Je suis descendu de voiture et me suis dirigé vers l'accès piétons. Un soldat m'a barré le chemin.

« Qu'est-ce que tu fabriques ici ? Retourne à ta voiture.

– Je n'ai pas de voiture.

– Menteur ! Je t'ai vu sortir d'une auto, là-bas. (Il prenait un malin plaisir à me considérer par-dessus ses lunettes de soleil.) Tu me prends pour un imbécile ?

– Elle n'est pas à moi. J'ai fait du stop.

– Tu me prends pour un imbécile ou quoi ? a-t-il répété.

– Non, non, bien sûr que non ! »

Il a fouillé mon sac et ma personne, et m'a laissé rejoindre la file d'attente. J'ai rencontré une amie de ma tante, portant deux poulets dans un panier, et un jeune homme barbu, élégamment vêtu, un camarade de mon frère avec qui il priait à la mosquée d'Al-Bireh. Une heure plus tard, ils ont fermé le passage. « Ce sont les ordres ! » a proclamé un soldat qui n'en savait visiblement rien. Seuls les véhicules munis de permis spéciaux étaient autorisés à transiter.

J'ai rejoint la file des voitures. De guerre lasse, l'homme qui m'avait emmené avait rebroussé chemin. J'ai proposé de l'argent à qui accepterait de me transporter. L'un avait peur, un autre regardait mon sac avec méfiance, un troisième se demandait quelle fable on allait servir aux soldats. J'ai exhibé mon permis. « On va dire que nous travaillons ensemble. » Il s'appelait Muhamed Mahmoud Zakat et allait s'approvisionner en fournitures à Naplouse pour sa papeterie.

Je me suis installé sur une pierre, à côté de la vieille Subaru bleu ciel de Zakat. J'ai téléphoné à Bilahl. Il n'était pas content. Il voulait travailler. Les semaines passant, il devenait évident que nous ne parviendrions pas à organiser une action avant longtemps.

« Tu n'as pas vu Lulu depuis un bail, non ?

– Combien de temps comptes-tu rester là-bas ? » a-t-il répliqué, comme si je partais au bout du monde.

À ce rythme, six mois au minimum.

« Un jour ou deux, peut-être plus. Bon sang, ces soldats ! Et dire que nous ne sommes même pas à Beitin, c'est dingue ! »

J'ai composé le numéro de Rana sans presser la touche « envoi ». Avais-je le droit de l'appeler ? Devant nous grouillaient des voitures, des poulets, une foule compacte déambulait sans but ou était vautrée sur les bagages. Derrière, c'était pareil.

La queue avançait très lentement. Assis au volant, Zakat fumait cigarette sur cigarette. Il m'en a offert une, que j'ai refusée.

« Ils ne nous laisseront pas passer, a-t-il affirmé.

– Pourquoi pas ?

– Tu crois qu'ils font toujours ce qu'on attend d'eux, peut-être ?

– Bonne question ! » ai-je admis en appuyant sur « envoi ».

Rana n'a pas répondu.

« Oh, tu es un vilain garçon, Fahmi, qu'est-ce qui t'arrive là ? À qui penses-tu ? »

Svet ? J'étouffe…

Et ce rêve qui n'en finit pas !

Une fourmi a zigzagué entre mes jambes en direction du checkpoint : allait-on la laisser passer sans l'interroger ? J'ai décidé de rappeler Rana au moment où elle dépasserait la Subaru. La fourmi se hâtait, c'était bien la seule d'ailleurs. Elle a rapidement doublé la voiture.

« Tu n'étais pas censé téléphoner », a remarqué Rana.

Je voulais lui dire que je me languissais d'elle, à quel point sa voix me manquait.

« Je vais venir à Murair. »

Elle a avalé sa salive avec difficulté.

« Quand ? a-t-elle demandé après une pause.

– Je suis au barrage de Beitin.

– Ah, tu n'es pas près d'arriver alors !

– Je n'ai jamais dit que j'arriverai ! »

Elle s'est forcée à rire.

Nous avions grandi ensemble, nous ne pouvions nous passer l'un de l'autre, nous avions couché ensemble dans notre cachette secrète en contrebas du village, nous avions même parlé mariage. Et puis je l'ai quittée sans un mot. Pour Bilahl, ce n'était pas une bonne musulmane, elle était trop « évoluée ». Il n'avait jamais fait l'amour et les femmes ne l'intéressaient pas, objectait Rana. Elle le méprisait, ce que j'avais du mal à supporter. Bilahl était mon aîné et méritait le respect.

Je suis donc parti. Elle me manquait, je rêvais d'elle mais je ne l'ai jamais appelée. Un beau jour, elle a surgi devant moi. Elle ne m'a pas demandé pourquoi j'avais disparu et ne m'a pas expliqué non plus comment elle avait réussi à me retrouver malgré le couvre-feu. Était-ce bien elle ou une apparition au milieu de la nuit ? Elle a ôté ses vêtements alors que j'étais allongé sur le canapé. Nous n'avons pas fermé l'œil de la nuit. À l'aube, j'ai dû m'assoupir un moment et, à mon réveil, elle avait disparu. Mes membres délicieusement engourdis me rappelaient sa présence. Je me remémorais la douceur de sa bouche, pareille à de la glace tiède… Une seconde fourmi se hâtait de rattraper sa sœur devant la Subaru. Muhamed a embrayé et roulé sur quelques mètres avant d'éteindre le moteur.

« Combien de temps comptes-tu rester ?

– Je ne sais pas. Deux jours, un peu plus peut-être.

– Si tu savais comme je suis contente ! »

Je pensais à notre repaire au pied du village.

– Je t'aime, ai-je murmuré. J'ai deviné qu'elle faisait la moue.

– Oui, mais moins que le Jihad. »

« Je me trompe peut-être, docteur Hartom, mais on dirait qu'il réagit mieux depuis quelques jours. Par exemple…

– Oh… je vois ce que vous voulez dire. Cela s'est-il produit souvent ? Ne riez pas, Svetlana, c'est une fonction naturelle. »

Comment peux-tu me faire ça, Svet ? Et avec cette vieille peau d'Hartom, en plus…

« *Oui, docteur, plusieurs fois. Sa petite amie est venue le voir, il y a quelques jours…*

– Ce n'est pas forcément lié, vous savez, parfois c'est juste que… bon, les pupilles, s'il vous plaît. »

Aïe ! La lumière dans mes yeux… le soleil… la petite auto verte… Croc…

« *Très bien. Mais sur le plan des fonctions motrices et cognitives, il n'y pas eu de réelle évolution, n'est-ce pas ?*

– Plus au moins, sauf…

– Oui, Svetlana… »

Muhamed m'a fait signe de remonter en voiture. Nous avons atteint le premier point de contrôle. Et rebelote : fouille, rayons X, papiers, permis… On nous a intimé d'attendre dans un baraquement préfabriqué pendant qu'on procédait à des vérifications. Encore des tracasseries ! Mon grand-père accomplissait le trajet en une demi-heure à cheval ! Ça me démangeait de lui casser la figure, à ce blanc-bec de soldat. Ce n'était pas très compliqué, il suffisait de lui écrabouiller le nez.

Lorsque nous avons fini par passer, Muhamed a pris la route orientale via Beitlin et Ein-Yabroud en direction de Naplouse. Je l'empruntais très souvent autrefois, quand elle n'était pas dans le triste état d'aujourd'hui. Un nouveau barrage y avait été érigé, on y voyait trois cubes de béton hérissés de barbelés. « Salauds d'enculés d'Arabes ! Vivent les colons ! » lisait-on en hébreu sur l'un des murs. Un ballet incessant de Jeeps traversait la route. L'une d'elles nous a arrêtés, et nous voilà repartis pour un tour : vérification du sac, du véhicule, j'ai même dû baisser mon pantalon. La route était encore en bon état. J'avais la nostalgie de ces collines. Grand-père Fahmi parlait toujours de Beit Mahsir et des monts de Jérusalem, mais rien ne valait Murair. C'était là que j'avais grandi, dans ce paysage aride et rocailleux.

Muhamed m'a déposé près de Murair. J'ai poursuivi à pied sur la chaussée étroite, défoncée par le passage incessant des blindés. Un monticule de terre s'élevait au milieu du chemin. Je l'ai gravi et j'ai pissé dessus. C'était la partie la plus agréable du trajet – les sept kilomètres séparant la route de Murair, le village le plus oriental accroché aux contreforts montagneux, dominant le Jourdain, d'où, par temps clair, on apercevait à l'horizon les monts d'Édom et Amman. La route était déserte. J'étais seul dans ce décor escarpé qui se dévoilait à mesure que je gravissais le sommet : une vallée à gauche, une autre devant moi, le désert doré sans une seule colonie juive pour gâcher la vue et le plaisir. J'ai fini par distinguer Murair, avec les vieilles maisonnettes ocre perchées sur les hauteurs, le minaret de la mosquée et les petits tracteurs bleus. Quatre heures de trajet ! J'étais heureux et excité malgré la fatigue. J'entendais la voix de Bilahl me traiter de poule mouillée et me reprocher de penser toujours de manière positive. « Un voyage humiliant qui dure quatre heures au lieu de trente minutes, tu trouves qu'il y a de quoi pavoiser ? Tu t'arranges toujours pour voir le verre à moitié plein. Un de ces quatre, tu vas nous sortir que l'occupation était nécessaire et bénéfique. »

Je mourais de soif en arrivant à Murair. J'ai bu du thé en compagnie de mon père et de ma tante Lili. Lulu, ma petite sœur bien-aimée, était là, souriante. Elle avait un tas d'histoires à raconter à son grand frère. Elle a insisté pour me conduire à la petite grotte à l'extrémité du village, sur le flanc de la falaise surplombant la vallée. À notre retour, nous avons appris la triste nouvelle : Bilahl avait été arrêté.

29

« TIME'S ARROW – *Chaque seconde compte.* » Quand j'ai repris le travail, ce n'était déjà plus tout à fait le cas. Jimmy m'a convoqué dans son bureau.

« Comment ça va, Croc ?

– Ça va.

– Tu as l'air fatigué.

– Oui, un peu…, mais ça va aller. »

Silence.

« Alors, tu es de retour parmi nous !

– Oui.

– Parfait. Prends ton temps, mais pas trop, si tu vois ce que je veux dire.

– Oui. Et à Bruxelles, c'était comment ?

– Ça a foiré. On était dans la salle d'embarquement quand ils l'ont repoussé à la semaine suivante. Quelle perte de temps ! Tu nous accompagnes, n'est-ce pas ?

– Bien sûr », ai-je confirmé, consterné. Il n'y avait rien d'autre à dire. Je me suis levé et me suis dirigé vers la porte.

« Au fait, Croc… » Je me suis retourné. Jimmy clignait des yeux en caressant son crâne chauve. « Tu seras content d'apprendre que j'ai contribué à résoudre… le problème…

euh… » Ses paupières ont papilloté de plus belle. Mon patron, je l'ai dit, était responsable de la gestion du temps dans l'armée de l'air. Il avait coordonné le bombardement de la centrale nucléaire en Irak et des raids aériens au Liban. De temps à autre, il était mobilisé pour une mission de vingt-quatre heures. Le lendemain, les journaux annonçaient un nouvel assassinat ciblé imputé à l'aviation. Il essayait de me dire qu'il avait participé à l'élimination du type de Ramallah, le chef du commando terroriste. Or, le Hamas avait revendiqué l'attentat du Café Europa en représailles de cet assassinat. Merci beaucoup, Jimmy, pour ton coup de main !

Au bureau, comme ailleurs du reste, on s'intéressait beaucoup à moi. J'avais reçu quatre cent soixante-trois e-mails, sans parler des appels téléphoniques, des discussions interminables dans les couloirs, du récit de mes péripéties rabâché à l'infini. J'irais à Bruxelles à condition d'être de retour le mercredi suivant, ai-je prévenu Jimmy. Je suis donc parti en Belgique, puis en France avec Yoash, de plus en plus déprimé. Mes nuits n'étaient pas moins mouvementées en Europe qu'en Israël. Je me suis replongé dans le travail. J'ai rédigé un argumentaire sur l'accélération du monde, les jeans pré-usés, les grille-pain ultra rapides et les discours accélérés (nous prononçons généralement cent cinquante mots par minute, mais l'oreille humaine est capable d'en distinguer six cents. Les messageries chez Time's Arrow sont programmées à la fréquence de quatre cent cinquante mots par minute – pour satisfaire les *desiderata* de nos clients qui détestaient les messages lents et multi-optionnels). D'ordinaire, je préparais ce type d'exposé en une ou deux heures. Aujourd'hui, il me fallait un jour et demi – y compris sept pauses-cigarette, trois pour m'asperger le visage, une heure de détente les yeux clos sur le canapé de la salle de repos, et plusieurs incursions dans les autres bureaux. Bar m'a expédié ses nouvelles trouvailles numérologiques : Croc = attentat d'hier. Croc = une seule explosion au centre commercial. Et celui dont il aurait pu se dispenser : Croc = le prochain grand attentat.

Jimmy m'a téléphoné depuis la salle de réunion.

« Croc, amène-toi, a-t-il braillé. (Sa voix résonnait dans le combiné et le couloir à la fois.) Je te présente Roy. (Il m'a indiqué un jeune homme vêtu d'un kilt.) Roy Abramov, un designer de talent, la nouvelle star de Betsalel, l'école des Beaux-Arts. C'est lui qui a dessiné l'affiche du jubilé d'Israël, tu te rappelles ? (Je ne me rappelais pas.) Roy, voici Croc du commercial. Croc… de l'attentat ! » a-t-il lancé comme une bombe – sa manie depuis mon retour. Inutile de préciser que cela n'amusait ni n'effrayait personne. Jimmy avait de la suite dans les idées, c'est le moins qu'on puisse dire.

Noga et Jérémie (alias le prophète Jérémie) du marketing étaient présents eux aussi.

« Nous réfléchissons à un nouveau logo pour la société, a repris Jimmy. Roy, montrez les options à Croc, s'il vous plaît. »

Le regard que je lui ai décoché a glissé comme de l'eau sur son crâne luisant. Je détestais ces discussions oiseuses. Un jour, la société de télécommunications Bezek avait chargé Time's Arrow de lui trouver un indicatif pour leur nouveau service de renseignements. Lequel numéro devait évoquer la rapidité et le moindre coût des prestations actuelles par rapport au 144 précédent.

« Et pourquoi pas 77 – moitié temps, moitié argent ? » avait suggéré Jimmy. « Génial ! » s'était extasié le chef de produit de Bezek – tout le monde avait fait chorus. Et puis quelqu'un avait objecté que la moitié de 144 n'était pas 77, mais 73,5.

Fronts plissés, haussements de sourcils, stylos mordillés, sifflements étouffés. Il y avait un os. 735, qui avait fini par rallier tous les suffrages, ne sonnait pas bien à l'oreille. Jimmy avait appelé Tania Tenne à la rescousse. « Vous êtes malades ? s'était-elle récriée. La moitié de 144, c'est 72 ! » Finalement, on était tombés d'accord sur 122, mais le service n'était toujours pas activé.

Notre jeune créateur a présenté plusieurs maquettes du nouveau logo.

« La flèche symbolise le mouvement, la flèche du temps, a-t-il expliqué en glissant un regard en coin à Jimmy, lequel a hoché la tête avec ravissement. Le cercle – il a ébauché une sphère avec les mains –, englobe la flèche et représente l'entreprise, l'organisation, l'ordre des choses. Nous avons ici un conflit, un pas en avant…

– Une course en avant ! a beuglé Jimmy.

– O.K.… une course en avant, a admis Roy, en même temps que l'ordre, la discipline et la responsabilité. On assimile d'ailleurs le cercle à une montre, bien entendu… C'est le principe de base. On pourra ensuite introduire toutes sortes de variations sur les flèches, les couleurs, les formes, les directions… »

Et dire que la société avait dépensé des milliers de dollars pour qu'un hurluberlu de Betsalel vienne nous énoncer des évidences !

« Le logo doit être immédiatement identifiable, comme le Swoosh de Nike, et ceux de Intel, Microsoft ou Apple », a renchéri Jimmy.

J'ai mis mon grain de sel.

« À quoi ça sert ? Pour eux, n'importe qui est une cible potentielle. Nous ne fonctionnons pas de la même façon.

– Nous sommes le FedEx du vingt-et-unième siècle, a marmonné Jimmy.

– La flèche est orientée vers la gauche, a enchaîné le prophète Jérémie. Elle a une connotation politique trop marquée.

– On peut toujours la déplacer vers la droite », a suggéré le jeune graphiste en joignant le geste à la parole.

Noga a désigné un croquis où la flèche, verte sur fond rouge, pointait vers le haut.

« Non, on dirait le logo du groupe pétrolier Delek…

– Ou le drapeau palestinien.

– Bleu et blanc alors ?

– Non, trop israélien.

– Rouge et bleu ?

– Trop américain.

– Rouge et blanc ?

– Les couleurs du Hapoël Tel-Aviv ! Surtout pas !

– Le rouge est une teinte chaude, a exposé Roy. Le vert évoque la jeunesse. Pourquoi ne pas garder ces couleurs-là ? »

Il a levé un sourcil interrogateur. Un ange est passé.

Jimmy a proposé de rappeler Tania Tene.

Time's Arrow était aux prises avec des difficultés autrement plus graves. La faute à la « situation », au plan de développement, aux méthodes de gestion, aux placements hasardeux et aux centres d'appels basés en Inde. Quand problème il y a, toutes les explications sont bonnes. Nous n'avions pas vendu assez… les clients nous devaient de l'argent… Lorsque, au cours d'une réunion, la représentante d'un fonds de capital risque a affirmé nous faire confiance et nous soutenir quoi qu'il arrive, nous avons compris qu'il y avait de l'eau dans le gaz et que les actionnaires s'impatientaient.

La première vague de licenciements a eu lieu deux mois après mon retour. Jimmy m'a fait venir dans son bureau.

« Tu restes, Croc, a-t-il proféré, les yeux fixés sur la mer, mais je ne vais pas y aller par quatre chemins. Depuis les attentats, ta productivité file un mauvais coton, idem pour la motivation. On dirait que chaque seconde ne compte plus pour toi : tu arrives en retard, tu pars plus tôt, et entre les deux… Bref, ce n'est plus le Croc que je connaissais, il y a trois, quatre mois, ou même deux ans. Mais… (Il s'est écarté de la fenêtre et s'est rassis.) Je comprends. Tu as vécu une expérience très douloureuse. Sans parler de ta soudaine célébrité. Impossible de te licencier, toute la presse en parlerait et ça nous ferait une très mauvaise publicité. Time's Arrow ne peut pas se le permettre. Reprends-toi vite, parce que tu es sur le fil du rasoir, c'est moi qui te le dis. » Sans blague ! ai-je pensé *in petto*. Il a pointé le doigt vers la Méditerranée scintillante, les plages, la ville, trois hélicoptères fonçant vers Gaza à basse altitude. « Pour commencer, tu peux dire adieu à tout ça, nous déménageons à Rosh Ha'Ayin.

– Pardon ?

– Pour le moment, tu le gardes pour toi. »

Ron et Ronen n'en revenaient pas. Trois minutes plus tard, Talia Tene, les yeux étincelants, a déboulé en coup de vent par la porte en verre fumé. Elle voulait savoir si les rumeurs étaient fondées.

« On ne sait rien », a juré Ronen.

Elle s'est laissée tomber sur une chaise libre entre nous trois et nous a décoché une œillade assassine, histoire de nous faire craquer.

« Gare à toi si tu parles ! » l'ai-je menacée.

Elle m'a gratifié de son plus charmant sourire.

« Évidemment ! »

Dix minutes plus tard, Bar expédiait ses devinettes numérologique : Rosh Ha'Ayin = la déchéance de Time's Arrow, ou encore : Rosh Ha'Ayin = l'avenir international de Time's Arrow dépend de nous.

Jimmy avait raison. Je me laissais aller. Un nouvel argumentaire commercial, le énième compte-rendu d'une réunion, un voyage d'affaires de quarante-huit heures en Europe incluant une séance de travail non-stop dans l'avion, voler, atterrir, sauter dans un taxi, la même chambre d'hôtel, la même salle de conférences, le même dîner, le même film porno, le même petit-déjeuner, tout cela m'assommait. Depuis l'introduction de l'euro, je ne faisais plus la différence entre les pays : on y parlait anglais avec un accent identique. Après des nuits sans sommeil, j'avais le plus grand mal à disperser le brouillard qui m'embrumait l'esprit et à me concentrer. Mes journées de travail étaient aussi longues, mais beaucoup moins productives. Je paressais dans le coin fumeurs, somnolais sur le canapé, naviguais sur Ynet, les sites pornos, un jeu vidéo où je zigouillais des dealers danois. Je passais un tiers de la journée à préparer du café à la machine expressos en m'empiffrant de bretzels et de biscuits, et en bavardant avec n'importe qui. Je ne m'intéressais plus trop à la société autrichienne de télécommunications désirant améliorer les performances de son service de renseignements téléphoniques, ni à la manière d'économiser une seconde et demie en appelant l'Espagne, et pas davantage aux solutions en temps réel, à l'optimisation du serveur, aux champs, registres et autres fichiers plats des bases de données, aux algorithmes pour la simulation des variables aléatoires, aux logiciels de reconnaissance vocale, aux réseaux, à l'interfaçage, à la plate-forme de traitement de la voix, aux applications révolutionnaires, et bla-bla-bla. Time's Arrow poursuivait sa course vers le futur sans moi.

Nous avons emménagé dans un immeuble moderne au milieu de la zone industrielle de Rosh Ha'Ayin, une petite ville très moche à vingt kilomètres à l'est de Tel-Aviv. Douchi et moi avons acheté une Peugeot 206 pourrie pour vingt mille shekels. Douchi roulait toujours avec la Polo de Time's Arrow et moi dans la Peugeot, même si elle travaillait à Ramat Gan, et moi à Rosh Ha'Ayin. Ma petite amie plaidait un procès lucratif alors que j'étais un commercial raté dans une start-up minable. Tous les matins, je prenais le volant (en sens inverse des bouchons ! jubilait Jimmy, qui avait presque réussi à nous convaincre de la chance que nous avions de ne plus travailler au centre-ville) pour me rendre à nos bureaux au deuxième étage d'un immeuble – qui en comportait trois –, occupé par des start-up peu ou prou en difficultés financières.

Le déjeuner consistait à présent en houmous, légumes farcis ou pâtes « à la mode de Rosh Ha'Ayin », lesquelles, au dire de Talia Tene, deviendraient bientôt célèbres dans tout le pays. Nous avions troqué l'expresso bar et les sushis contre le riz, les haricots ou les sandwiches sur le pouce de Shabazi et Samson Absolino, les collines arides de Samarie avaient remplacé la Méditerranée, les barbelés et la surveillance quasi militaire de la zone industrielle avaient succédé aux vigiles à l'entrée du Dizengoff Center, de même que les appels du muezzin, à la tombée du soir, et des rafales provenant des territoires s'étaient substitués au brouhaha de la grande cité. Une malheureuse table de billard tenait lieu de cafétéria et notre cuisine design dernier cri était devenue un réduit fonctionnel pourvu d'un micro-ondes, un frigo et une bouilloire.

Désormais, nous mangions de simples biscuits et non plus les brownies bios de la boulangerie ; le verre fumé des portes s'était changé en contreplaqué et l'acier argenté des portes en vulgaire formica. La couleur s'était retirée des murs comme des visages. Ronen et quelques autres étaient partis. Huit personnes avaient été licenciées, y compris Shoko de l'assistance et Noga du marketing.

Un jour, j'étais tombé sur le père de Guiora au chevet de Shouli. Qu'est-ce que son fils fabriquait à Tel-Aviv le jour de sa mort, à mon avis ? m'avait-il demandé derechef. Le Palm Pilot qui m'aurait permis de percer le mystère avait été détruit au Café Europa. Puisque l'appareil n'existait plus, Guiora n'existait pas non plus, il n'y avait rien à faire, ai-je raisonné. Je me trompais.

En branchant mon ordinateur à Rosh Ha'Ayin, j'ai découvert un problème de connexion avec Outlook. J'ai donc réinstallé le programme et, quand il m'a demandé de choisir entre deux noms d'utilisateur – Croc ou Guetta –, j'ai eu une soudaine illumination.

Le jour suivant le premier attentat, avant de partir pour Jérusalem, j'avais transféré toutes les données du Palm de Guiora sur mon ordinateur, dont les entrailles en aluminium et silicone conservaient chaque détail de son existence.

Croc ou Guetta ?

Assis devant l'écran, la main sur la souris, je réfléchissais aux options qui s'offraient à moi. Opter pour mon nom et mener ma petite vie peinarde, ou pour celui de Guetta, l'inconnu aux cheveux couleur de miel et aux lunettes d'aviateur qui, en échangeant quelques mots avec moi, m'avait propulsé à Jérusalem, à Sha'ar HaGai, au Café Europa, à son enterrement et au chevet d'une jeune fille dont j'étais presque tombé amoureux. C'était sûrement le signe que Shouli allait sortir du coma, ai-je pensé. En tout cas, hasard ou coïncidence, je devais trouver une réponse à lui offrir à son réveil. Pour cela, et aussi par curiosité, voyeurisme, esprit d'aventure et autres raisons occultant le fait que cela n'avait plus grande importance, j'ai sélectionné Guetta. Un simple clic et voilà !

30

OMAR SHARIF venait de Beit al-Fauqa, près de Naplouse. Il avait dix-neuf ans, de longs cils et des cheveux noirs et brillants avec une grande mèche sur le front à la Tom Cruise. Il s'était porté volontaire et avait beaucoup impressionné Bilahl. Le couvre-feu était encore en vigueur le jour où il était venu nous voir. Il regardait à travers les barreaux de la fenêtre, je me souviens. « Vous avez vu ? » s'était-il exclamé en désignant un soldat israélien en train de caresser un chien dans la rue.

Bilahl l'a recruté avec quelques autres. Il est parti à Qibya et Rantis, deux villages proches de l'aéroport Ben Gourion, pour rencontrer des gens disposés à donner un coup de main. Il s'est rendu ensuite à Gaza. À son retour, il parlait d'une attaque combinée : une unité, venue à pied de Qibya ou de Rantis, lancerait des missiles Qassam sur les hangars et les avions ; une deuxième pénétrerait avec une voiture piégée dans le nouveau terminal en construction mal gardé (Bilahl possédait des photographies aériennes récentes) ; une troisième, composée de deux *istichadin*, arriverait dans deux autobus différents – l'un de Jérusalem, l'autre de la jonction de Raanana. La logistique impressionnante impliquait beaucoup de monde et comportait d'énormes risques. C'est facile après coup de pointer du doigt l'erreur de Bilahl, mais elle était compréhensible. Pour réaliser une opération de cette envergure, il fallait établir une hiérarchie de l'autorité et de la responsabilité à tous les niveaux. Omar lui ayant fait bonne impression et s'étant engagé à recruter des hommes, Bilahl lui avait communiqué son numéro de téléphone.

« … *l'un va croupir en prison pendant au moins quatre cents ans ! Et l'autre gît sur ce lit comme un concombre !*

– *Arrête, papa, nous ne sommes pas là pour nous plaindre.* »

Pourquoi n'es-tu pas venue seule, Lulu ? Tu aurais dû le laisser à la maison avec ses jérémiades…

« *Ne criez pas comme ça devant lui, monsieur, s'il vous plaît. Et tâchez de voir le côté positif des choses.*

– *Elle a dit quoi, l'infirmière, Lulu ?*

– *Elle a dit de voir le côté positif des choses.*

– *Mon fils est un assassin et tu veux que je voie le côté positif des choses ? Il va me tuer, j'aurai un infarctus, c'est sûr. J'avais deux enfants, il était le plus gentil. Il m'avait promis d'aller à…*

– *Il va le faire, papa, tu verras. Maintenant, on écoute un peu de musique, tu veux… ?* »

Oui, Lulu, *Amarein*. Les deux lunes…

Danny Ronen annonçait sur la deuxième chaîne que les services de sécurité étaient en alerte après avoir reçu des informations selon lesquelles un attentat de grande ampleur se préparait dans le centre du pays. Bilahl était sur les nerfs, persuadé qu'il y avait une fuite. Nous avions suspendu tout contact et orchestré une désinformation. L'arrestation d'Omar Sharif n'avait rien à voir avec l'attentat. Il y avait eu un contrôle de routine dans son village – on avait rassemblé tous les hommes, les mains menottées et les yeux bandés. Omar se trouvait parmi les détenus sans raison particulière. Peut-être à cause de ses beaux yeux, ou parce que sa visite à Al-Amari avait été consignée quelque part, qui sait ? Ils avaient les moyens de recueillir de telles informations. Et des méthodes pour localiser un téléphone mobile. Ils ont trouvé le numéro de Bilahl dans la messagerie du portable d'Omar, ils l'ont appelé et ont repéré l'antenne-relais émettant le signal. Aussitôt après, des dizaines de soldats arrivés dans des Jeeps et des blindés ont passé la zone au peigne fin, retournant chaque pierre, visitant chaque maison. Une heure plus tard, les soldats avaient disparu comme ils étaient venus, les habitants étaient rentrés chez eux et la vie avait repris son cours, sauf pour Bilahl Naji al-Sabich. On l'avait découvert recroquevillé sur un matelas, dans un coin de la terrasse de son appartement.

« Qu'ai-je fait pour mériter ça ? J'ai élevé un monstre...

– Ça suffit, papa ! Tu as promis. Ça ne t'avancera à rien de te lamenter. Laisse-le écouter la musique. Il aime ça, je sais. »

C'est vrai, Lulu, j'adore...

Murair n'avait pas beaucoup changé depuis que j'étais petit. On ne construisait plus par manque d'argent. Le sol était de plus en plus aride, on ne trouvait pas de travail sur place et, en raison des distances, en chercher ailleurs était irréalisable dans les conditions actuelles. Les cultivateurs se raréfiaient à cause de la pénurie d'eau et la limitation des déplacements. Ceux qui en avaient la possibilité partaient vivre en ville, comme moi. Les autres rongeaient leur frein. Ce village figé en dehors du temps était une sorte de musée de mon enfance, un voyage dans le passé. Lulu était comme un miroir de moi-même. Ses nouvelles expériences – la cachette qu'elle avait découverte à l'autre bout du village, son besoin de solitude pour ruminer ses pensées là-haut sur les collines –, je les avais pareillement vécues autrefois. Après avoir bu du thé avec papa et tante Lili, Lulu et moi sommes partis nous promener. J'ai salué des connaissances qui avaient pris un coup de vieux depuis ma dernière visite. Nous sommes allés au cimetière nous recueillir sur la tombe de maman – des cactus et des plantes aux feuilles triangulaires et charnues, où j'aimais jadis graver l'empreinte de mes ongles, tapissaient le sol caillouteux et sablonneux.

Après des semaines passées à planifier des attentats ou regarder la télé, c'était agréable de réintégrer la normalité. Même si la vie n'était guère normale en Palestine, il restait quelques niches où la vie privée était moins distordue par les événements, où la famille, les amis, le travail et l'école signifiaient encore quelque chose. Lulu m'a parlé de ses camarades habitant dans le voisinage, de ses vagabondages dans les grottes toutes proches, d'un garçon de Duma qui l'emmenait galoper à cheval dans les collines.

« Quel âge a-t-il ?

– Seize ans. »

J'ai essayé de la regarder à travers les yeux d'un adolescent de seize ans, mais je n'ai vu que ma petite sœur avec sa longue chevelure noire et son sourire de fillette.

« Lulu, je ne pense pas que ce soit une bonne idée de te balader à cheval avec un type de seize ans. »

Elle a pouffé de rire.

« Ne t'inquiète pas. Il ne se passe rien. Mes amies le font aussi. »

Venant d'elle, la phrase me semblait curieuse.

« *Il ne se passe rien* ? Comment sais-tu qu'il peut se passer quelque chose ?

– Tu crois que j'ai encore dix ans, ou quoi ? Les autres ont déjà connu leur premier baiser.

– Quoi ? Lulu, je te défends de traîner avec ce voyou. Il s'appelle comment, au fait ? Je vais aller lui parler, moi !

– Calme-toi, ce n'était pas avec lui.

– Ça veut dire quoi, "ce n'était pas avec lui" ? »

Elle m'a conduit dans son refuge secret.

« Tu devrais t'estimer privilégié, tu sais, je n'ai jamais emmené personne ici. »

Je m'estimais toujours privilégié en sa compagnie, ai-je confirmé, ce qui était la pure vérité. Quand on jouait au professeur et à l'élève, si je me transformais en imam ou en cheval, elle réagissait au quart de tour. Nous étions sur la même longueur d'onde.

« Pourquoi n'avez-vous pas fait vos devoirs, mademoiselle Sabich ? lançai-je tout à trac, au moment où elle parlait à tort et à travers, de ses camarades, par exemple.

– Mais je les ai faits dans toutes les autres matières, monsieur. Euh… Fahmi… ?

– Comment m'avez-vous appelé, soldat ?

– Pardon, je voulais dire mon lieutenant, chef !

– Ça va pour cette fois, soldat.

– Oui, chef ! Merci chef ! »

C'était idiot, mais ça nous amusait beaucoup.

Un jour qu'elle était venue sur la tombe de maman, elle avait éternué et avait eu le fou rire, m'a-t-elle raconté.

Elle était au bord de l'hystérie, on aurait dit un geyser, une mitraillette. Elle avait du mal à respirer. Sa gaieté était contagieuse. Je me suis mis à hennir d'un grand rire libérateur, une explosion d'hilarité incoercible qui nous a secoués de hoquets.

« Maintenant j'ai la preuve que tu es ma sœur ! ai-je affirmé.

– Pourquoi dis-tu ça ?

– Parce que c'est ma cachette à moi.

– La tienne ? Non, c'est la mienne.

– Tu es sûre que je ne te l'ai pas montrée un jour ? »

Elle en était certaine. C'était notre repaire, à Rana et à moi : au bout du village, à mi-pente derrière la grande demeure des Sneina, une petite clairière ponctuée de pierres lisses propices au repos, dans la plus complète solitude. N'appartenant pas à la famille Sneina, il fallait faire un détour de dix minutes par la route pour y accéder, ce qui accentuait l'isolement de l'endroit. Je n'y avais pas mis les pieds depuis des années. En cherchant bien, j'aurais même pu trouver un vieux paquet de préservatifs, seulement la présence de ma sœur m'en empêchait, évidemment. Nous nous sommes assis l'un près de l'autre en silence pendant un long moment. J'entendais la voix de Rana résonner dans ma tête, notre conversation de la matinée, notre dernière rencontre…

Lulu m'a lancé un regard inquisiteur.

« À quoi penses-tu ?

– À rien. Cet endroit me rappelle… Si tu savais depuis combien de temps je ne suis pas venu ici…

– C'était vraiment ta cachette ?

– Mais oui, je t'assure. »

Elle a souri.

« Je suis très contente. C'est un super endroit, pas vrai ?

– Oui. J'aimerais en avoir un pareil où me réfugier, là où je vis maintenant. »

Au retour, nous avons trouvé notre père dans un état proche de la panique. Quelqu'un avait appelé puis raccroché à plusieurs reprises sans rien dire. Mon portable avait sonné lui aussi un certain nombre de fois. Je me suis dépêché de le sortir de mon sac. J'avais effectivement reçu des appels en absence. Les deux premiers sans message. Le troisième m'annonçait brièvement que Bilahl avait été arrêté. « Ils cherchent à joindre tous ses contacts. Éteins ton téléphone et débarrasse-t'en au plus vite. Appelle dans quelques jours si tu peux. Fais gaffe. »

J'ai obéi. Lulu a décelé la peur dans mes yeux. Je l'ai entraînée sur la terrasse en affectant un calme que j'étais loin d'éprouver.

« Tiens, voilà mon portable. Tu iras le cacher dans notre planque sans l'allumer surtout, d'accord ? »

Elle a acquiescé de la tête.

« Que s'est-il passé ? »

Je l'ai dévisagée, ma petite sœur. Je l'aimais si fort.

« Rien », ai-je répondu, ignorant son regard incrédule.

Je devais partir. Combien de temps m'étais-je attardé ici ? Deux heures ? Trois ? Les soldats allaient débarquer au village d'un moment à l'autre. Ayant le téléphone de mon frère en leur possession, ils enverraient logiquement des troupes à Murair. Je ne savais pas où ni comment Bilahl avait été arrêté, s'il était passé aux aveux, s'ils avaient compris qui il était, ce qu'il avait fait, ce qu'il planifiait, qui étaient ses contacts. Il n'y a rien de pire que l'ignorance. Bilahl avait été attrapé, du coup, je me trouvais moi aussi en grand danger. Je devais disparaître. Pour aller où ? Je n'en avais pas la moindre idée.

Lulu ne me quittait pas des yeux. J'ai pris son visage dans mes mains.

« Désolé, il faut que j'y aille. Je pensais rester quelques jours, mais ce n'est pas possible.

– Parce qu'il ne s'est rien passé ?

– Exactement !

– Je peux venir avec toi ? »

J'ai éclaté de rire.

« À ton avis ? »

Elle a haussé les épaules, déçue. Je l'ai embrassée sur les deux joues.

« Je reviendrai très bientôt et, cette fois, je resterai plus longtemps, promis. Sois sage, hein ? Évite le garçon de Duma et son cheval. »

J'ai eu de la chance, ai-je médité en m'éloignant, mon sac sur l'épaule, sans téléphone, déconnecté du monde, sans savoir où aller ni où dormir la nuit suivante. Par quel heureux hasard avais-je décidé d'appeler Lulu précisément ce jour-là ? Quelqu'un là-haut m'avait soufflé l'idée de quitter Al-Amari. Pas de doute, grand-père Fahmi me protégeait. Et il continuerait à le faire. Arrête de voir toujours le verre à moitié plein, frérot, me suis-je dit sur le ton qu'employait mon frère. Secoue-toi et fais gaffe !

31

SHOULI EST MORTE UN MERCREDI, treize semaines après l'attentat. Ce jour-là, je m'étais rendu à Jérusalem pour participer à ma treizième et dernière séance de thérapie de groupe. Les médecins n'étaient guère surpris. D'après eux, les appareils pouvaient stimuler jusqu'à un certain point les fonctions corporelles, mais pas les activités cérébrales.

« Et ceux qui sont plongés dans le coma pendant des années ? ai-je objecté, passablement ébranlé. Ou qui se réveillent dix-sept ans après en réclamant un Pepsi ?

– Ça, c'est une autre histoire », ont-ils rétorqué sans plus d'explication.

Après une nuit blanche, la matinée s'étirait en longueur. Au moment de monter dans le minibus, j'ai été saisi d'une soudaine nausée qui m'a forcé à redescendre pour vomir sur le trottoir. Je me suis effondré sur un banc où j'ai avalé une grande rasade d'eau, du bruit plein la tête. En désespoir de cause, j'ai pris un taxi pour Jérusalem. L'air était lourd, irrespirable. Il n'y avait plus de Twix au distributeur. Au dernier étage, le lit de Shouli avait disparu. J'ai interrogé l'infirmière, guettant une réponse à laquelle je m'attendais depuis des mois. « Shouli ? Je suis désolée. Elle nous a quittés. » Je suis tombé à genoux en pleurant sans pouvoir m'arrêter jusqu'à l'arrivée des médecins. J'ai senti une main sur mon épaule. C'était Alon, le chef cuisinier de l'hôtel King David. Il m'a entraîné dehors. Nous sommes restés assis là un bon moment en silence, humant l'odeur des pins, le regard rivé vers les collines de Jérusalem. Je n'ai pas ouvert la bouche pendant la séance de thérapie, et personne ne m'a rien demandé non plus. Je n'y suis pas retourné le mercredi suivant. J'ai assisté à l'enterrement à Jérusalem, dans le même cimetière où j'avais rencontré Shouli un jour d'orage, trois mois plus tôt. Je me sentais seul comme je ne l'avais jamais été de ma vie. C'était une belle journée de printemps – deux rangées de nouvelles tombes séparaient la sienne de celle de Guetta, évoquant le temps qui passe, le travail de sape discret, inexorable de la mort. J'ai quitté le cimetière avant la fin de la cérémonie – je me suis sauvé, la poitrine oppressée, et j'ai eu du mal à respirer pendant des semaines.

En me regardant dans la glace, un matin, j'ai vu un homme de trente-trois ans et quatre mois, quelques cheveux gris, un petit ventre, ou plutôt l'estomac proéminent, des poils aux oreilles et au nez, les yeux rougis, les paupières lourdes.

« Tu regardes quoi ? a demandé la voix de Douchi dans mon dos. Ce type super sexy ? »

Je me suis placé de façon à la voir dans le miroir. Elle était debout sur le seuil, enveloppée d'un peignoir blanc, les cheveux presque noirs après la douche, l'œil pétillant de malice. Elle m'a enlacé par-derrière.

« Sexy, tu trouves ? »

Elle a posé sa joue veloutée sur mon dos.

« Oui, tu es trop mignon. »

Les sourcils froncés, je me suis regardé de profil dans le miroir. Comme ça, c'était mieux.

« Tu le crois vraiment ?

– Bien sûr. Tu as beau être insupportable, tu es encore le Croc charmant d'avant. Je suis persuadée qu'il reviendra pour de bon. »

Douchi faisait des efforts pour être gentille. Elle était patiente, attentionnée, elle supportait mes nuits blanches, mes sautes d'humeur et mes distractions. Nous ne nous chamaillions presque plus et nos interminables discussions pour un oui ou pour un non avaient cessé. C'était curieux, j'avais l'impression qu'il me manquait quelque chose, comme si elle avait déménagé les meubles, ou modifié la décoration intérieure à mon insu. Une nuit, au lit, je lui en avais demandé la raison.

Elle m'avait jeté un regard pénétrant en éclatant de rire.

« Idiot va ! Tu crois réellement que c'est moi qui ai changé ?

– Parce que ce n'est pas le cas ?

– Non, c'est toi.

– Moi ?

– Oui, toi. Tu ne chipotes plus sur les détails, tu ne te disputes plus pour des futilités comme avant, quand tu étais tout le temps stressé…

– Ça va, j'ai compris. »

Elle s'était rembrunie.

« Maintenant, c'est différent. Tu es devenu plus… dur. Et puis tu es méchant, égoïste, tu ne dors plus, et je n'arrive pas à comprendre comment le tabac peut t'aider. »

Je l'avais dévisagée sans rien dire.

« Bon, d'accord, tu n'es peut-être pas dur. Enfin, un peu, quelquefois », a-t-elle ajouté après réflexion.

Depuis le 11 septembre 2001, le mot « mariage » n'était revenu qu'une seule fois sur le tapis. Voovi, le frère de Douchi, l'avait évoqué lors d'un dîner chez nous. Disons que sa langue avait fourché et que le mot lui avait échappé, tel un oisillon tombé du nid, avant de écraser sur le sol.

J'étais incapable d'abandonner l'enquête sur Guetta. J'ai dit « enquête » même si ce n'était pas le terme adéquat, puisque l'inspecteur Almaz avait décrété que l'affaire était close.

Du coup, j'ai appelé Bar à la rescousse. Son look décontracté était la première chose qui frappait chez lui : il était mince, pas très grand, une vieille casquette de base-ball trop large éternellement vissée sur son crâne rasé. Il avait de petites oreilles, des yeux d'un bleu incroyablement clair et des joues hérissées de barbe, sans doute pour compenser une calvitie naissante. Je ne pouvais pas mieux tomber. Il s'ennuyait au travail et même la numérologie commençait à le lasser. Il avait fait son service militaire dans les Renseignements, j'ignore exactement dans quelle fonction, mais j'avais entièrement confiance en lui. En outre (je l'ai découvert plus tard), c'était un inconditionnel d'Hercule Poirot.

Il a scanné les données transférées depuis le Palm de Guiora Guetta vers son ordinateur. Environ une heure plus tard, j'ai reçu l'e-mail suivant :

- *Le matin de sa mort, Guetta avait un rendez-vous à huit heures. B-MW, Coffee Bean. Rue Yehuda Hamaccabi. Il y a un numéro de téléphone portable.*
- *Le nom de Binyamin Warshawski apparaît en face de ce numéro à la lettre B dans le répertoire de Guetta. Il est donc très probable que le B-MW du rendez-vous s'applique à Warshawski et non à une voiture.*

- *Ce numéro n'est pas en service. La compagnie téléphonique a confirmé qu'il n'y a aucun abonné à ce numéro. Le téléconseiller que j'ai un peu cuisiné a fini par m'avouer en confidence que le client avait résilié son forfait, à peine quelques jours après la date du rendez-vous.*
- *On trouve trois Binyamin Warshawski dans l'annuaire téléphonique. Le premier figure seul, les deux autres en couple, l'un est à Tel Mond, les deux suivants à Tel-Aviv.*
- *Le surnom de Guiora Guetta était « Guigou ».*
- *Deux jours après l'attentat, Guetta devait passer retirer une nouvelle carte de crédit à sa banque, à Jérusalem.*
- *En numérologie, Guiora Guetta de Jérusalem = une affaire obscure et compliquée = un rendez-vous à Tel-Aviv. Je te jure que c'est vrai : la somme des lettres dans les trois phrases est égale à 845.*

Ce gars-là était un génie. Dire qu'il ne lui avait fallu qu'une petite heure de recherche ! Je lui ai fixé rendez-vous au snack d'en bas.

« Pas mal en soixante minutes ! me suis-je écrié sans cacher mon admiration.

– Oui, mais ce n'était pas difficile. Quand on analyse du matériel soft, on trouve très facilement quatre-vingt-dix pour cent de l'information. Pour les dix pour cent restants, c'est une autre paire de manches.

– Du matériel soft ?

– Oui, les données que l'on ne pensait pas accessibles. Des citoyens lambda, comme toi et moi, stockent des informations, des listes, des notes personnelles sans imaginer que quelqu'un puisse y accéder un jour. C'est le contraire du matériel crypté, classifié, de particuliers, ou de sociétés plus vigilantes. »

Nous avons acheté des falafels et des smoothies à la sandwicherie du coin, puis nous nous sommes installés sur des chaises en paille, au beau milieu du trottoir. La rue Hamelacha dans la zone industrielle de Rosh Ha'Ayin n'était pas l'un des endroits les plus reluisants d'Israël.

« Résumons, ai-je dit en survolant l'e-mail que j'avais pris soin d'imprimer. Le type s'appelle Binyamin. Lorsque Shouli a téléphoné, il a répondu en se présentant effectivement sous ce nom-là. Il a coupé dès qu'elle lui a demandé s'il connaissait Guetta.

– Tu te souviens de la date ?

– Oui, quelques jours après l'attentat de Sha'ar HaGai.

– Ça colle. Il a peut-être pris peur après le coup de fil de Shouli, mais ce n'est qu'une hypothèse.

– Quid des autres Binyamin Warshawski ?

– Ce devrait logiquement être l'un de ceux qui résident à Tel-Aviv, mais il pourrait s'agir aussi de celui de Tel Mond, ou d'un Binyamin Warshawski ne figurant pas dans le bottin. Il faudra savoir s'il a vraiment résilié sa ligne. Je vais finir de scanner le Palm Pilot, il y a encore une masse d'infos à glaner là-dedans. »

J'ai mordu dans mon falafel. Pas mauvais. Bar paraissait être à son affaire.

« Bon, alors tu continues et tu m'envoies un message si tu as du nouveau, d'accord ? »

Le printemps, puis l'été avaient commencé à sévir dans le pays. Passer de la voiture au bureau, puis à l'appartement – il y avait la climatisation partout – devenait de plus en plus problématique, surtout que celle de l'auto avait déjà dix ans. Les douches froides tiraient en longueur et nous étions tous accros à la bouteille d'eau, telle une perfusion permanente. Nous avions banni le houmous de nos assiettes. Quant à Croc, l'intérêt s'émoussait. Le téléphone sonnait de loin en loin : un gala de charité par-ci, une soirée d'hommage par-là, le quotidien de Rosh Ha'Ayin (qui avait découvert que je gagnais ma croûte dans leur jolie ville – passionnant, pas vrai ?), une feuille de chou de Jérusalem (comme j'étais natif de cette ville, ils n'allaient pas perdre l'occasion de se faire mousser). Plus rarement, je recevais un appel d'une personne de mon passé, quelqu'un dont j'avais oublié l'existence, une voix qui me ramenait loin en arrière.

C'était juste après la mort de Shouli, lors de ces journées terribles, surréalistes, oppressantes, quand seule mon enquête sur Guetta m'empêchait de craquer. Levé avant l'aube, j'errais dans les rues et les parcs où, assis sur un banc, j'échangeais quelques mots avec des insomniaques comme moi. Ce soir-là, le téléphone a sonné alors que je rentrais à Tel-Aviv dans ma vieille Peugeot, à la fin d'une journée de travail, avec la mer devant moi et le club de tennis de Ramat Hasharon à ma gauche. « Croco ? » a lancé une voix, et, aussitôt, la voiture est devenue une machine à voyager dans le temps, remontant dans le passé, vers l'est, par-delà les collines de Rosh Ha'Ayin, le promontoire surplombant la vallée, jusqu'au village.

J'avais un goût amer dans la bouche, la gorge et les yeux en feu. Gadi. Lieutenant Gadi Gidon, alias Gadgid pour faire court. Depuis quand n'avais-je pas entendu cette voix ?

« Gadi ?

– Lui-même.

– Ça fait si longtemps ! »

La machine à explorer le temps a atterri dans le mirador du village avant de m'éjecter dehors.

Gadgid effectuait une patrouille de routine à la tête de sa section. Une large route, bordée de quelques maisons, menait au sommet de la colline. Le centre du village se trouvait en surplomb, au bout du chemin. Les rues étaient étroites, les maisons serrées les unes contre les autres. Depuis la tour de guet à l'entrée du bourg où j'étais planqué, j'observais mes camarades rapetisser et disparaître derrière la colline. Gadgid en tête – de haute taille, sûr de lui, les cheveux noirs et frisés, un nez impressionnant. J'ai balayé du regard le paysage hivernal, aride. Après quoi, je me suis adossé au mur et j'ai bu un peu d'eau de ma bouteille. 1988 : couvre-feu, Intifada, matin, silence.

Nous nous sommes rencontrés au bar BaraBush.

« Croco ! Dis donc, tu es devenu une vedette, on dirait ! »

Gadgid était aussi grand que dans mon souvenir, mais son nez s'enfonçait dans un visage quelque peu empâté, et ses boucles avaient disparu. Il portait des lunettes.

« Et toi, tu as l'air d'un intello ! »

J'ai commandé mon « Cannibale » et Gadi une bière. Je l'aimais bien parce que, comme moi, il ne prenait pas l'armée trop au sérieux. Nous nous étions liés d'amitié à Balata, en regardant le match Israël-Colombie sur un petit téléviseur noir et blanc branché à un générateur. Valderrama avait balancé un coup de pied qui avait transpercé notre défense, et Yoram Arbel avait lâché son commentaire habituel : « 1-0, une fois de plus, Israël ne participera pas au Mondial. »

Gadgid m'avait fait rire pendant tout le match et il avait commenté : « Ce n'est pas comme ça qu'on construit un mur », dix secondes avant notre chroniqueur national. C'est la pure vérité.

« Tu sais, quand je t'ai entendu dire “Croco”, je me suis vraiment cru là-bas. Comme si je sentais de nouveau la terre, les odeurs… »

Il a souri.

« Le gaz lacrymogène, hein ? Ce salaud aurait eu son compte, même sans toi. »

Assis par terre, j'ai bu de l'eau et je me suis assoupi. Ensuite, je ne me rappelle… je ne sais plus… des cris ? Mes fesses me cuisaient. Le crépitement des flammes. Une pierre lancée près de moi. Un tir. J'ai de vagues souvenirs. Les soldats ont disparu au sommet de la colline. Et puis… En baissant les yeux, j'ai remarqué que la tour était en feu. Quelques mètres plus bas, ils étaient là… allez savoir combien, cinq, dix, une douzaine ? Ils m'ont aperçu et m'ont jeté des pierres en beuglant. Je me suis baissé. Je percevais les flammes, les hurlements, les cailloux. Une horrible odeur de plastique et de bois brûlés envahissait l'air. Quand j'ai de nouveau risqué un œil en contrebas, une pierre m'a frôlé la tête. Ils se sont mis à escalader la paroi. C'était absolument terrifiant. Je me suis précipité vers la radio et j'ai appelé Gadgid en clair, sans code ni rien. « Gadgid, viens vite me tirer de là ! » ai-je hurlé. « On a vu, on arrive ! » a-t-il répondu. Je me suis réfugié dans un coin, le visage enfoui dans mes mains. J'ai respiré à fond en me répétant non, non, non, je ne veux pas, et puis il y a eu un tir, un deuxième, un autre encore, des cris, des coups… Et moi, terré dans un coin, la tête cachée entre les genoux.

Je buvais un cocktail vodka et fruit de la passion, tâchant d'attraper les pépins avec la langue tout en louchant sur les gros seins d'une fille de l'autre côté du bar. Gadgid faisait des ronds de fumée.

« Dis-moi, pourquoi les as-tu laissé brûler la tour comme ça ? a-t-il questionné.

– Je n'en ai aucune idée. »

Quinze ans plus tard, je n'en savais toujours rien ni ne le saurais jamais. Sauf une chose : ce jour-là, mon ami Danny Lam patrouillait en Jeep dans la section centrale de la zone de sécurité, au Liban. À onze heures du matin, alors que je m'attendais au pire dans la tour en flammes, il avait pilé net devant une flaque d'eau apparemment plus profonde que ce qu'il croyait. Je me suis repassé la scène des dizaines de fois : moi, seul dans le mirador en feu d'un village de Cisjordanie. Danny Lam et ses camarades à bord d'une Jeep au Liban au bord d'un trou d'eau. Et là-haut, Dieu s'apprêtant à presser un bouton au petit bonheur la chance.

« Tu nous as foutu un sacré bordel, ce jour-là, Croco ! Il a fallu un régiment pour rétablir l'ordre.

– Oui, j'avais presque oublié. C'est de ta faute ! Tu surgis brusquement du passé, on ne sait d'où ! »

Il était tard, Gadgid avait beaucoup bu, il m'a raconté ses exploits à l'armée, sa vie dans le civil, son mariage, ses brillantes études de chimie au Technion de Haïfa, son divorce, son travail à l'Institut Weizmann à Rehovot en compagnie de jeunes et belles collègues âgées d'une vingtaine d'années, venues de l'ex-Union soviétique.

Nous nous sommes séparés et je suis remonté en voiture. J'ai repris la route, mais je ne suis pas rentré à la maison. Je réfléchissais. J'avançais lentement, sans but, vers la mer, traversant des places et des carrefours, perdu dans mes souvenirs. J'ai roulé longtemps en pensant à ce que j'avais fait ou pas fait, essayant de mettre dans la balance Douchi, le boulot, la maison… Aurais-je pu agir autrement ? Prévoir que Gadgid téléphonerait à l'improviste ?

32

J'AI TROUVÉ DAYEK après une heure de marche environ. Planté au milieu du chemin, il me regardait de ses grands yeux bruns sous ses longs cils. Il avait le poil gris et soyeux, et était si maigre qu'on voyait ses côtes. Quand nous étions petits, nous avions un âne avec lequel j'avais exploré les sentiers des environs de Murair – je les connaissais comme ma poche ; à part quelques monticules de terre, rien n'avait changé depuis les prophètes. En tout cas, je savais ce que voulait dire enfourcher un âne – le dos en compote et les jambes endolories au point qu'il fallait de temps en temps monter en amazone pour les soulager. Je me rappelais les impressions du jeune garçon découvrant le monde en dehors de son village avec le seul moyen de transport à sa disposition. Dans mon enfance, on voyait déjà quelques vélos, aujourd'hui ils étaient plus nombreux, mais posséder un âne était encore un luxe.

J'avais le choix pour quitter Murair : à l'est, à flanc de colline vers la vallée du Jourdain, au nord, le long de la ligne de crête jusqu'à Naplouse, au sud, en direction de Ramallah. Ces chemins m'étaient familiers, pourtant j'hésitais. J'ai finalement opté pour le nord, présumant que si Bilahl avait été arrêté à Ramallah, mieux valait mettre la plus grande distance possible entre nous. L'âne s'est mis docilement en route. Celui de mon enfance s'appelait Nasseh parce qu'il était bien gras. Mais lui avait les pattes grêles et l'échine saillante – mes pauvres fesses en savaient quelque chose. Je l'ai nommé Dayek, « efflanqué ».

À l'épicerie du premier village que nous avons traversé, je me suis procuré de l'eau, des pitas, du fromage et un kilo de carottes pour Dayek, qui les a dévorées à belles dents. J'ignore ce qui m'a pris, puisque les ânes se contentent de foin, d'herbe, voire d'arbustes ou d'écorces. Mais j'avais décidé de le gâter. Dayek et moi avons passé quelques jours ensemble et je crois bien qu'il s'était remplumé à la fin de la semaine. Il était un peu moins maigre, le poil visiblement plus fourni et en meilleur état. J'étais assez fier de moi – au moins, j'avais rendu un âne palestinien heureux.

Dayek avait une dent tordue sur le devant, ce qui lui donnait un certain charme. Quand il montrait les dents, on aurait dit qu'il souriait. Je lui ai rendu son sourire, je l'ai caressé sur le museau, entre les oreilles et les yeux. Nous nous sommes dirigés vers les montages. Des heures durant, nous avons marché, bercés par le chant des cigales, sans croiser personne, hormis quelques oiseaux et deux chèvres égarées. Nous avons fait halte près d'une grotte devant laquelle s'étendait une large surface plane. Comme l'obscurité s'épaississait, j'ai décidé d'y passer la nuit. J'ai sorti l'eau et la nourriture qui me restaient. « Les collines de la Palestine sont les plus belles du monde, ai-je dit à mon âne. Tu devrais t'estimer heureux de vivre ici. » Je lui ai fourré dans la bouche une carotte qu'il a croquée à grand bruit.

Bien que les journées fussent chaudes, il faisait glacial à la tombée du soir dans les collines. Je savais que j'allais geler sans couverture cette nuit-là, mais le trajet à dos d'âne, l'excitation de mes retrouvailles avec ma sœur, l'angoisse de l'avenir, celui de mon frère et du mien, m'avaient littéralement vidé. J'ai sombré dans un sommeil de plomb à même le sol de la grotte pendant plusieurs heures. Le froid m'a réveillé à l'aube, avant l'appel du muezzin du haut de son minaret. Dayek était prêt à repartir. Nous avons fait route vers un village où, à la faveur de l'obscurité, j'ai subtilisé une couverture et une chemise qui séchaient sur une corde à linge, dans une cour. « Au nom de la lutte, je suis sûr que vous comprendrez », ai-je murmuré, les yeux braqués vers la maison. Heureusement, il y avait un petit café qui servait du houmous et du *ful*, des fèves, aux ouvriers avant leur journée de travail. Après un copieux petit-déjeuner, j'ai acheté des pitas et du *labneh* pour la route, et je me suis approvisionné en eau et en nourriture pour Dayek, à l'épicerie.

Nous avons cheminé ainsi à travers villages et collines tout en bavardant, ne nous arrêtant que pour nous restaurer sur le pouce. Au milieu de la journée, j'ai entendu le deuxième appel du muezzin, à croire qu'il m'était personnellement adressé : « Venez à la prière, venez à la félicité, Allah est grand. » Je me suis rendu à la mosquée. À la fin du service, j'ai prié pour Bilahl et Lulu. J'avais beau ne pas être croyant, contrairement à mon frère, j'aimais l'atmosphère qui régnait à la mosquée.

La seconde nuit a été plus longue et confortable grâce à la couverture. J'ai déniché une vieille bouilloire, j'ai fait du feu et me suis préparé une tisane avec de la sauge et quelques plantes cueillies dans les collines alentour. Je me prenais pour Izz al-Din al-Qassam. En effet, même si j'allumais le feu avec mon briquet et non pas avec des brindilles ou un silex, et même si je me procurais de quoi manger dans les villages environnants, le sentiment de solitude et la puissance de la nature se renforçaient jour après jour ; surtout la nuit, à la belle étoile, avec un âne et un croissant de lune pour seule compagnie.

Et je me rongeais les sangs à propos de Bilahl. Le lendemain matin, j'ai rencontré un berger ; il ne possédait pas de téléphone, mais il m'a dirigé vers l'épicerie du village voisin. J'ai appelé la cousine de Halil. C'était la première idée qui m'était venue à l'esprit. Elle a été surprise de m'entendre. Après avoir demandé de mes nouvelles, elle m'a ordonné le silence, parce qu'elle avait peur. Elle m'a proposé de me rappeler une heure plus tard. Je lui ai donné le numéro de l'épicerie, non sans avoir promis au propriétaire de le rémunérer pour le prix du service rendu.

J'en ai profité pour manger un morceau. Je n'ai pas demandé où je me trouvais, c'était inutile. J'avais une barbe de plusieurs jours et les cheveux en bataille. Tôt, ce matin-là, j'avais fauché un T-shirt et des sous-vêtements sur une corde à linge. J'avais aussi trouvé sur un vieux tracteur une casquette filet verte munie d'une attache réglable en plastique et d'une visière en mousse. Je l'avais immédiatement adoptée. Dieu sait si j'en avais besoin, car le soleil tapait dur là-haut, dans les collines.

Une heure plus tard, la cousine de Halil m'a rappelé comme convenu. Elle m'a raconté tout ce qu'elle savait. Ils avaient arrêté Omar Sharif, lequel possédait le numéro de Bilahl. Mon frère avait été appréhendé le jour même. Elle ne savait rien de plus et ignorait où on l'avait emmené. Je lui ai expliqué où était située l'épicerie, ajoutant que je devais me cacher et éviter les endroits prévisibles – Al-Amari, Murair, les amis, la famille. « Comme un cowboy ! s'est-elle esclaffée.

Laisse-moi voir si je peux trouver une solution. Je te rappelle demain à la même heure. »

Oh, tes doigts, Svetlana… je les sens sur mon dos, dans mes muscles… hum… Où en étais-je ? Ah oui, les collines !

On m'a trouvé un logement à Kafr Qasim, chez des Palestiniens possédant la carte bleue israélienne – une chambre dans une maison appartenant à un partisan du mouvement de Gaza. Il la louait à une famille du village, des gens tout à fait ordinaires qui ne connaissaient même pas le propriétaire – il habitait à Gaza –, et qui louaient l'une des chambres pour arrondir les fins de mois. Je pouvais y rester un petit moment, le temps qu'on y voie plus clair et que les choses se tassent un peu.

« Combien de temps ?

– Le temps qu'il faudra.

– Quel genre de famille est-ce ? Ils sont israéliens ? Je serai obligé de vivre avec eux ? De prendre mes repas avec eux ?

– Je n'ai pas plus d'information à ce sujet, mais tu n'as pas le choix, sauf si tu préfères continuer à traîner dans les collines de Naplouse avec ton âne. »

Je me suis accordé un temps de réflexion.

« Qu'est-ce que je vais leur dire ? Je suis censé venir d'où ?

– Tu crois être une exception ? Tu ne penses pas qu'on reconnaîtra ta façon de t'habiller, ton accent ? Il y a plein de Cisjordaniens qui vivent dans les villages israéliens.

– Et je m'y rends comment ? »

Elle commençait à s'impatienter.

« Par tes propres moyens, c'est plus sûr. Tu aviseras sur place. »

Elle m'a donné l'adresse.

« Et pour le travail ?

– On verra… je vais m'informer. Cherche de ton côté. La chambre est gratuite, c'est déjà ça, hein, Fahmi ?

– Oui, tu as raison. »

Le vrai voyage a commencé. Une semaine sur les routes, sans carte. Je naviguais à vue, en suivant les indications fournies au hasard des rencontres ou des villages que je traversais. Ma barbe avait poussé, j'avais maigri et pris du muscle après une semaine de chevauchée.

Je n'ai pas croisé un seul soldat. Je m'en suis rendu compte le jour où j'en ai aperçu un faisant du stop au bord de la route. J'ai pris brusquement conscience de ma chance. Je m'étais habitué à manger peu. Le matin, j'achetais quelques pitas, du fromage frais, de l'huile d'olive, du za'atar et un sac de carottes – j'en croquais deux ou trois et offrais le reste à Dayek tout au long de la journée. Si nous longions un tas de foin ou un champ, je m'arrêtais pour mettre pied à terre. Je le laissais manger tout son soûl à grands coups de mâchoires.

Nous avons trottiné à travers les collines, les vallées, les oliveraies en terrasses. Je faisais mes prières matin et soir. Quand j'entendais le muezzin et que l'heure me convenait, j'allais prier à la mosquée. Je me débarbouillais au robinet, si j'en trouvais un. Nous avons parcouru des chaussées fraîchement goudronnées, menant à des colonies accrochées aux collines, leurs toits de tuiles rouges étincelant au milieu des pelouses vertes, et aussi des chemins de terre ou asphaltés, débouchant sur les versants couverts d'édifices construits au petit bonheur, le minaret d'une mosquée dominant un champ où broutait une vache isolée. Nous avons passé une nuit près de Asira al-Qibliya et la suivante dans une vallée aride, sans croiser âme qui vive. Je me suis emparé d'une autre couverture et d'un pantalon qui séchaient dehors, non loin de Deir Istya. J'aurais bien voulu voler quelque chose dans les colonies que je dépassais – Itamar, Yitzhar, la zone industrielle de Barkan –, mais je n'osais m'approcher et prendre le risque de me faire canarder par un colon.

Je passais mes journées à ruminer. La conversation avec Dayek était limitée et je n'avais rien d'autre à faire que parer au quotidien – manger, m'orienter, dormir. J'étais perclus de courbatures. Je m'imaginais buvant du thé autour du feu en compagnie de ma mère, heureuse de me voir occupé à autre chose qu'à fabriquer des bombes. Je m'en voulais d'avoir quitté le village comme un voleur – j'avais passé deux petites heures à peine avec Lulu sans pratiquement avoir adressé la parole à mon père. Je n'avais même pas vu Rana. J'aurais dû prendre le temps d'aller l'embrasser, lui expliquer pourquoi j'étais obligé de partir si vite. Elle devait être très vexée et se poser un tas de questions. L'occasion se représenterait-elle un jour ? L'idée de loger à Kafr Qasim chez de parfaits inconnus à qui je devrais servir je ne savais quelle fable ne laissait pas de m'inquiéter. Qu'allais-je donc pouvoir inventer ? De quoi allais-je vivre ? Et la question des papiers ? Sans oublier Dayek. Qu'allait-il devenir ?

En descendant avec mon âne des monts de Samarie vers la plaine, j'ai constaté que j'approchais du but. Je croisais davantage de routes et de voitures munies d'une plaque jaune. Les villages se transformaient en petites villes et les cultures devenaient plus intensives. Des bosquets de hauts eucalyptus remplaçaient les oliviers et les fourrés. Redoublant de précautions, j'empruntais des chemins de traverse, franchissais des vallées isolées, m'enquérant auprès de bergers ou d'ouvriers de la direction des villages arabes. Depuis Deir Istya, nous avons gagné Karawat Bani Hasan, puis Biddya, Mascha et, de là, Az-Zawiya. Arrivés en fin de matinée, nous

nous y avons passé l'après-midi. Devant traverser la ville juive de Rosh Ha'Ayin, j'avais décidé de repartir à la nuit tombée. Renseignements pris, il me resterait ensuite deux heures de route jusqu'à Kafr Qasim.

En attendant, Dayek et moi nous sommes préparés à notre nouvelle vie. Je l'ai attaché dans un champ à l'entrée du village, au bout d'une longue corde fixée à une clôture, et l'ai laissé se gaver d'herbe et de luzerne tout son soûl. Pendant ce temps, je suis allé me faire raser et couper les cheveux chez le coiffeur local. C'était la première fois depuis une semaine que je me regardais dans un miroir et je n'ai pas pu m'empêcher de rire devant ma barbe et mes cheveux hirsutes, couverts de poussière. En ressortant une heure plus tard, vêtu de la chemise volée dans la matinée à Biddya, j'étais un autre homme. Je me demandais si Dayek me reconnaîtrait ainsi habillé de neuf, avec mon menton glabre aspergé de lotion après-rasage et mes cheveux courts ; mais, dès que j'ai grimpé sur son dos, il n'a pas hésité une seconde. Au crépuscule, nous avons entamé la dernière partie de notre expédition. Deux heures après avoir contourné la zone industrielle de Rosh Ha'Ayin, je me suis retrouvé dans une rue bordée de belles maisons éclairées par des lampadaires – mon nouveau foyer à Kafr Qasim.

33

LA NUIT, LES SOUVENIRS et les hypothèses se bousculaient dans ma tête et, au matin, je passais de longues minutes sous la douche à dissiper le brouillard qui m'obscurcissait l'esprit. J'ai mis du temps avant de comprendre que Bar m'encourageait à poursuivre mon enquête sur Guiora Guetta. Je lui téléphonais en partant au travail, tandis que lui aussi faisait le trajet au même moment et dans le même sens. Parfois, au milieu de la conversation, je l'imaginais en train de mettre les gaz au passage piétons, un autocollant proclamant « Chaque seconde compte ! » apposé au-dessus du réservoir à essence de sa voiture, ou en train de s'engager à toute vitesse sur l'autoroute menant à Rosh Ha'Ayin. Nous discutions avec le kit mains libres à propos de Guetta, Binyamin Warshawski, Dvora sa femme, Tamer Sarsur et son frère Amin. Mais j'anticipe. Au bureau, nous échangions force e-mails : les résultats de nos recherches sur Internet, les rendez-vous pour déjeuner au falafel du coin. J'ai failli tout laisser tomber à la mort de Shouli, et c'est l'énergie de Bar qui m'a donné la force de continuer.

Quand je ne poursuivais pas mes recherches sur Guetta, je jouais sur Internet. Ou bien j'affrontais Ron, qui avait présenté sa démission de Time's Arrow, à des jeux vidéo divers et variés. S'il n'était pas disponible, je jouais seul. Bar et moi avions nos habitudes au bar BaraBush où nous causions encore de Guetta, et de choses et d'autres. Bar menait la belle vie. Il était célibataire et avait un tas d'amis. Au bureau, personne ne remarquait qu'il se la coulait douce, étant donné que Ron, son supérieur hiérarchique, s'en souciait comme d'une guigne. Pour moi, c'était une autre affaire. Douchi pensait que je la trompais, et lorsqu'elle a compris que je passais mon temps avec Bar, elle a cru que j'entretenais une liaison avec lui. (Talia Tenne avait eu les mêmes soupçons.) Par-dessus le marché, je travaillais sous l'autorité directe de Jimmy, le PDG de Time's Arrow.

Je devais effectuer un déplacement en Croatie afin de démarcher la société Connect, laquelle désirait un moteur de recherche instantané pour exploiter sa base de données. Nous étions chargés d'établir un contact entre les techniciens de nos deux sociétés. Jimmy voulait en outre que je leur vende notre système de reconnaissance vocale : « Il s'agit de leur fourguer quelque chose en douce sans qu'ils s'en aperçoivent, Croc, tu piges ? »

Je ne sais pas comment j'ai pu oublier. Peut-être parce que, fait inédit, je devais partir avec Amit de la R & D. Quand je voyageais avec Jimmy, ou seul, il me harcelait tout au long de la semaine précédente. Si c'était avec Yoash Green, nous préparions nos rendez-vous ensemble. Bref, la Croatie m'était complètement sortie de la tête : il s'agissait d'un client lambda, sans intérêt, d'une mission technique en compagnie d'un collègue que je connaissais à peine. Aussi, lorsque Amit est entré dans mon bureau avec sa petite valise à roulettes et m'a demandé si j'étais prêt, j'ai levé le nez de mon écran où se déroulait un vrai carnage : « Pourquoi ? Tu vas où ? » ai-je questionné en le fixant d'un œil rond.

Le lendemain de mes retrouvailles avec Gadgid, après une nuit sans sommeil passée à arpenter les rues, englué dans mes pensées, Jimmy m'a convoqué dans son bureau. Il regardait par la fenêtre, comme s'il pouvait encore voir Tel-Aviv et la Méditerranée, alors que l'horizon se résumait à la zone industrielle de Rosh Ha'Ayin, un champ où un âne squelettique broutait de l'herbe brûlée par le soleil, et les collines arides de Samarie enveloppées de brume grise. « Franklin Roosevelt a dit un jour que l'on peut regagner la terre perdue, mais pas le temps perdu », a-t-il proféré. Bon, encore un discours, ai-je songé. Il a pivoté pour me dévisager. J'ai pris une chaise. « Aujourd'hui, nous attendons beaucoup de la vie. Nous voulons avoir un travail intéressant, gratifiant, bien rémunéré ; développer une relation amoureuse satisfaisante ; être informés, lire des livres, écouter de la musique, aller au cinéma, voir des expositions, faire du sport, regarder un match à la télé, explorer notre spiritualité, notre sexualité, entretenir un large cercle de connaissances, danser, cultiver son jardin, faire la cuisine, garder la forme, fonder une famille. » Il a contourné le bureau, s'est assis en face de moi et, à ma grande surprise, il a pris mes mains dans les siennes. « Effectuer au moins un voyage par an, visiter du pays, garder le contact avec ses amis à chaque époque de la vie, un peu partout dans le monde, et même s'en faire des nouveaux, pas mal comme programme, hein ? Et quand je me demande ce que j'aimerais accomplir dans cet inventaire, la réponse est : tout sans exception. Et toi ? » J'ai acquiescé machinalement. La nuit précédente et le lendemain matin, les images que Gadgid avait ressuscitées m'avaient torturé sans répit. Dieu manipulait les boutons, j'étais dans le mirador, à bord d'une Jeep, Danny Lam roulait dans une flaque d'eau au Liban…

« Avec une liste aussi longue, pas étonnant que tu n'aies plus une minute à toi… » a poursuivi Jimmy Rafael. Oui, Jimmy, en effet. « Tu ne peux pas tout faire, Croc, c'est évident. Je n'ai pas l'intention de me mêler de tes affaires, mais je ne te cacherai pas que la société n'est pas au mieux de sa forme. Dans un mois ou deux – ça reste entre nous, d'accord ? – il y aura une nouvelle vague de licenciements dont tu feras partie. Ta contribution à la société a été très modeste, ces derniers temps, c'est le moins qu'on puisse dire. Nous en avons déjà discuté et je m'attendais à ce que tu te reprennes au bout de trois ou quatre mois. Je ne suis pas du genre patient, mais j'ai fait une exception pour toi. »

J'ai hoché la tête, affreusement gêné.

« Or, tu ne t'en sors pas. Il ne s'agit pas seulement de ton dernier oubli – même si c'est la goutte d'eau qui a fait déborder le vase. Sache que, si je le pouvais, je te virerais sur-le-champ. Mais il y a un os, comme tu sais. Tu es un héros national. Ce serait un mauvais point pour notre société. On nous reprocherait de manquer de cœur en sacquant une victime du terrorisme, le Croc des Attentats en personne. J'ai discuté avec nos actionnaires. La majorité de nos clients sont étrangers et s'en fichent royalement, mais les investisseurs sont israéliens. Bref, ils ont approuvé un budget spécial pour te garder provisoirement. Pas dans les mêmes fonctions. Tu seras transféré dans le secteur assurance qualité. Talia Tenne sera promue au marketing. Guy va remplacer Talia en tant que responsable AQ et toi… »

Deux tirs. Un coup. Je n'avais pas le courage de lever les yeux. Je m'attendais à être touché d'une minute à l'autre. Au

Liban, la Jeep de Danny a roulé dans un trou d'eau et déclenché une bombe placée au bord de la route. Danny est mort sur le coup, de même que le commandant et deux autres soldats qui se trouvaient à bord. Sous le choc, le chauffeur a été éjecté du véhicule et projeté dans un buisson. Il s'en est sorti avec le bassin fracturé. Pendant ce temps, moi, dans la tour, j'ai fini par relever la tête en entendant crier : « Croco ! Croco ! Tu es là ? »

« Croc, tu as entendu ? »

J'ai sursauté. Heureusement qu'un coin de mon cerveau avait enregistré les paroles de Jimmy.

« Oui, oui. Guy va diriger l'assurance qualité et je travaillerai avec lui.

– Exact », a-t-il confirmé avec un regard froid.

Depuis que je n'étais plus son clone, j'avais baissé dans son estime. Autrefois, nous patientions ensemble dans la salle d'embarquement, pendus au téléphone pour caler un maximum de rendez-vous avant le dernier appel aux passagers, jusqu'à ce que nos noms, prononcés avec des accents divers, résonnent dans les haut-parleurs sophistiqués des aéroports européens.

« J'ai compris. Désolé si je t'ai déçu, mais je ne pouvais pas faire autrement. »

Jimmy m'a tendu la main.

« Écoute, quand je t'ai dit que je voulais te licencier…

– Ça va…

– Non, non, tu me connais, mes paroles ont dépassé ma pensée sous le coup de la colère. J'aimerais que tu restes. Et tu pourrais même retrouver ton poste si tu te ressaisissais rapidement, O.K. ? »

J'ai hoché la tête.

« Ah, encore une chose, ton salaire va passer de vingt-cinq à quinze mille par mois. »

Je me suis contenté d'acquiescer et suis sorti sans demander mon reste.

Danny Lam était mort par ma faute. Nous avions fait nos classes ensemble. Par chance, nous avions reçu notre convocation pour le service militaire le même jour. (Moukou, plus jeune, nous avait rejoints trois mois plus tard.) Nous appartenions à la même unité, nous avions été affectés à la même base, la même section – nous étions deux amis d'enfance originaires de Jérusalem. La formation n'avait pas été une partie de plaisir, mais au moins nous pouvions compter l'un sur l'autre. Au terme de cette période, on nous avait proposé de servir dans une unité de reconnaissance. J'avais levé la main, mais pas Danny. Je l'avais convaincu de passer les tests d'aptitude avec moi. Je l'avais même supplié, alléguant qu'en tant qu'ami, il devait me soutenir dans les moments difficiles. Il avait cédé et réussi les épreuves. Contrairement à moi. J'avais été incorporé dans une unité régulière basée en Cisjordanie. Danny avait intégré une unité d'élite et on l'avait expédié au Liban. Il était mort, pas moi. Dieu s'était sans doute trompé de bouton.

C'était aussi à cause de moi que Gadgid avait abattu un jeune Palestinien âgé de dix-sept ans. En voyant le mirador ravagé par les flammes, la patrouille avait rebroussé chemin en hâte. Gadgid avait aperçu des adolescents qui escaladaient la tour, il s'était arrêté et avait tiré. Des balles en caoutchouc. L'une avait brisé le genou d'un adolescent de seize ans qui s'était fracturé la clavicule en tombant, une autre avait atteint l'un de ses camarades au cou. Il l'avait bien mérité, ce petit salaud, avaient commenté mes compagnons. Nous avions passé des heures à tournicoter aux environs de la tour, incapables de prendre du repos à cause de la montée d'adrénaline. À force de ressasser des histoires, nous avions fini par déformer la réalité et forger des légendes, comme celle que Gadgid m'avait rapportée au bar BaraBush. Danny Lam avait été réduit en charpie et, depuis, il était devenu mon ange gardien, qui sait ?

Le lendemain soir, j'étais revenu seul au bar BaraBush. Les murs étaient couleur bordeaux et le comptoir en forme de L (à propos, on y sert d'excellentes ailes de poulet, je vous les recommande). Je m'installais d'ordinaire à l'autre bout. À quoi bon ces détails, me direz-vous ? Pour la bonne raison que le bar n'était pas doté d'un écran plasma branché en permanence sur MTV ou une chaîne dédiée à l'univers de la mode. En cas de nécessité, on installait un petit téléviseur sur le comptoir en coupant le son – les sous-titres suffisaient amplement, d'autant que personne ne voulait arrêter la musique ambiante. Il y a une limite à tout.

Ce soir-là, quelqu'un a annoncé qu'il y avait eu un attentat en ville. Noam le barman a sorti le téléviseur de sous le comptoir où il l'entreposait : un snack de Tel-Aviv avait été la cible d'une attaque. J'étais assis à ma place habituelle. Les deux barmans et quelques clients installés en terrasse, qui avaient cédé à la curiosité, s'agglutinaient autour de la petite télévision. La fumée des cigarettes envahissait la salle, avec les martèlements tonitruants du groupe Underword en arrière-plan sonore, et Danny Ronen jouant des sourcils en silence sur l'écran. Au titre « Attentat dans un restaurant de Tel-Aviv » s'est substitué « Deux morts, huit blessés ». On pouvait presque entendre le soupir de soulagement collectif poussé par des millions de nos concitoyens dans tout le pays, non sans une pointe de déception devant le manque d'envergure de l'événement. « Un attentat foireux ! » ai-je décrété entre mes dents, assez fort pour couvrir la musique. En tant qu'autorité incontestée en la matière – j'étais le Croc des Attentats, pas vrai ? –, mon verdict était sans appel. Les conversations ont repris, la petite télévision a réintégré sa place attitrée sous le bar, et mon téléphone a sonné.

« Tel-Aviv, Croc, Tel-Aviv ! Bien joué ! »

C'était Itzik, le gars des paris.

« Vous partez bientôt quelque part, Croc ? Nous vous serions très reconnaissants de… »

Je lui ai raccroché au nez.

34

JE N'EN MENAIS PAS LARGE en arrivant à Kafr Qasim ; mais, au bout de quelques semaines, je me sentais comme un poisson dans l'eau. Al-Amari n'était plus qu'un lointain souvenir. À croire que Bilahl, Rana, Lulu et mon père jouaient dans un autre film. Ils me manquaient et je m'inquiétais pour eux, bien sûr. Je pensais beaucoup à maman et à grand-père. Quand vous vivez seul, vos proches ne quittent pas vos pensées, seulement on dirait qu'ils appartiennent au passé.

Ma chambre était presque aussi grande que notre appartement dans le camp. Le carrelage était en excellent état, les murs blancs, le lit confortable et beaucoup, beaucoup plus large. Je suis devenu accro à l'eau chaude et au jet puissant de la douche. J'appréciais la vaste cuisine, la bouilloire neuve, le frigo (une étagère était réservée à mon usage exclusif), l'énorme téléviseur dont l'image et le son atteignaient la perfection, la chaîne stéréo qui rendait justice à la voix d'Amr Diab. J'aimais bien la famille. Razal, le père, possédait une pharmacie dans la rue principale du village. Son épouse Wasime enseignait l'anglais à l'école du village. Elle était enceinte. Leur fils aîné, Atta, âgé de six ans, m'a offert un poster de Zidane en apprenant que c'était mon joueur préféré. Un mois plus tard, j'étais si préoccupé par mes problèmes et le travail que je ne prêtais plus la moindre attention au confort et à la gentillesse qui m'entouraient.

J'ai vendu Dayek le lendemain de mon arrivée. La première nuit, je l'ai lâché sur un chantier en construction avec une bonne provision d'herbe et de carottes, et je suis reparti en souhaitant bonne nuit à sa bonne bouille souriante. Le lendemain, je l'ai conduit hors du village. J'ai demandé à des ouvriers rencontrés en chemin s'ils connaissaient un acheteur éventuel. Ils m'ont adressé à leur patron, qui m'a adressé à des amis, lesquels après quelques coups de fil ont fini par me trouver un acquéreur dans un entrepôt voisin. J'en ai obtenu quatre cents shekels en billets tout neufs. Je n'en croyais pas mes yeux : en Cisjordanie, un âne ne valait même pas la moitié de cette somme. J'ai eu un petit pincement de cœur quand j'ai tourné le dos à mon compagnon de voyage et unique ami au cours de cette longue semaine solitaire. Encore une séparation.

Je suis rentré au village en fin d'après-midi – je n'avais pas perdu mon temps, c'était sans doute l'une des journées les plus fructueuses de mon existence.

« Tu sais qu'il y a eu un attentat ? » a lancé Razal en ouvrant la porte.

J'avais l'estomac noué, le visage décomposé par la peur. La cousine de Halil m'avait pourtant affirmé qu'ils ne savaient rien à mon sujet. Il m'a fallu quelques minutes pour comprendre qu'il parlait d'un autre attentat. Ce qui m'a surpris. Il n'y en avait pas eu depuis un bon moment – nous n'avions pas les moyens de l'organiser, ce qui m'avait conforté dans l'idée que personne d'autre n'en était capable.

« Pardon ?

– Un attentat. À Tel-Aviv. »

Le visage de Danny Ronen s'était empâté, peut-être en raison de l'épaisseur de l'écran, ou simplement parce qu'il avait grossi. Il s'agissait d'une attaque à l'arme à feu. Deux morts. Pas sérieux. C'étaient vraiment des clowns, ceux qui s'étaient donné la peine d'accomplir ce trajet pour un résultat aussi médiocre. Dans un restaurant ? Je me suis retenu juste à temps de poser la question.

« Il n'y a que deux morts, a annoncé Wasime.

– Heureusement, a renchéri Razal.

– Il y aura un couvre-feu ? »

Ils m'ont lancé un regard surpris.

« En Cisjordanie, ai-je précisé avec un petit rire nerveux.

– C'est probable », a répondu Razal.

Il n'a rien ajouté. Je leur avais dit que je venais d'Ein Rafa, près d'Abou Gosh, et que j'avais effectué le trajet en car. Se doutaient-ils que je mentais ? Impossible de déguiser mon allure et mon accent, j'étais un piètre acteur. En tout cas, je faisais des efforts et, pour eux, c'était bien sufffisant.

L'émission *L'Arche de Noé* devait être diffusée le lendemain. Il y avait un bout de temps que je ne l'avais pas vue. J'ai demandé la permission d'allumer la télévision. « Oui, à condition de regarder *L'Arche de Noé* avec nous », ont répondu Razal et Wasime en chœur.

Tandis que, assis sur le canapé turquoise, si moelleux qu'il menaçait de nous engloutir tous les trois, nous attendions l'apparition de Tommy Mousari, nous avons eu la surprise d'apprendre que le programme était annulé. À la place, la deuxième chaîne proposait une édition spéciale suite à l'attentat de la nuit précédente, a déclaré le présentateur avec emphase.

« Un programme spécial ? s'est écriée Wasime.

– Un attentat, quel attentat ? a braillé Razal.

– Des coups de feu, ils appellent ça un attentat ? » a ricané Wasime.

Muet d'étonnement, je les ai considérés l'un et l'autre d'un œil ahuri.

L'émission a commencé et, très vite, nous avons eu le fin mot de l'histoire. Max Caspi, l'animateur de *Mad Max*, se trouvait dans le restaurant pendant l'attentat. Il fallait lui donner carte blanche pour qu'il puisse faire son show, n'est-ce pas ? Aussi Max et ses amis ont-ils improvisé un programme au pied levé à la place de *L'Arche de Noé*. On a tout de suite compris pour quelle raison le chahid n'avait tué que deux personnes. La caméra montrait la vitre brisée à travers laquelle il avait tiré. Quel amateur ! Pourquoi n'avait-il pas d'abord abattu le vigile d'une balle de revolver avant d'arroser la salle avec son Uzi ?

Avec ses grosses lunettes et son épaisse tignasse noire – tout le monde savait que c'était une perruque –, Max gesticulait devant la caméra.

« Ce petit salaud est venu de Tulkarem pour nous faire peur ! a-t-il éructé au milieu des applaudissements de l'assistance. Mais il ne nous effraie pas, ni lui ni les autres pourritures en train de préparer leur prochain attentat au fond de leurs trous à Tulkarem, Jénine, Naplouse, Hébron ou Gaza ! »

Coiffé de sa moumoute, Max pointait un doigt vengeur vers ces vermines qui manigançaient un mauvais coup. Terrifiant ! Je me retenais de pouffer. Après quoi, ses amis ont entonné des chansons tristes et la camera a zoomé sur la fenêtre cassée et les bougies posées sur le piano. Je n'en pouvais plus. Et si je faisais du stop pour me rendre à

Tel-Aviv et terminer le travail vite fait ? Je me suis levé pour m'isoler dans ma chambre.

Les premiers temps, j'explorais le village de long en large, remontant la grand-rue jusqu'au terrain de foot afin d'assister aux entraînements et aux matchs du Hapoel Kafr Qasim. Je ne voyais pas beaucoup Razal, Wasime ou Atta. Je préférais manger les provisions, achetées à l'extérieur, dans ma chambre, ou attendre que la famille finisse son repas avant d'investir la cuisine. J'occupais mes loisirs à prier à la mosquée. J'y ai rencontré deux garçons qui m'ont appris les règles du jeu à Kafr Qasim. Selon eux, il existait deux types de Palestiniens au village. Les RI – les résidents illégaux –, des gens ordinaires traqués par la police des frontières (je devais redoubler d'attention aux barrages et lors des perquisitions occasionnelles). Il y avait aussi les « collabos », des dealers et des mafiosi habitant de belles villas et bénéficiant d'une impunité totale. Ceux de Kafr Qasim méprisaient les uns et les autres. Ils n'auraient pas hésité à nous balancer aux autorités israéliennes, sauf qu'ils les aimaient encore moins que nous. Quarante ans auparavant, les Juifs avaient tué cinquante villageois sans que rien ne transpire de ce massacre, m'avaient-ils raconté.

Mes nouveaux amis m'ont présenté Sa'id. Il fréquentait la mosquée matin et soir, dirigeait le centre d'emballage et de conditionnement de la société d'export de fruits et légumes Shimshon. Ses entrepôts recevaient quotidiennement des tonnes de tomates et de pastèques en provenance du Sud, des mangues, bananes et avocats du lac de Tibériade et du plateau du Golan, des agrumes du Sharon, du persil et du basilic de Cisjordanie, etc.

« Nous faisons le tri en fonction des livraisons, nous stockons ce qui doit être stocké, expédions ce qui doit être expédié par avion ou par bateau, a expliqué Sa'id. Le travail est très pénible. En plus, c'est à vous dégoûter à tout jamais des fruits et des légumes.

– Je vais essayer », ai-je déclaré, comme si j'avais le choix.

Les hangars se trouvaient à la périphérie du village, dans les champs qui s'étendaient à l'est, en direction des collines en territoire israélien. J'ai reconnu l'endroit où j'avais vendu Dayek (d'après son nouveau propriétaire, que j'ai fini par rencontrer, mon fidèle compagnon se portait comme un charme). Sa'id n'avait pas menti. Je n'étais pas préparé à des efforts aussi intenses. J'avais déjà expérimenté le travail physique par le passé, mais là, ça n'en finissait pas. C'était un défilé incessant de camions chargés de carottes, concombres, pommes de terre, radis, bananes et tomates. La puanteur était épouvantable, en particulier les tomates. Chez soi, une coupe de fruits dégage une odeur agréable. Là, les effluves qu'exhalaient les fruits et les légumes entassés dans ces vastes entrepôts vous donnaient la nausée. En outre, c'était la saison chaude qui, à Kafr Qasim, n'avait rien à voir avec l'été là-haut, dans les montagnes. La fournaise tournait au cauchemar, dont l'effet était redoublé par les pesantes caisses de fruits qu'il fallait se coltiner. Ma tâche consistait à décharger les camions à l'aide d'un chariot élévateur. La manutention requérait deux ouvriers, l'un pour le camion, l'autre pour le chariot. Nous travaillions de huit heures du matin à cinq heures de l'après-midi, parfois davantage, pratiquement sans interruption.

Je n'étais qu'un tâcheron anonyme dans cette gigantesque fourmilière. Les caristes transféraient les caisses dans les dépôts, une autre équipe transbordait les fruits dans d'énormes conteneurs destinés aux cargos, ou dans de plus petits pour le fret aérien. D'autres encore manœuvraient les chariots dans les chambres froides. Ils tombaient souvent malades à cause des conditions de travail extrêmes, mais ils étaient mieux payés. Mon salaire me suffisait largement. Avec cette somme, j'aurais pu vivre comme un roi à Al-Amari, mais même ici, à Kafr Qasim, j'arrivais à me débrouiller. Même si le travail était très dur, j'y trouvais une motivation pour me lever le matin, jour après jour. J'avais développé mes muscles et je m'étais lié entre autres avec Majed Hashem de Kalkilya, un blond aux yeux clairs doté de bras de gorille acquis après des années de dur labeur à l'entrepôt, et Ibrahim Hasuna, originaire de Bani Naim, près d'Hébron. Ibrahim était petit, fluet, mais robuste. Il avait une moustache et des cheveux noirs, et fredonnait à longueur de journée des chansons de Lior Narkis, complètement imbéciles :

Oh, ma douce, la seule qui me comprenne
Avec toi, je suis le monde entier
Avec toi, je suis l'univers,
Sans toi, je n'existe qu'à moitié…

Majed et Ibrahim n'étaient pas vraiment mes amis intimes. Contrairement aux fidèles de la mosquée, ils n'étaient pas pratiquants et ne connaissaient rien en politique (les filles et le football étaient leurs seuls sujets de conversation). Je ne les fréquentais pas en dehors du travail, mais, grâce à eux, la vie était un peu plus agréable à l'entrepôt. Il faut dire que l'ostracisme des autochtones à notre égard et la peur que nous inspirait la police des frontières resserraient les liens.

Rana, je sens ton parfum… tes doigts sur mon visage.

Dis-moi que c'est toi.

Je suis désolé d'être parti, de n'être jamais revenu. Terriblement désolé. Dis quelque chose, je t'en prie.

« *Pardon, docteur Hartom, j'arrive tout de suite… !* »

Svet ? C'est toi ou Rana ?

Encore ce rêve qui n'en finit pas…

Après avoir atteint son paroxysme, l'été s'achevait ; une légère brise s'était mise à souffler et, brusquement, l'air ne vous enveloppait plus comme une chape de plomb, et devenait plus respirable. La maison, Lulu, Rana, me manquaient, et même le café Ali à Al-Amari. Après deux mois passés à l'entrepôt, je commençais à m'enliser dans la routine. Je m'étais habitué au village, à ses habitants, au travail, je ne voyais jamais de Juifs. Peut-être était-ce la raison pour laquelle tout le monde ici paraissait détendu ? Je ne sais pas combien de temps j'aurais continué de la sorte si mon dos ne m'avait pas lâché.

J'avais bien eu des avertissements, que j'attribuais aux efforts physiques prolongés. Un après-midi, on aurait dit que mon corps s'était grippé. Je ne pouvais plus bouger. Je me suis écroulé sur une chaise. Le simple fait de respirer était un calvaire. Impossible même de répondre au contremaître qui s'enquérait de ce qui m'arrivait. C'était mon dos ? J'ai opiné. Il m'a conseillé de m'allonger par terre, les genoux repliés sur le ventre. Je n'étais ni le premier ni le dernier à qui cela arrivait, a-t-il remarqué. Je suis resté étendu quelques minutes sur le sol froid en buvant à petites gorgées le verre d'eau qu'il m'avait apporté. Je me sentais un peu mieux. J'ai réussi à me relever et à faire quelques pas. Ma respiration était moins laborieuse, et j'allais à peu près bien. Je suis retourné travailler, et j'ai tenu jusqu'à la fin de la journée.

Une douleur intolérable m'a réveillé au milieu de la nuit. Je ne savais pas quoi faire, qui appeler, où aller. Je suis resté immobile sur mon lit à souffrir le martyre jusqu'à l'aube.

35

« TU ES TOMBÉ SUR LA TÊTE OU QUOI, CROC ? »

Douchi n'avait pas l'air dans son état normal – les yeux rougis, échevelée. Je n'étais pas non plus au mieux de ma forme. J'avais bu un verre de trop, peut-être même deux, et j'empestais le tabac.

« Pourquoi dis-tu ça ?

– Il y a eu un attentat, tu es au courant ?

– Ah oui, tu veux parler de cet attentat minable ?

– Deux personnes ont trouvé la mort dans cet attentat *minable*, je te signale. »

Je n'aspirais qu'à me poser quelque part, boire un verre d'eau bien fraîche, me débarrasser de mes vêtements malodorants et froissés, et aller au lit.

« C'est exactement ce que j'ai dit.

– Mais où étais-tu passé ? Il ne t'est pas venu à l'esprit que je m'inquiéterais ? Tu ne rentres pas, tu n'appelles pas. Hier, pareil. Tu as même oublié de me souhaiter bonne chance pour mon procès…

– Oh, désolé, je… »

Douchi a fondu en larmes, les épaules secouées de sanglots, tandis que je restais planté à la regarder.

« Il y a eu un attentat dans un restaurant, des gens sont morts et je… a-t-elle bredouillé entre deux hoquets. Où étais tu à la fin ?

– Au bar BaraBush, où voulais-tu que je sois ?

– Qu'est-ce que tu fichais au bar BaraBush, hein ? Tu y es fourré tous les soirs avec ce type, *Bar*…

– Pas tous les soirs. Et puis je n'étais pas avec Bar, j'étais seul. Hier, si tu veux le savoir, j'y suis allé avec Gadgid, nous avons fait notre service militaire ensemble… Écoute, Douchi, tu n'as pas compris que les attentats ne pouvaient pas m'atteindre ? Je suis immunisé… »

Sa colère s'est teintée de soulagement.

« C'est toi qui ne comprends rien. Tu joues avec le feu, mais un jour le destin finira par te rattraper au tournant. J'étais certaine que tu étais là-bas. Toi qui adores les steaks. »

Tout ira bien, et dans le cas contraire, c'est pareil – enfin, à mon avis. Ça ira mal, et dans le cas contraire, ça ira encore plus mal, dixit Douchi. Voilà la différence entre nous.

« O.K., on va se coucher ? ai-je proposé d'une voix adoucie.

– Non, je suis furieuse. Au fait, c'est qui, ce Gadgid ? On peut savoir ce que tu fabriquais avec lui jusqu'à quatre heures du matin ? Et le reste du temps, tu parles de quoi avec Bar ? Qu'y a-t-il de si… Où vas-tu ? Croc, Croc, non… ! Oh, bravo ! Tu préfères te défiler, hein ? Tu n'as pas le courage d'écouter ce que j'ai à te dire, c'est ça ? »

Je me suis dirigé vers les toilettes.

« J'ai envie de pisser, d'accord ? »

Elle pérorait toujours. Elle ne m'entendait probablement pas. Les avocats n'arrêtent pas de discourir, histoire de ne pas perdre la main, ai-je songé en guise de consolation.

« Blablabla… c'est de ça que tu parles au BaraBush ? Tu n'as plus l'âge de te cuiter dans les bars, non ? Que t'arrive-t-il ?

– Je ne sais pas, ai-je dit en baissant mon pantalon. Je croyais avoir mûri, mais… »

J'étais ivre. J'avais la nausée. Je lui ai annoncé que j'allais dormir. Fâchée ou pas, Douchi n'y pouvait rien. Je me suis déshabillé et j'ai sombré dans un sommeil de plomb. Certains soirs, je tombais comme une masse, terrassé par la fatigue accumulée après plusieurs nuits consécutives d'insomnie. Quand je me suis réveillé, le lendemain matin, Douchi était déjà partie.

Elle a téléphoné dans l'après-midi pour s'excuser. Je lui ai demandé pardon à mon tour. Bibi l'avait invitée à dîner, et elle avait l'intention d'accepter, sauf si je décidais de ne pas sortir ce soir-là.

« N'y va pas, l'ai-je prié en lui promettant de rentrer tôt.

– Tu veux regarder *L'Arche de Noé* avec moi ?

– Évidemment », ai-je répondu en lui envoyant un baiser à travers le combiné.

J'ai quitté le bureau de bonne heure et suis allé au supermarché acheter de quoi préparer un dîner de réconciliation : du vin, des pâtes, des poireaux, du mascarpone (une recette trouvée dans *The Naked Chef* que j'avais envie de tester), les ingrédients pour une salade, un cheese-cake Häagen-Dazs à la fraise, et du chocolat suisse aux pistaches. J'ai fait la queue pour régler mes achats. Après une bonne nuit de sommeil et une journée de travail pas trop stressante, j'étais dans les meilleures dispositions du monde. Sauf que la file d'attente n'avançait pas. La caissière était terriblement lente, et le client qui me précédait changeait sans arrêt d'avis et allait chercher d'autres articles à tout bout de champ. Je bouillais de rage. Soudain, le bruit caractéristique d'une détonation a dominé le vacarme des klaxons et des moteurs.

Almaz m'a raconté la suite. Apparemment, j'ai beuglé « ça suffit ! » comme un forcené. J'étais en nage (mes sous-vêtements en étaient la preuve) et j'avais le regard « atone et vitreux ». J'ai attrapé la bouteille de vin et l'ai balancée par terre, puis j'ai agrippé le type devant moi par la manche et je l'ai secoué comme un prunier en bredouillant des propos incohérents au sujet du dîner et en pleurant comme un veau. Après quoi, je me suis mis à lancer les tomates contre le mur. Elles n'étaient pas mûres et rebondissaient comme des balles de caoutchouc. Selon d'autres témoignages, je me suis précipité dans la rue en bousculant le vigile au passage, sans m'arrêter de pleurer ni de hurler des phrases décousues. Je me suis affalé sur un banc dans un parc en continuant à brailler « ça suffit ! ». Mon téléphone ne cessait de sonner. Je l'ai tiré de ma poche et j'ai encore bêlé « ÇA SUFFIT ! » avant de le jeter par terre ; je l'ai piétiné et fracassé à coups de pierre dans une explosion de plastique et de verre. Tout ça à cause d'un pot d'échappement défectueux !

Par chance, la police m'a conduit au commissariat où se trouvait Almaz. Douchi est venue me chercher. Elle m'a raccompagné à la maison, m'a aidé à me déshabiller et à me doucher. J'étais incapable de parler, même pour lui dire que j'avais eu l'intention de préparer le dîner. Elle s'est occupée de moi avec un sang-froid remarquable, les yeux rougis par les larmes – elle avait encore pleuré, ou était-ce à cause de la nuit dernière ? Je l'ai entendue parler au téléphone avec son frère Voovi – apparemment, leur père s'était séparé de sa troisième femme et réfugié chez son fils.

Nous nous sommes installés devant la télévision. Je croyais me détendre, mais je me trompais. *L'Arche de Noé* avait été annulée et, à la place, on diffusait une émission complètement débile avec ce crétin de Max Caspi au sujet du prétendu attentat de la veille. Pour la bonne raison que Caspi se trouvait dans le restaurant au moment de l'attentat. C'était un habitué des lieux.

« Quel clown ! C'est pathétique. Il a fallu que sa cantine préférée devienne la cible d'un attentat pour qu'il découvre que nous sommes en guerre et qu'il était temps d'en parler à la télé !

– Il y a quand même eu deux morts, a avancé Douchi.

– À Jérusalem, il y en a eu dix-neuf, mais il ne se serait jamais réveillé si on n'avait pas arrosé son steak, hein !

– Ne crie pas.

– Je crierai si je veux ! C'est une honte. Et Afula, Netanya, Hadera, Nahariya, Haïfa alors ? Rien. Jérusalem ? Rien. Tu veux de la glace ? »

J'ai cherché le pot d'Häagen-Dazs, que je n'avais aucune chance de trouver, naturellement. Le congélateur ne contenait qu'une espèce de glaçon grisâtre. Dans la salle de restaurant vide, Max Caspi pérorait toujours sur la nécessité de continuer à vivre normalement pour vaincre le terrorisme.

Je me suis mis à hurler :

« Et merde ! De quelle normalité il parle, cet abruti ? Il y a belle lurette que nous avons perdu ! Il n'y a plus personne là-bas, sauf les vigiles.

– Croc, tu veux bien te calmer ? »

Je me suis rassis sur le canapé. Avec sa perruque branlante, Max Caspi menaçait les terroristes d'un doigt vengeur.

« Ils sont morts de trouille, c'est sûr, ai-je repris. Ils doivent prier pour qu'Allah les protège en se disant qu'ils ont intérêt à s'arrêter vite fait, du moment que Mad Max la menace est là. »

J'ai retrouvé Bar – son éternelle casquette noire posée sur la tête et la paille avec laquelle il sirotait son jus de fruits fichée au coin des lèvres – devant le kiosque à falafel.

« J'ai appelé le Warshawski de Tel Mond, m'a-t-il appris. Il n'a pas mis les pieds à Tel-Aviv depuis trente et un ans et n'a pas l'intention de le faire jusqu'à son dernier jour. Remarque, il peut très bien mentir, qui sait ?

– Et ceux de Tel-Aviv ?

– L'un est un professeur de médecine nucléaire à l'hôpital Ichilov. Il réside avec sa femme à la Tour King David. L'autre, un universitaire à la retraite, habite à Ramat Aviv. Il a publié un livre sur Churchill.

– Churchill ?

– Oui, va savoir pourquoi. Il est veuf et vit seul.

– Quel rapport avec Guetta ?

– Aucune idée. Sauf si Guiora faisait des recherches sur Churchill ou s'intéressait à la médecine nucléaire.

– La médecine nucléaire ? Il était peut-être malade et il ne voulait le dire à personne…

– C'est peu probable. Pourquoi dans ce cas aurait-il fixé un rendez-vous dans un café et pas à l'hôpital ? Pour autant que je sache, personne ne nous a dit qu'il était malade…

– Donc, nous sommes dans une impasse.

– Pas du tout. Tu sais que j'ai parlé avec un ami de Guetta ? Ils ont fait leur service militaire ensemble. Son nom figurait dans son répertoire et j'ai deviné d'instinct que je devais lui parler. Il m'a dit que Guetta était un tueur à Gaza.

– Un tueur ? Comment ça ?

– À l'armée, Croc. Il était dans la police des frontières. On le surnommait *Le Tueur*. Il a gravé deux croix, peut-être trois, sur le canon de son fusil pendant l'Intifada. À propos de la troisième, Guiora et un autre tueur de la même compagnie s'en disputaient la gloire, paraît-il.

– Effectivement, je me rappelle avoir vu des gardes-frontières à son enterrement.

– Haïm et Guetta ont servi deux ans à Gaza où, d'après lui, ils ont vu les pires atrocités.

– Et ça nous mène où ? »

Bar a rabattu sa casquette sur ses yeux pour se protéger du soleil avant de se lever.

« Allez, Croc, accroche-toi. Et rappelle-toi que, pour Poirot, le plus petit détail pouvait être un indice. »

De retour au bureau, Bar m'a envoyé un e-mail : Binyamin Warshawski = le suspect dans l'enquête = le suspect présumé = l'historien suspect.

Mes nouvelles fonctions à Arrow's Time consistaient à tester les performances du système de reconnaissance vocale. Dans les anciens standards, les formules d'accueil et de congé, l'interrogatoire concernant le nom et la ville, la recherche dans l'ordinateur et la lecture du numéro faisaient perdre en moyenne quarante secondes aux opérateurs à chaque appel. Le nouveau procédé économisait du temps en remplaçant les opérateurs au début (formule d'accueil, questionnaire concernant le nom et la ville) et à la fin (lecture du numéro demandé et formule de congé) par un logiciel. Ainsi, la fonction de l'homme se trouvait resserrée d'une vingtaine de secondes.

Time's Arrow devait se démarquer de la plupart de nos concurrents qui proposaient le même produit. Nous avions donc mis au point un logiciel de reconnaissance vocale capable de gérer les appels des clients de A à Z. Or, cette approche était très complexe. Les gens parlent toutes sortes de langues ou de dialectes avec divers accents, ils commettent des fautes de prononciation, sans oublier le bruit de fond. Aussi, dans le but d'adapter le produit à chaque client, « apprenions-nous » au logiciel à reconnaître les langues et les accents particuliers. Mon rôle dans la section assurance qualité était de réaliser une série de tests afin d'évaluer le taux de succès du système de reconnaissance des différents accents et langues. Pour un client français, par exemple, je devais trouver un cobaye francophone avant de tenter l'expérience avec ma propre voix. Il me fallait dénicher ensuite un francophone du Maghreb ou d'Afrique occidentale, etc. Ce n'était pas très difficile. Il suffisait d'effectuer les tests et de remplir quelques formulaires. La société ne marchait pas très fort, dixit Jimmy, de sorte que je n'étais pas vraiment débordé. J'exploitais le logiciel que nous avions développé pour les Belges et réalisais des tests en français et en flamand, ainsi que dans les accents propres à ces langues.

Un jour, la sonnerie du téléphone m'a interrompu pendant que je cherchais sur Internet une carte de l'Afrique pour situer le Congo belge.

« Je pense avoir trouvé quelque chose de très important.

– À qui ai-je l'honneur ? ai-je demandé, l'esprit ailleurs.

– C'est Bar, imbécile. »

Nous nous sommes donné rendez-vous au snack. Bar avait fait une découverte de taille dans le Palm Pilot de Guetta : un fichier crypté dans le dossier « Notes ». Il fallait un mot de passe pour l'ouvrir. *Shouli* avait fonctionné. En voici la teneur :

Tamer Sarsur. Fruits et légumes America. Be'eri. Kinésithérapie. Ne pas confondre avec le frère !

À la fin de la journée, nous avons arpenté la rue Be'eri à pied. À l'angle de la rue Weizmann se trouvait effectivement un marchand de primeurs portant l'enseigne : *Fruits et Légumes America*. Nous sommes entrés et avons acheté des cerises, des tomates, du raisin et une pastèque que le vendeur a coupée en deux à notre demande. Nous l'avons dévisagé attentivement : un Arabe. Quant à savoir ce que cela signifiait, nous n'en avions pas la moindre idée.

Le réfrigérateur débordait de fruits et de légumes. Douchi n'en revenait pas.

« Mais je suis allée au supermarché hier ! » a-t-elle protesté.

J'ai haussé les épaules.

« J'en avais envie, Dooch, ne te fâche pas… »

Nous n'avons jamais pu les finir. Des semaines plus tard, j'ai découvert les cerises et les raisins dans un état de putréfaction avancée au fond du frigo. Quant à ma moitié de pastèque, elle n'a pas survécu à une violente collision avec le macadam.

36

LE DOCTEUR M'A AVERTI que si je ne voulais pas m'esquinter définitivement le dos, je devais arrêter ce travail exténuant. Quatre jours plus tard, je suis allé trouver Sa'id, à l'entrepôt. Il a accepté de m'offrir une rapide formation de cariste, sans me donner l'assurance de me procurer du travail. Et c'est exactement ce qui s'est passé. À l'exception d'une journée où j'avais remplacé un manutentionnaire malade – mon manque d'expérience m'avait terriblement handicapé –, il n'a plus jamais fait appel à moi. Je me suis mis en quête d'un nouvel emploi – j'ai sollicité les fidèles avec qui je priais à la mosquée, mes anciens camarades de travail, et même Razal et Wasime. Un soir, mon ancien collègue Ibrahim m'a téléphoné à la maison.

« Fahmi, je suis à l'hôpital.

– *Ahalan*, Ibrahim, qu'est-ce qui t'arrive ?

– Ma femme a une crise d'appendicite. On va l'opérer. »

Je ne voyais pas où il voulait en venir.

« Oh, c'est pour quand ?

– Demain matin. Écoute, tu pourrais la remplacer jusqu'à ce qu'elle guérisse ? Il s'agit d'une dizaine de jours, deux semaines au maximum. Elle fait des ménages.

– Ah, et où ça ?

– Dans la zone industrielle de Rosh Ha'Ayin. »

Chez les Juifs. Faire le ménage pour les Juifs. Cela ne me tentait pas du tout.

J'entendais déjà Bilahl ricaner. « *Tu vas travailler pour les Juifs ? C'est pour ça que nous avons trimé si dur ? Pour que tu ailles nettoyer leurs bureaux comme un vulgaire larbin ?*

– *Je ne suis le larbin de personne. Je suis plus fort qu'eux. Je me contente de prendre leur argent, c'est tout.*

– *L'argent ! C'est avec ça qu'ils nous tiennent !*

– *C'est facile à dire, mais il faut bien vivre, non ?*

– *C'est la foi qui sauve, étudie l'islam, va à la mosquée et Allah t'aidera. Comment crois-tu que j'ai fait toute ma vie ?*

– *Et où en es-tu aujourd'hui, Bilahl, hein ? Tu es mort ? Est-ce qu'Allah t'aide maintenant, mon frère ?* »

« Fahmi ? Allô ?

– Une seconde… Donne-moi le temps de réfléchir…

– Réfléchir ? Pour quoi faire ? »

Ibrahim avait raison. J'ignorais tout du ménage et je détestais les Juifs, mais c'était quand même mieux que rester à la maison à m'apitoyer sur mon sort. Et j'avais besoin d'argent.

« Il faut soulever des fardeaux lourds ?

– Un balai-éponge, c'est lourd, à ton avis ?

– Et les papiers ? Je n'ai pas de carte d'identité bleue.

– Il n'y a jamais de contrôle. Il faut juste que tu te débrouilles pour rentrer avant vingt heures. Écoute, Fahmi, ma femme n'a pas de carte d'identité elle non plus. Allez, décide-toi, je dois y aller. »

Oh, ton parfum, Rana. C'est toi ? J'adore ton parfum…

« Bonjour, mon chou, comment s'est passé le week-end ? Tu as eu des visites ? »

Svetlana… Je croyais que c'était…

« Oh, tu as vu tes narines ? Elles palpitent ! C'est ce parfum ! Je le savais. J'espère que tu ne m'en veux pas, mais j'ai demandé le nom du sien à ta petite amie. Ça te plaît, pas vrai ? Tu aimes mon parfum, hein ? J'avais envie de te faire plaisir. C'est drôle, mais c'est la première fois que j'attends avec impatience le début de la semaine pour retourner travailler… »

Ma pauvre Svet, tu n'as vraiment personne à qui parler chez toi ?

« Il y avait un article sur toi, Croc et ton frère dans le journal. Je n'arrive pas à croire ce qu'ils racontent. Bof, on s'en fiche. Bon, je vais te retourner, maintenant… »

Le Croc… avec ses yeux rougis et sa voiture verte. Un brave type. Je l'aperçois sur la plage, mais je n'arrive pas à le rejoindre… ou peut-être que je me rapproche ?

« Tu souris à cause du massage, Fahmi ? Ou pour autre chose ? Tu souris, hein ? Tu ne peux pas savoir comme je suis contente… la… la… la… »

À la fin de la première prière, j'ai attendu devant la mosquée l'arrivée d'un minibus, où je suis monté avec des maçons. Le trajet était très court : il n'y avait aucun contrôle aux grilles que nous avons franchies sans encombre. Nous avons roulé dans une rue à sens unique, bordée de bureaux et d'entrepôts. Après le départ des maçons – ils sont descendus devant un immeuble en chantier – je suis resté seul. Le chauffeur m'a demandé si j'étais le remplaçant de Zahara, et il s'est garé à l'entrée de la zone industrielle qui abritait plusieurs restaurants.

« O.K., voilà ton planning, a déclaré mon nouveau patron. D'abord le restaurant. (Il a sorti un trousseau de clés et m'a fait signe de le suivre.) Il ouvre à onze heures. Tu as environ deux à trois heures pour le ménage. (Il m'a indiqué où se trouvaient les produits d'entretien et ce qu'il fallait faire.) Le patron Shimshon Almozlino arrive à onze heures, et donc tu verras avec lui. Après, tu vas là-bas, O.K. ? a-t-il poursuivi en désignant un kiosque à falafel au bout du bâtiment. Là, il faudra te dépêcher, tu n'as qu'une demi-heure. » Bilahl avait raison, ai-je songé. Qu'est-ce que je fabriquais ici ? Je n'allais quand même pas récurer les chiottes des Juifs, sans parler du kiosque à falafel, non ? Quelque chose ne tournait pas rond chez moi. « Après le kiosque, tu pourras prendre une pause, a-t-il poursuivi, mais fais gaffe. (Il m'a désigné un grand immeuble neuf en pierre ocre : le siège d'Orange.) Il y a des vigiles armés dans les bureaux d'Orange, ils ont les Arabes à l'œil. Ils en ont déjà arrêté quelques-uns. (Il m'a lancé un regard inquisiteur.) Et la police des frontières effectue parfois des rondes pour traquer les "sans papiers". Je ne veux pas me mêler de ce qui ne me regarde pas. Pour moi, tu remplaces provisoirement Zahara, un point c'est tout. Mais je te conseille d'être prudent. »

Je n'ai pas réagi. Nous nous sommes dirigés vers un autre bâtiment.

« À quinze heures, tu viens ici. Tu as besoin de ça pour entrer. »

Il m'a donné une carte magnétique. Après avoir échangé quelques mots avec le vigile, nous sommes montés au troisième étage. Une deuxième carte ouvrait la porte d'une société high-tech. Encore un autre immeuble, une autre carte, une autre société high-tech identique à la première. De cinq à sept : deux heures de plus chez les Juifs.

« Tu as l'air un peu K.O., a-t-il remarqué. Tu es sûr d'avoir tout compris ?

– Ça va. J'ai compris.

– Quand tu as fini, tu m'attends en bas à dix-neuf heures trente, O.K. ? Le plus tôt sera le mieux. À partir de vingt heures, le gardien à l'entrée contrôle les cartes d'identité et donc nous devons filer avant, d'accord ? »

J'ai hoché la tête.

« À quelle heure tu dois m'attendre en bas ?

– À dix-neuf heures trente. »

Il m'a scruté avec attention.

« Tu m'as l'air vraiment K.O., petit, a-t-il insisté.

– Non, non, ça va. »

Qu'il me répète encore une fois la même chose, et je l'enterre dans les fondations d'un immeuble en construction au milieu de ses amis juifs.

« Attention aux vigiles d'Orange, a-t-il lancé. Et, quand il fait nuit, n'oublie pas les agents de la société de sécurité de Rosh Ha'Ayin. Et aussi les gardes-frontières. Tu as des questions ? »

Nous étions retournés à l'entrée.

« Et combien je gagne ?

– Deux cents shekels par jour, en espèces. Je te les donne quand je te ramène à Kafr Qasim, le soir. Pas de problèmes. Au fait, moi, c'est Samir. »

Il a pivoté pour déverrouiller son minibus avec la télécommande.

« Bon courage ! »

« Ouf, ils sont partis. La police les a chassés après que ce type a fait intrusion à l'hôpital…

« Bon, c'est fini, je vais te retourner… attention aux tubes… »

Un pour l'urine… L'autre pour l'oxygène…
« *Je reviens dans deux heures, à tout à l'heure, mon chou…* »

Je pensais ne pas résister plus d'une journée, mais j'ai tenu deux semaines, jusqu'au retour de Zahara. Le travail n'était pas trop pénible, car je m'offrais plusieurs pauses au cours de la journée. Au début, mon dos m'a envoyé quelques alertes, après quoi, je n'en ai plus entendu parler. Comme je n'avais aucune dépense, je parvenais à faire des économies : le matin, je me servais un petit-déjeuner dans le frigo du restaurant, même si c'était défendu, et à midi, j'avais droit à un falafel offert par le patron du kiosque. Pendant la pause de midi, je m'accordais généralement une sieste sur le chantier où travaillaient les maçons de Kafr Qasim – des Palestiniens et quelques Roumains. Ils me permettaient d'utiliser une petite pièce au sol en contreplaqué jonché de couvertures.

Le ménage des sociétés high-tech était simplissime : j'aspirais la moquette, nettoyais la kitchenette, lavais quelques assiettes, vidais les poubelles et changeais les sacs. Je terminais en deux heures ce que j'étais censé accomplir en quatre. Les filles étaient jolies, souriantes, et il y avait toujours quelque chose à chaparder à la cuisine. Le soir, je commençais par ranger mon barda avant de me rendre aux toilettes pour me libérer longuement, voluptueusement, d'un étron symbolique, dans les lieux déserts.

Mes journées se déroulaient de nouveau selon un rituel immuable. Le trajet matinal, la sieste, les bureaux high-tech, le balai-éponge, l'aspirateur, mon message d'adieu – la défécation finale. De retour au village à dix-neuf heures trente, j'empochais mes deux cents shekels, et en dépensais vingt pour acheter un chawarma avec un Coca, dans la grand-rue. Il m'arrivait de m'attarder au café avec les maçons, ou de retrouver des amis. La plupart du temps, je rentrais à la maison. Je ne supportais pas les regards méprisants dont les habitants nous gratifiaient, nous, les réfugiés. Comme si ces gros pleins de soupe avec leurs cheveux grisonnants, leurs chapelets, leur backgammon, leur carte d'identité bleue et leur tabac puant nous faisaient une insigne faveur en ne prévenant pas la police des frontières. Qu'ils aillent au diable avec leurs amis israéliens qui les détestaient au moins autant que nous. Ça, mon peuple ? Ah non alors !

Après avoir été l'ennemi public numéro un d'Israël, j'étais devenu le plus humble des domestiques. Quelle déchéance ! Mais je n'ai pas baissé les bras. Histoire de me réconforter, je me disais que je ne travaillais pas pour les Juifs mais pour Samir, et que l'argent des Israéliens allait dans les poches des Palestiniens. Alors pour me convaincre que je n'étais pas un traître, je commettais de menus larcins : je volais de la nourriture et des boissons dans les cuisines, des stylos dans les bureaux. Minuscules compensations. Un jour, j'ai aperçu un ordinateur de poche oublié sur une table, je l'ai pris dans ma main, j'ai pressé les boutons, caressé le plastique orange. En fait, j'ai bien failli le faucher.

Bilahl était toujours présent dans ma tête, se moquant de mon entêtement à toujours voir le verre à moitié plein. J'ai levé le verre en question pour l'examiner. Comment était-il ? À moitié vide ou à moitié plein ? Les deux à la fois, mon frère. Je travaillais pour les Juifs sans jamais oublier qui ils étaient. Je ne détournais pas pudiquement les yeux pour ne pas voir les regards que nous jetaient les gardiens, quand nous parlions arabe entre nous, ou quand nous déjeunions en groupe. Comment Bilahl pouvait-il affirmer que je leur léchais les bottes ou m'accuser de tiédeur envers la cause ? Et lui alors ? Il y avait des gens sympathiques dans les bureaux, mais je m'étais donné pour consigne de ne pas me lier avec eux, de ne jamais dépasser les limites.

Sauf une fois. C'était arrivé pendant que je nettoyais le dernier bureau. Il était tard et la plupart des employés étaient partis. Tout était silencieux, à part le ronronnement des ordinateurs, et la musique provenant de l'une des pièces du fond. J'ai grignoté quelques biscuits et avalé quelques gorgées de café dans la kitchenette, après quoi, j'ai vidé la poubelle et changé le sac. Alors que je ramassais les tasses sales, j'ai avisé le gadget orange. J'ai retiré la housse et tripoté les boutons.

« Vous pouvez l'emporter, si ça vous chante », a dit une voix derrière moi.

Je me suis retourné brusquement, épouvanté.

« Pardon ?

– J'ai dit que vous pouvez l'emporter. »

C'était un jeune Israélien avec un grand nez, de lourdes paupières. Je l'avais déjà croisé une ou deux fois. En l'entendant parler, j'ai fait le lien entre sa voix et son visage, et j'ai alors compris où je l'avais déjà vu. Mon hébreu était rouillé et j'ai dû me triturer la cervelle.

« C'est vrai ?

– Oui, j'ai remarqué que vous le regardiez. Il ne fonctionne pas, mais vous pouvez le prendre, si vous voulez. »

J'ai fixé le petit appareil orange. Le type voulait sûrement m'humilier. Je l'ai fourré dans ma poche sans le quitter des yeux.

« Qu'y a-t-il ? a-t-il ajouté peu après. Excusez-moi, mais je dois retourner travailler. »

Je me suis écarté. Il s'est vautré sur son siège. Je suis resté debout sans le lâcher du regard.

« Qu'y a-t-il ? a-t-il répété. Le Palm est à vous, je vous le donne. »

Je me suis rappelé où je l'avais vu. *L'Arche de Noé.* J'aurais voulu lui poser un tas de questions, mais c'était sûrement un petit prétentieux, comme tous les Israéliens, quoi ! Pas la peine de me fatiguer.

« Rien, merci », ai-je dit en tournant les talons. Je sentais son regard dans mon dos et sur ma nuque. J'ai pensé à lui pendant le trajet du retour et le reste de la soirée. Il avait été invité dans *L'Arche de Noé* quelques mois auparavant. Tommy Mousari avait répété son nom à plusieurs reprises – un nom original, mais impossible de m'en souvenir. Sa partenaire dans l'émission était une soldate, une pauvre gourde. J'ai posé le Palm sur une étagère en essayant de rassembler mes souvenirs. C'était la première fois que je voyais quelqu'un qui avait participé à *L'Arche de Noé.* Sauf que c'était un salaud. Dommage. Mais à quoi pouvait-on s'attendre de la part d'un Juif ?

« Alors, Svetlana ?

– Vous savez, docteur Hartom... il n'y a pas grand-chose à dire. Il y a des semaines qu'il est dans le même état.

– Bien. Nous allons bientôt pouvoir poser un diagnostic...

– Il a quand même une chance de s'en sortir ?

– Il y a toujours une chance...

– Mais quel est le pourcentage de succès ?

– Svetlana, s'il vous plaît... Je compte sur vous pour m'informer de n'importe quel changement, même infime.

– Oui, docteur. »

37

« Elvis vient quel jour ? »

Elvis était notre homme de ménage.

« Mardi, tu as oublié ? a fait Douchi, tu te rappelles ce genre de chose d'habitude…

– Il vient d'où ?

– Je ne sais pas, de la banlieue sud, j'imagine, comme la plupart des travailleurs immigrés.

– Je voulais dire de quel pays ?

– Ah ! Du Ghana, je crois.

– Le Ghana… C'est où en Afrique ?

– Aucune idée, Croc.

– A côté du Congo ?

– Le Congo est au milieu de je ne sais plus où.

– C'était la colonie de quel pays ?

– Je l'ignore. Pourquoi toutes ces questions ? Et quel rapport avec le ménage ?

– Aucun, ai-je répondu distraitement. C'est pour le boulot. Je cherche un francophone ou quelqu'un qui parle flamand avec un accent africain. »

C'était la goutte d'eau qui a fait déborder le vase. Elle était agacée parce que je pensais au travail et pas à la maison. Elle espérait que les choses s'arrangeraient. Mais tel n'avait pas été le cas et, pendant plusieurs mois, nous étions demeurés sur le fil du rasoir… et puis il y avait eu les attentats. Elle avait compris la gravité de ce que j'avais vécu, elle m'avait donné du temps, elle s'était efforcée de m'aider (elle avait vraiment essayé). Elle avait fermé les yeux sur mes déplacements hebdomadaires à Jérusalem, mes insomnies, ma nervosité, mon manque de concentration, ma rétrogradation, la réduction de mon salaire ; elle avait toléré le bar BaraBush, mes longs silences, ma conduite odieuse à son égard, les soirées avec Bar, mon obsession pour cette fille dans le coma à Jérusalem… Elle avait été compréhensive, pensant que ce n'était pas le « vrai Croc ». Elle ne voulait pas me juger. Curieusement, Uri, son psychologue – qui pourtant l'exhortait depuis longtemps à me quitter –, lui avait conseillé la patience.

Ilan, l'animateur de la thérapie de groupe qu'elle avait contacté, lui avait expliqué que j'avais érigé un mur de défense autour de moi et que j'adoptais une attitude de déni. Mes proches – elle surtout – devaient m'entourer d'affection, de compréhension, me prodiguer leurs encouragements. Il fallait recréer, dans la mesure du possible, les conditions de ma vie d'avant. Elle avait vraiment essayé, même si, certains jours, sa patience était à bout et qu'elle en venait à me détester, d'où un sentiment de culpabilité, exacerbé par le travail, dans lequel elle se jetait à corps perdu. Elle se détestait chaque jour davantage. Elle n'avait jamais été si malheureuse, se plaignait-elle. Depuis le 11 septembre, nous n'avions pas une seule fois évoqué le mariage, ni même notre relation.

Elle m'accablait de reproches amers sur mon indifférence.

« Tu ne t'intéresses pas à moi, tu ne me demandes jamais comment je vais, ce que je ressens, tu ne lèves pas le petit doigt à la maison, je suis anéantie, Croc. Je ne pense pas que les choses changeront un jour. »

J'ai ouvert le frigo et brandi la demi-pastèque, telle une preuve irréfutable.

« Et les fruits que j'ai achetés l'autre jour, ça compte pour du beurre ? Tu vois bien que je m'occupe de la maison, hein ? »

La gorge nouée de sanglots, elle a bredouillé quelques mots inaudibles en secouant la tête.

J'ai hurlé.

« Qu'est-ce que tu dis ? Je ne comprends pas. »

De rage, j'ai lancé par la fenêtre ouverte la pastèque qui s'est écrasée sur le sol avec un bruit mou, trois étages plus bas.

« Je suis désolée, Croc, vraiment. Je n'en peux plus, je deviens folle ! »

Elle parlait avec difficulté en aspirant de grandes goulées d'air. Malgré la meilleure volonté du monde, elle ne croyait plus dans l'éventualité d'une évolution de nos rapports. J'étais incapable de vivre à deux en ce moment. Je ne pouvais pas assumer les responsabilités ni les efforts nécessaires à une vie de couple.

« Un choc serait peut-être salutaire, tu sais. La séparation pourrait t'aider à… redevenir toi-même. Dans ce cas… on verra… Entre-temps, je propose qu'on s'accorde un temps de réflexion. »

J'étais très surpris, impressionné. Elle n'avait jamais quitté aucun de ses petits amis, m'avait-elle confié un jour. Elle éprouvait trop de pitié pour s'en aller. Je me suis abstenu de le lui rappeler.

« Il y a quelqu'un d'autre, c'est ça ?

– Bien sûr que non !

– C'est Ilan ?

– Il n'y a personne, Croc, je t'assure. Le problème n'est pas là. Tu n'as pas écouté ce que je viens de dire ? »

Je n'arrivais pas à le croire. *Ilan.*

« Bon Dieu ! Ce gros cochon avec sa coupe mulet ! En plus, il perd ses cheveux. Et il est énorme. Tu me dis toujours qu'avec mon ventre, j'ai l'air enceint de trois mois, mais lui, il en est au moins au sixième ! Et sa barbiche ridicule ! Je croyais que tu ne supportais pas les poils sur le visage. C'est Bibi qui t'a mis cette idée en tête. Quelle garce celle-là, alors !

– Croc, arrête, je t'en prie ! Je n'ai rien à voir avec Ilan ni avec personne. Pourquoi refuses-tu de voir la réalité en face ? »

Elle s'est mise à pleurer de plus belle, tandis que je la regardais sans esquisser un geste. J'étais sûr que mon mépris se voyait comme le nez au milieu de la figure. Cet énorme serpent chauve, avec sa voix doucereuse : ce n'était pas croyable. Comment pouvait-on descendre aussi bas ? J'ai préféré m'abstenir de répondre. Elle a levé les yeux au ciel. Ils étaient gonflés par les larmes.

« Dis quelque chose, s'est-elle énervée. À quoi penses-tu ?

– À quelque chose. À rien. »

Un millier de pensées se bousculaient dans ma tête, mais je me souviens surtout d'un immense soulagement.

Elvis m'a été très utile. Il venait du Nigeria et ne parlait pas le flamand, ni le français, mais il avait un ami congolais, un certain Clinton, lequel parlait les deux langues. Clinton est venu un jour à Time's Arrow et a lu plusieurs heures durant la liste des noms fournie par les Belges. Nous lui avons donné cinq cents shekels en espèces, il était très content et il nous a même déniché un Chinois et une Vietnamienne dans la banlieue sud de Tel-Aviv où il résidait. Il ne me restait plus qu'un accent à tester. Je l'avais gardé pour la fin, pensant qu'il ne serait pas difficile de trouver un locuteur arabe à Kafr Qasim. Peut-être même sur place, dans la zone industrielle de Rosh Ha'Ayin.

« La dernière fois que tu as eu affaire aux Arabes, ça ne s'est pas trop bien passé, a ricané Guy lors de notre réunion hebdomadaire. (Guy était un fervent partisan du Mafdal, le parti national religieux.) Inutile de te rappeler de bien vérifier ses papiers, la carte d'identité et le reste, hein ? »

Douchi a déménagé le lendemain de notre dispute, avec l'aide de Voovi et de son père, qui m'a pris à part pour me dire à quel point il était désolé. Il ne comprenait pas ce qui arrivait à sa fille ces derniers temps. Ilan ne s'est pas montré, heureusement pour lui.

Bar a eu l'idée de transformer l'appartement en quartier général de l'enquête sur Guetta (au bar BaraBush, on devait se demander où nous avions disparu). Nous passions des heures à disséquer les données en notre possession, affalés sur le canapé devant la télé muette dans le fracas assourdissant de la clim.

Turner Sarsur. Fruits et légumes America. Be'eri.
Kinésithérapie. Ne pas confondre avec le frère.

N'ayant guère progressé avec les fruits et légumes, nous avions décidé de nous concentrer sur la « kinésithérapie ». Nous avions passé toute une soirée à chercher sur Internet, et dans les pages jaunes, les adresses de kinés autour de la rue Be'eri et de Yehuda Maccabi, là où Warshawski et Guetta s'étaient rencontrés.

Le lendemain, Bar a appelé les noms de la liste en demandant si celui de Guiora Guetta leur disait quelque chose.

Quelqu'un a répondu que oui, vaguement, mais qu'il n'était pas un de ses patients. C'est en retournant chez le primeur, rue Be'eri, que Bar a compris. C'était tellement évident qu'il se serait giflé. Juste en face se dressait le bâtiment de verre de l'hôpital Ichilov avec son héliport. Il y avait sûrement un service de kinésithérapie.

Il a défroissé ses vêtements, redressé sa casquette et arpenté les couloirs de l'hôpital à la recherche du service de kinésithérapie, qu'il a fini par découvrir au rez-de-chaussée du bâtiment principal. La réception se trouvait là, la salle d'attente au bout du couloir. Il était un peu plus de neuf heures trente. Dans une minute, il devrait retourner à sa voiture pour se rendre au bureau. Depuis la salle d'attente, il ne pouvait pas voir le personnel soignant, et il n'avait pas la moindre idée de ce qu'il recherchait. Une impasse de plus.

Une tête a surgi dans l'embrasure de la porte.

« Mor Shimon ! » a-t-elle appelé. Personne n'a répondu. Deux minutes, plus tard, la tête est revenue à la charge : « Mor Shimon ?

– C'est moi, j'étais dans la lune », a affirmé Bar avec aplomb.

Trois ans plus tôt, au ski, il s'était fait un claquage au genou et avait enchaîné des séances de kinésithérapie durant plusieurs mois. Il allait feindre une nouvelle entorse, c'était simple.

« Non, ce n'est pas vous, je connais Mor Shimon. »

La queue basse, Bar a tourné les talons et s'est éloigné en boitant bas. En dépassant la réception, il a avisé la liste des kinésithérapeutes affichée au mur. Un nom a attiré son attention. Tomer Sarsur. Non, il était absent aujourd'hui. Il serait là le lendemain.

Le jour suivant, nous sommes arrivés de bonne heure. Je n'avais pas remis les pieds à l'hôpital depuis ma dernière visite à Hadassa et le souvenir douloureux de Shouli me hantait. Bar m'a piloté jusqu'au service de kinésithérapie où, à notre grande surprise, nous sommes tombés sur le marchand de fruits et légumes *America* en blouse d'infirmier.

« *Ahalan*, vous êtes bien le marchand d'à côté. Qu'est-ce que vous fabriquez ici ? a demandé Bar.

– Vous confondez avec Amin », a corrigé Tomer Sarsur. Un badge accroché à sa poitrine indiquait son nom et, au-dessous, « kinésithérapie » en lettres plus petites. « Je suis son frère, je travaille ici.

– C'est incroyable… !

– Oui, hein ? Voulez-vous un kilo de tomates ? Ensuite, vous irez chez Amin pour un massage du dos. C'est à mourir de rire, surtout quand on refait la blague pour la millième fois…

– La ressemblance est vraiment étonnante. Vous êtes jumeaux ?

– Pas du tout. Vous êtes venus pour des soins ? C'est pour lequel des deux ? Qui est votre kiné ? »

Un silence embarrassé a plané jusqu'à ce que Bar reprenne la parole.

« Dites, connaîtriez-vous un dénommé Guiora Guetta par hasard ?

– Guetta ? C'est un de nos patients ?

– Euh… aucune idée.

– Jamais entendu parler. Je devrais ? Au fait, qui êtes-vous ?

– Des amis. Nous pensions que vous pourriez nous renseigner. »

Il nous a considérés avec curiosité.

« Désolé, mais je ne peux pas vous aider. Maintenant, excusez-moi, j'ai du travail. »

Là-dessus, il nous a tourné le dos et s'est éloigné. J'ai enfoui les mains dans mes poches, tandis que Bar triturait nerveusement sa barbe rousse. S'il s'agissait de Tomer Sarsur, qui était donc Tamer ? Nous avons traversé la rue pour nous rendre aux *Fruits et légumes America*.

Ils n'étaient pas vraiment jumeaux, mais se ressemblaient comme deux gouttes d'eau : même nez, mêmes yeux noirs bordés de longs cils, même sourire de guingois. Amin était de bon poil. Il faisait un temps superbe et il était content d'avoir quelqu'un à qui parler. Tomer et Tamer étaient en fait la même personne avec deux noms différents, a-t-il expliqué. Son frère avait adopté un prénom israélien pour ne pas alarmer ses patients. On pensait qu'ils étaient jumeaux et on les confondait quand on les voyait ensemble dans la rue, ou lorsque Tamer remplaçait Amin à la boutique, les jours où il s'absentait pour rendre visite à leur mère malade. Maintenant, elle était décédée, mais il avait passé beaucoup de temps auprès d'elle pendant sa maladie. Peut-être pour compenser l'absence de Tamer, qui avait coupé les ponts avec la famille à Kafr Qasim. Les deux frères partageaient un appartement rue Weizmann, depuis quatre ans. Non, il ne connaissait pas Guiora Guetta, a-t-il ajouté avec un accent de sincérité.

En résumé, nous avions fini par trouver Tamer Sarsur et comprendre qu'il ne fallait pas « le confondre avec son frère », mais nous n'avions pas le moindre indice sur Warshawski et ne comprenions toujours pas le rapport entre Sarsur et lui. Nous étions dans une nouvelle impasse. J'ai suggéré de mettre Almaz dans le coup, mais Bar a rétorqué qu'il nous rirait au nez. Le temps passant sans rien apporter de nouveau, Bar a cessé de venir et j'ai commencé à ressentir ma solitude. Que devenait Douchi ? Elle me manquait. Un matin, j'ai reçu un chèque de cinq cents shekels de la part d'Itzik avec un mot pour me remercier de mon aide. Je l'ai fourré dans un tiroir, où j'ai retrouvé la bague de mariage que j'avais omis de donner à Douchi. J'ai fixé longuement un point sur le mur. « Tu es bête ! » disait-elle affectueusement quand je lui racontais une blague idiote. J'ai compris à quel point je l'aimais et que j'avais été stupide de la laisser partir. J'ai appelé Moukou, mais il était occupé. Gadgid aussi. Je suis allé au bar BaraBush où j'ai commandé un *Cannibale* que j'ai mangé seul dans mon coin – les filles étaient si jolies que c'en était démoralisant. J'ai passé un coup de fil à Uzi Bracha, dont j'avais fait la connaissance dans le groupe de soutien. Il m'a appris que Naama – la jolie pie bavarde – avait demandé de mes nouvelles. Elle venait de se séparer de son petit ami, l'alpiniste. Je lui ai téléphoné, mais la conversation a traîné en longueur, me rappelant la situation pitoyable où nous nous trouvions, elle, moi et les autres. C'était trop déprimant. Nous nous sommes promis de rester en contact, mais personne n'a tenu parole.

Un soir, Bar m'a appelé dans les bureaux déserts (je recommençais à travailler tard, le soir, puisque personne ne m'attendait à la maison). Je devais absolument venir voir quelque chose ! a-t-il lancé, surexcité.

Un message provenant d'un compte hotmail apparaissait sur l'écran de son ordinateur.

« Bon, hotmail, je vois. Et alors ?

– Regarde qui est le titulaire, a insisté Bar en désignant un coin de l'écran : *guioraguetta@hotmail.com*.

– Comment est-ce possible ? »

Bar a affiché un sourire béat.

« Un coup de chance. J'avais du temps, alors j'ai un peu bidouillé. Je suis vraiment nouille. J'avais essayé il y a quelques semaines avec un seul "t" au lieu de deux. Aujourd'hui, j'ai tenté différentes combinaisons avec son nom et le mot de passe… devine ce que j'ai trouvé ?

– Shouli ?

– En plein dans le mille !

– Pourquoi n'y avons-nous pas pensé plus tôt ?

– Tu me l'enlèves de la bouche. »

Je me suis assis à côté de lui. Les deux font la paire, comme on dit, mais Bar était quand même génial.

« Et tu as trouvé quelque chose d'intéressant ? ai-je demandé, le cœur battant.

– Des e-mails de Binyamin Warshawski. L'un d'avant l'attentat avec les détails du rendez-vous. L'autre datant du lendemain matin : il demandait à Guiora où il était passé et pourquoi il ne répondait pas au téléphone. Il était inquiet et le suppliait de rappeler d'urgence. Il espérait que Guiora n'allait pas disparaître avec l'argent. »

J'ai dévisagé Bar.

« Disparaître avec l'argent ?

– C'est tout. Rien de bien passionnant dans les autres messages. Remarque, ces deux-là non plus ne nous aident pas beaucoup. (Il a ôté sa casquette et s'est gratté la tête.) Mais au moins, nous savons maintenant qui est Binyamin Warshawski. »

Il m'a montré les coordonnées au bas de l'e-mail.

Prof. Binyamin-Moshe Warshawski
Service de médecine nucléaire
Centre médical Sourasky – Tel-Aviv

Au-dessous figuraient l'adresse, les numéros de téléphone et de fax.

« C'est quoi le Centre médical Sourasky à Tel-Aviv ?

– Hé, Croc, réveille-toi, c'est l'hôpital Ichilov ! »

38

J'AI RÉPARÉ SON PALM EN UNE DEMI-HEURE. Les connexions étaient défaillantes et les piles mortes. C'était tout. Il aurait suffi de le confier à un électricien. Il était ravi quand je lui ai rendu l'appareil, le lendemain.

« Vous êtes génial ! » a-t-il lancé en jouant avec les boutons.

J'ai haussé les épaules.

« J'ai… euh… (j'ai mimé le mot qui me manquait en hébreu : "bricolé") les connexions.

– Les connexions ? Ah bon ? J'ai essayé, mais sans succès.

– Il fallait le donner à un électricien. Il vous l'aurait réparé sans problème. »

Je l'ai laissé avec son nouveau jouet. Je devais retourner travailler.

« Attendez une minute ! » a-t-il lancé dans mon dos. Je me suis retourné. Il a levé les yeux de l'écran de son ordinateur et m'a tendu le Palm. « Il est à vous.

– Ça marche, vous savez ?

– Oui, je sais. C'est très bien, mais vous pouvez le garder. »

Je n'avais pas besoin qu'un Juif me fasse l'aumône. D'un côté, il me traitait comme si j'étais un moins que rien et, de l'autre, il me considérait comme un génie parce que j'avais rafistolé un malheureux circuit électrique. J'ai failli lancer le Palm contre le mur. En même temps, je n'ignorais pas qu'il était en contreplaqué et que l'engin n'aurait pas même une égratignure.

« Vous étiez à *L'Arche de Noé* ? me suis-je entendu dire à ma grande surprise.

– Pardon ?

– Vous avez participé à *L'Arche de Noé*, pas vrai ? »

Il a froncé les sourcils.

« Vous l'avez regardée ?

– Oui, qu'est-ce que vous croyez ? Vous aviez un nom bizarre… et vous étiez avec une soldate débile.

– Vous vous rappelez ? Mais ça fait six mois au moins !

– Bien sûr que je me rappelle. Vous étiez en sueur.

– C'est juste. Personne ne me l'avait dit, c'est drôle, non ? Mais… euh… on regarde vraiment *L'Arche de Noé* chez vous ? »

Samir m'avait recommandé de ne parler à personne. Surtout pas aux Juifs. C'était préférable.

« C'était quoi votre nom déjà ?

– Croc, a-t-il répondu, un peu ahuri.

– Croc, c'est ça. Le Croc des Attentats. Pas possible de l'oublier ! Mousari a dû le répéter un bon millier de fois. On dit *Timsach* en arabe. »

Il a éclaté de rire.

« C'est incroyable. Je ne savais pas qu'on regardait ces trucs-là chez vous. »

J'ai annoncé que je devais travailler, j'ai pris le Palm et je l'ai remercié. J'ai lavé la vaisselle, vidé la poubelle et nettoyé le plan de travail. Ensuite, j'ai passé l'aspirateur. Croc m'a appelé au moment où je passais devant sa porte.

« C'est quoi votre nom ?

– Fahmi. »

Il me fixait de ses yeux rougis aux lourdes paupières.

« Fahmi, a-t-il répété. Vous ne parlez pas français, par hasard ? »

J'ai souri. Il divaguait ou quoi ? Bien sûr que je ne parlais pas français. Il m'a demandé où j'habitais, ce que je faisais, etc.

« Ça vous dirait de gagner cinq cents shekels pour une journée de travail ? a-t-il repris.

– Quel genre de travail ?

– Ici, au bureau. Il s'agit de répéter quelques mots que je vous indiquerai. C'est pour essayer notre nouveau système. Installez-vous, s'il vous plaît. »

J'ai regardé ma montre, il était dix-neuf heures douze, l'heure de chier. Je sentais une douce pression dans l'intestin. Je me suis assis à contrecœur en gardant un œil sur la porte.

« Le système que nous développons est censé identifier les voix au téléphone. Je réalise des tests pour voir s'il peut reconnaître différents accents et j'ai besoin d'un locuteur arabe. C'est pour un client belge. De nombreuses communautés arabe, africaine, chinoise et vietnamienne vivent en Belgique, vous savez. J'ai déjà testé les autres, il ne me reste que l'arabe. »

Je n'ai pas répondu. C'était tentant, seulement…

« Allez, ce n'est pas grand-chose. Vous en aurez pour quelques heures à peine, je vous dicte ce qu'il faut dire, j'enregistre, je teste le système et c'est fini : cinq cents shekels pour trois ou quatre heures au maximum.

– Quand ?

– Quand vous voulez. »

Nous étions mercredi soir. Zahara, qui s'était complètement rétablie de son opération, devait reprendre le travail après le prochain week-end, et moi, je me retrouverais au chômage. Nous avons pris rendez-vous pour le dimanche matin suivant.

« Nous avons assisté au procès de Bilahl, Fahmi. Papa et moi… »

Bilahl ? Raconte-moi, Lulu.

« C'était dans une petite pièce. Nous étions assis sur des chaises en plastique. Bilahl portait un uniforme marron, et il n'arrêtait pas de sourire. Il avait l'air en forme. L'apparence soignée. Il jouait avec un petit cordon noir et lisait le Coran. Il a dit qu'il était fort comme l'acier, parce qu'Allah le protégeait. Il affichait ouvertement son mépris pour les soldats. Je ne l'avais jamais vu d'aussi bonne humeur. Le juge a piqué une crise quand le téléphone de papa s'est mis à sonner. Bilahl a dit qu'il avait honte de toi, Fahmi… »

Honte de moi ?

« … à cause de ce que s'est passé avec Croc. Il a dit que tu n'as jamais été fidèle à la cause… »

J'ai toujours eu l'impression que grand-père Fahmi veillait sur moi là-haut dans le ciel. Bilahl n'aimait pas m'entendre dire ça. Pour lui, seul Allah avait ce pouvoir. Pourtant, après ma rencontre avec Croc, je me suis posé plein de questions à propos de qui contrôlait mon destin. Bilahl pensait qu'il fallait tuer Croc, parce qu'il était devenu un symbole pour les Juifs. Il aurait affirmé qu'Allah l'avait mis sur mon chemin pour cette raison, j'en étais sûr. Notre pauvre père, en revanche, aurait rétorqué qu'Allah m'avait donné l'occasion de le connaître pour que je me rende compte que c'était un être humain comme nous tous.

Mon travail dans la zone industrielle prenait fin le mardi suivant. Vendredi, « le jour du rassemblement », je me suis réveillé avec la ferme intention d'aller prier. Quand j'ai entendu le premier appel, je me suis lavé le visage, les mains et les pieds, et je me suis rendu à la mosquée où je me suis attardé plus longtemps que d'habitude. J'ai répété la sourate Al-Fatiha des dizaines, des centaines de fois, les yeux ruisselants de larmes. Lulu, papa et Murair me manquaient terriblement ; sans oublier Rana, Bilahl, Al-Amari, Titi, Nasser, Rami le boiteux, Halil Abou-Zeid et ma mère... Malgré tout, je me sentais fort. Être seul pendant des mois apprend à vivre avec soi-même.

De retour à la maison, j'ai appelé la cousine de Halil qui a eu l'air heureuse de m'entendre. Ils avaient l'intention de m'appeler. Maintenant qu'ils étaient parvenus à reprendre contact avec Bilahl, ils comptaient relancer la grande opération.

« Tu peux répéter, là ? »

Bilahl avait réussi à les joindre depuis sa prison ; je ne le savais pas ? Il avait avoué avoir organisé les attentats et cumulerait probablement plusieurs condamnations à vie.

J'avais la poitrine oppressée, je ne pouvais plus respirer.

« Ça signifie quoi "avoué" ? Il a tout balancé ?

– Je ne sais pas exactement. Tu peux l'appeler, mais fais gaffe. Sa ligne est sur écoute. »

Elle m'a donné le numéro de téléphone et m'a demandé de mes nouvelles. Je lui ai raconté ma rencontre avec Croc.

« Cet imbécile qui refuse de mourir ? Tu devrais t'occuper de lui.

– Ce n'est pas si simple. Je suis tout seul ici. Où veux-tu que je trouve une arme ? Et où est-ce que j'irai me cacher après ?

– Tu as déjà fait des choses plus compliquées, Fahmi. »

J'avais encore du mal à respirer normalement. La drôle d'expérience que j'avais vécue ce matin-là à la mosquée, la certitude qu'Allah ou grand-père me guidaient de là-haut, Bilahl qui était enfin joignable, mon prochain rendez-vous avec Croc… tout était lié.

J'ai appelé le numéro et demandé à parler à Bilahl. Deux minutes plus tard, je l'ai entendu dire « allô ? », comme si sa voix montait de l'abîme de ma mémoire.

« Bilahl ?

– Fahmi ? »

Le silence s'éternisait. C'était curieux de devoir tourner sept fois sa langue dans sa bouche avant de parler à son frère.

« Ça va ? s'est-il enfin décidé à articuler. Comment ça se passe à la maison ?

– Très bien. J'ai travaillé à l'entrepôt.

– Parfait. Tu continues à prier et à respecter les six commandements ?

– Oui. »

Il jouait avec le feu. J'ai compris ce qu'il sous-entendait. Il n'y avait que cinq commandements dans l'islam. Le sixième signifiait qu'il fallait poursuivre les opérations.

« C'est très important, a-t-il souligné. Chaque commandement, tout le temps. Profite de n'importe quelle occasion pour être un bon musulman et pour suivre les six. Ne gâche aucune opportunité, tu as bien compris ?

– Oui. »

Il faisait allusion à Croc. À croire qu'il avait deviné sans connaître les détails. C'était mon frère. Il devinait mon conflit intérieur et m'encourageait à aller de l'avant.

« Et toi, comment vas-tu ?

– Que la volonté d'Allah tout-puissant soit faite. Je répondrai présent quand il voudra. Espérons que ça ne tardera pas. »

Ce fut une brève conversation, mais elle m'a beaucoup marquée. Mon frère avait sur moi une influence plus grande que je voulais bien l'admettre. Même en prison, à l'autre bout du fil, en code, ce qu'il voulait me dire était clair comme le jour : Dieu m'offrait une chance. Il m'avait conduit à travers les montagnes sur un âne, il m'avait brisé le dos avec des cageots de pommes, il avait provoqué une crise d'appendicite, endommagé un ordinateur, tout cela pour m'amener en douceur au bon endroit, au bon moment, afin de me confier une tâche : liquider Croc.

Je m'agitais sur ma chaise. Et pourtant… pourtant… Je regrettais de l'avoir rencontré, même si je ne doutais pas une seconde que telle était la volonté divine. J'aurais dû tenir ma langue, mais Bilahl avait pressenti quelque chose sans que je lui aie rien dit. C'était le destin, c'était écrit. J'aurais tout donné pour être ailleurs. En même temps, je sentais que j'avais été choisi par une autorité supérieure pour accomplir la mission que j'avais entreprise.

J'ai fini par me persuader non sans soulagement que rien n'avait d'importance. Ce qui devait arriver arriverait.

« *Il y avait une soldate en uniforme gris, les cheveux attachés en arrière. Elle était toute rouge et n'avait pas l'air très à l'aise. Elle portait des lunettes à monture en plastique violette et trois galons sur l'épaule. Un soldat a crié : "La Cour" et tout le monde s'est levé. Sauf Bilahl. "Ce tribunal est illégal, je ne reconnais pas son autorité, a-t-il déclaré. Il est aussi injuste que votre occupation." La soldate en uniforme gris, avec les lunettes violettes et les cheveux tirés a lu le chef d'accusation. Elle a évoqué l'attentat de Jérusalem, précisant que Halil Abou-Zeid l'avait planifié avant d'être abattu, et que celui qui avait fabriqué la bombe était un certain Safi Bari…* »

Safi ? Mais, ce n'est… et moi alors ?

« *De toute façon, ils sont morts tous les deux. Elle a raconté comment ils s'y étaient pris pour commettre l'attentat de Sha'ar HaGai avec Safi. Après quoi, elle a fait un long discours sur ce qui s'était passé à Al-Amari. Les réunions dans des appartements secrets, les détails du projet, la fabrication de la bombe. Ton nom n'a jamais été évoqué. Papa était très heureux. Il savait que tu ne te serais jamais mêlé à tout ça…* »

Bilahl, mon frère. Mon grand frère…

« *… la mort d'un Juif dans un attentat est considérée comme un homicide volontaire. Bilahl écopera d'une peine de prison à vie pour chaque victime. Dans les quatre cents ans, sûrement. Il est aux anges. Il dit qu'Allah…* »

Wasime a frappé à la porte pour m'inviter à dîner. La conversation a tourné autour de la pharmacie, l'économie et le comportement du petit Atta. L'enfant était grincheux, il criait, jetait la nourriture un peu partout, le visage barbouillé de jaune d'œuf et de beurre de cacahuètes. Le repas terminé, Atta apaisé et endormi, nous avons bu le café au salon en regardant *L'Arche de Noé.* Je pensais à Al-Amari, quand j'avais vu Croc pour la première fois. Tommy était en verve. Cette fois, le couple était constitué d'une cover-girl qui posait pour un nouveau magazine masculin intitulé *Passion* et un brillant étudiant d'une école talmudique de Jérusalem. La fille répétait qu'elle trouvait le garçon très sexy. Il ne la regardait pas. La caméra le montrait détournant les yeux. « On y est presque, mais pas tout à fait ! » jubilait Tommy sur tous les tons. Le public l'ovationnait en se tordant de rire.

« Bonne nuit, Fahmi… »

Ne t'en va pas, Lulu… Parle-moi encore de Bilahl. Où est-il ? A-t-il des amis en prison ? Qu'est-ce que…

« J'aimerais comprendre votre langue. Elle a de belles sonorités…

– C'est de l'arabe, Svetlana. C'est vrai que c'est beau. À bientôt. Prenez soin de lui.

– Oui, bien sûr. Bonne nuit, Lulu… Je…

– Svetlana ?

– Non rien, ne vous en faites pas. Je m'occuperai bien de lui. »

Oh, Svet !

Les lumières étaient aveuglantes, il régnait une chaleur d'enfer, j'avais le front et les aisselles baignés de sueur.

« Fahmi Omar Al-Sabich ? a demandé Tommy.

– Oui, bonsoir.

– Bonsoir ! Donc, Fahmi, après trois attentats d'envergure, vous avez décidé de tuer Croc, le grand Croc des Attentats, le symbole de notre survie, c'est bien ça ?

– C'est ça, Tommy.

– Je suis sûr que vous savez ce qui va se passer maintenant…, a-t-il rugi à l'adresse du public.

– Le couple ! Le couple ! » a scandé la salle.

J'ai reconnu Bilahl, Abou-Zeid, Rana et grand-père Fahmi. Tous m'encourageaient avec des sourires, les doigts en V.

« C'est ça : le couple ! Laissez-moi vous présenter le partenaire de Fahmi ce soir dans *L'Arche de Noé*… Mesdames et Messieurs, je vous demande d'applaudir… Croc ! »

L'assistance était en délire. J'ai blêmi. Je ne m'y attendais pas. Je transpirais à grosses gouttes, un vrai déluge ! Croc est monté sur scène en saluant les spectateurs et les caméras d'un geste. Il a serré ma main entre les siennes et a pris place.

« Alors, Croc, dites-nous un peu quelle a été votre première réaction lorsque vous avez appris le nouveau projet palpitant de Fahmi… », a commencé Tommy Mousari.

39

UN VENDREDI, VERS LA FIN DE L'ÉTÉ, le vent avait forci et des nuages encombraient le ciel. C'était la meilleure période de l'année, car la plus éloignée de l'été suivant.

Bar a acheté un gros bouquet de fleurs dans le hall de l'hôpital Ichilov et, tandis que nous nous dirigions vers le service de médecine nucléaire, il m'a expliqué en quoi consistait cette spécialité.

« Il s'agit en gros d'une technique d'imagerie médicale. On dispose pour ce faire de caméras permettant de photographier l'intérieur du corps.

– Des rayons X.

– Non. Ça y ressemble, mais c'est beaucoup plus sophistiqué. Avec les rayons X, on ne peut voir que les os, tandis que l'imagerie nucléaire permet de tout explorer.

– Qu'y a-t-il de nucléaire là-dedans ? »

J'imaginais déjà le sang couler, les globules blancs, les muscles s'étirant et se contractant, la graisse, les microbes, les poumons noircis par la nicotine.

« L'imagerie nucléaire peut décoder les radiations émises par le corps, a poursuivi Bar au moment où nous parvenions à une aile beaucoup plus tranquille de l'hôpital. On injecte dans le sang un fluide radioactif à très faible dose et...

– Puis-je vous aider ? a demandé une infirmière aux cheveux châtains.

– Oui. Nous serait-il possible de parler au professeur Binyamin-Moshe Warshawski, s'il vous plaît ?

– À quel sujet ?

– Il a récemment soigné notre mère. Nous voudrions lui offrir ces quelques fleurs en remerciement et lui poser des questions sur le diagnostic. »

On se demande où Bar va chercher ses idées.

« Comment s'appelle votre mère ?

– Enoch ! »

J'ai fait mine de me plonger dans un magazine féminin dont la couverture promettait, à la page trente et un, vingt-cinq tuyaux pour une vie sexuelle épanouie. Je suis directement aller voir.

« Je suis désolée, monsieur, mais il n'y a personne de ce nom dans l'ordinateur.

– Il est là ? Nous aimerions lui demander quelque chose. Ce ne sera pas long.

– J'ai peur que ce ne soit pas possible. Le professeur est très occupé, ce matin.

– Pourriez-vous lui dire qu'il s'agit de Guiora Guetta ? » a dit Bar, décidé à jouer notre dernière carte.

Il est arrivé immédiatement. Il paraissait âgé. On lui aurait donné dans les soixante-dix ans bien tassés. Nous avons appris par la suite qu'il en avait à peine soixante et un. Il avait les cheveux et une barbe blancs, le visage couperosé. J'ai décelé une lueur d'inquiétude au fond de ses yeux clairs et intelligents. La peur le vieillissait. Il nous a serré mollement la main avant de nous conduire à la cafétéria. Il a commandé du café pour nous et du thé pour lui.

« Qui êtes-vous ? » a-t-il demandé.

Les professeurs de médecine nucléaire ne regardaient apparemment pas *L'Arche de Noé.*

« Nous enquêtons sur la mort de Guiora Guetta, a répondu Bar.

– Guetta… il a été victime d'un attentat, c'est ça ? »

Warshawaski appuyait les mains à plat sur la table, comme pour se préparer au pire.

« En effet, mais, peu avant sa mort, il a rencontré un certain professeur Binyamin-Moshe Warshawski dans un café de la rue Yehuda Maccabi.

– Comment le savez-vous ? a-t-il murmuré d'une voix éteinte.

– Nous le savons, c'est tout, a rétorqué Bar. Et nous savons aussi qu'il est question d'argent. »

Warshawski nous a regardés à tour de rôle.

« Qui êtes-vous ? a-t-il répété. Que voulez-vous ?

– Pour quelle raison avez-vous rencontré Guetta ? » a insisté Bar avec une obstination qui m'a rappelé Douchi.

Warshawski a gardé le silence.

« Qui êtes-vous et que voulez-vous ? » a-t-il-répété encore une fois.

Et si nous lui disions la vérité ? Que nous cherchions des informations sur Guetta en mémoire de sa petite amie, entretemps décédée ? Il avait l'air d'un brave type. Je pensais qu'il nous répondrait et que nous pourrions tirer un trait sur cette histoire. Soudain, Bar s'est levé et a noté son numéro de téléphone sur un bout de papier.

« Nous reviendrons, professeur. Si jamais vous vous rappelez pourquoi vous avez rencontré Guetta le matin de sa mort, appelez-nous. »

« Qu'est-ce que ça veut dire ? ai-je demandé à Bar en essayant de le rattraper dans le couloir. On a quelque chose à cacher ?

– Il n'y a pas le feu. Et puis on a d'autres pistes. On ne va quand même pas brûler nos dernières cartouches, non ? (Il a jeté le bouquet dans la première corbeille venue.) Écoute, Croc, on n'en tirera rien s'il s'aperçoit qu'il a affaire à deux péquenots jouant les détectives par désœuvrement.

– Je ne joue pas les détectives par désœuvrement », ai-je riposté.

Mais Bar était arrivé devant la boutique de Sarsur.

Nous avons demandé à Amin s'il connaissait le professeur Warshawski. Oui, sa femme et lui étaient des clients réguliers, a-t-il répondu. Ils habitaient juste à côté, rue du Roi David. À la question de savoir si son frère entretenait des relations avec lui, Amin s'est fermé comme une huître. Nous étions vendredi, il y avait du monde, et il n'avait vraiment pas de temps à perdre.

« Curieux », a commenté Bar.

Nous sommes retournés à l'hôpital pour voir Tamer. Il était absent et ne reprendrait son service qu'au milieu de la semaine suivante. Encore une impasse, à mon avis. Bar se fâchait quand je faisais cette réflexion, ce qui m'arrivait assez souvent.

« Non, mon vieux, on s'accroche. Nous touchons au but. Il nous reste à trouver le lien entre Warshawski, Tamer et Guetta.

– Oui, et comment on va s'y prendre ?

– N'oublie pas que nous sommes deux péquenots jouant les détectives. On va y arriver. »

Dimanche matin, j'ai enregistré l'Arabe qui avait remplacé notre mignonne femme de ménage au bureau – un jeune à la fine moustache et au regard inquiet. Je ne l'aurais même pas remarqué, s'il n'avait pas réparé mon Palm Pilot – il ne fonctionnait plus depuis près d'un an. Fahmi, l'homme de ménage de Kafr Qasim, avait réussi à le ressusciter en deux heures chrono – qui l'eût cru ? J'avoue ne pas me souvenir des circonstances exactes. Il avait travaillé comme électricien, m'a-il confié, et il m'a même demandé si j'étais le Croc de l'*Arche de Noé*. Je n'aurais jamais pensé que les Arabes regardaient l'émission. Quoi qu'il en soit, les Belges exigeaient un Nord-Africain et, en cherchant bien, j'aurais pu dénicher un Marocain ou un Tunisien, mais je me suis dit que je n'allais pas me casser la tête et qu'on verrait comment le logiciel allait se débrouiller avec l'accent palestinien.

En arrivant, le dimanche suivant, il était nerveux. Je lui ai dit de ne pas se biler, que personne n'allait le manger. Il avait un petit problème d'estomac, a-t-il répondu. J'ai failli lâcher quelque chose comme « Ah, une indigestion de houmous, hein ? » mais je me suis retenu à temps. Il y a des limites…

Je n'ai pas résisté à lui sortir la blague du houmous plus tard dans la journée, quand je me suis senti plus à l'aise avec lui. Il était sympathique. Il savait imiter les accents palestinien, égyptien, jordanien et libanais grâce à la télé. En revanche, il ne connaissait pas l'accent nord-africain, ce qui n'a pas empêché le logiciel de bien fonctionner. Il avait une drôle de façon de beugler « Allô ? » en baissant la tête. J'ai essayé de l'imiter, il a éclaté de rire en disant que lui, au moins, il n'avait pas gardé un Palm hors d'usage une année entière sur son bureau. À l'heure du déjeuner, je lui ai demandé s'il voulait un falafel et un Coca. Le falafel n'était pas mauvais, mais pas aussi bon que dans son village, a-t-il commenté.

« Vous avez testé le falafel de Tel-Aviv ? »

Il n'avait jamais mis les pieds à Tel-Aviv.

Nous avons été interrompus par l'arrivée de Bar. Il m'a foudroyé du regard quand je lui ai présenté Fahmi. Peut-être était-il contrarié que j'invite un Arabe à déjeuner ? Ou agacé que je l'aie oublié. Talia Tenne, par exemple, ne supportait pas qu'on commande un repas sans l'avertir. Il m'a pris à part et m'a traité d'imbécile.

« Il vient de Kafr Qasim ! Tu te rends compte !

– Et alors ?

– Les Sarsur aussi.

– Ah bon, et après ? »

Bar a secoué la tête et a pouffé de rire.

« Et ça se prend pour l'héritier de Poirot ? Mince ! À côté du détective Croc, l'inspecteur Gadget n'a plus qu'à aller se rhabiller. Tu n'as même pas pensé à le questionner au sujet des frères Sarsur ?

– Pour quoi faire ?

– Aucune idée, mais ça vaut la peine d'essayer, non ? »

Fahmi et moi avons continué à travailler tout l'après-midi. Une fois les formulaires des tests dûment remplis, nous avons bavardé à la cafétéria pendant une heure autour d'une tasse de café. Son hébreu n'était pas mauvais et s'améliorait à mesure qu'il se décoinçait. Il me plaisait bien. Son grand-père sillonnait les collines de Samarie sur un cheval blanc, m'a-t-il raconté. Pour ma part, je lui ai parlé de l'aïeul de Douchi, membre de la patrouille qui s'était battue avec Izz al-Din al-Qassam lui-même en 1935.

« Vous savez naturellement qui était Izz al-Din al-Qassam ?
– Oui.
– Avant, c'était comme les cowboys et les Indiens ici, vous ne trouvez pas ? »
Il s'est tordu de rire.

Le dimanche soir, le bar BaraBush était désert. Fahmi, Bar et moi nous sommes installés au comptoir. Fahmi caressait du doigt sa chope de bière à moitié vide tout en dissertant sur son grand-père, qui s'appelait également Fahmi.
« Vous savez où se trouve Beit Mahsir ? (Nous l'ignorions.) Aujourd'hui, les Juifs l'appellent Beit Meir. C'est au-dessus de Bab al-Oued, a-t-il précisé.
– Bab al-Oued, oui, on connaît », ai-je glissé.
C'était un enseignant qui avait lutté contre les Britanniques, dans les années trente. Il s'entendait bien avec les Juifs, mais détestait les Anglais. Pour lui, c'étaient eux les responsables de la situation. Il a tué trois soldats britanniques. Ils l'ont capturé et enfermé à la prison de Saint-Jean-d'Acre.
Sur ses entrefaites, deux filles belles à couper le souffle sont entrées. Nous nous sommes interrompus, subjugués. L'une d'entre elles s'est approchée et a demandé deux *Orgasmes* à Noam, le barman. Trois têtes se sont tournées dans sa direction. Elle nous a décoché un gracieux sourire. Elle avait des cheveux châtains coupés court, des joues comme des pommes, une charmante petite moue – une vraie poupée. Elle a reporté son attention sur Noam qui s'activait derrière le bar. Fahmi a repris son récit en soupirant.
« Condamné à mort, mon grand-père Fahmi croupissait à la prison d'Acre en attendant son exécution. Il portait l'uniforme rouge des criminels. Un jour, on lui a annoncé

que c'était la fin. On l'a conduit à l'échafaud et on lui a demandé quel était son dernier souhait. Vous savez ce qu'il a demandé ?

– Non, quoi ? »

Fahmi a désigné son bock presque vide.

« Une bière. Pour la première fois de sa vie. Vous savez que l'alcool est interdit chez nous. Il voulait y goûter avant de mourir. On lui a apporté une chope comme celle-ci et il s'est mis à boire. »

Perdu dans ses pensées, Fahmi s'est interrompu pour se concentrer sur son verre. Bar et moi sirotions le nôtre en silence.

« Et alors ? a demandé Noam derrière son comptoir. Que s'est-il passé ensuite ? On l'a pendu ? »

Fahmi s'est secoué.

« Non. Il n'avait pas encore fini sa bière, quand il y a eu un miracle. Un Anglais est arrivé à cheval et lui a annoncé qu'il était libre. Il a terminé son verre, on lui a retiré l'uniforme rouge et on l'a libéré.

– Ce n'est pas possible ! s'est exclamé Bar.

– Si.

– Comment est-ce possible ? ai-demandé.

– Il ne l'a jamais su. Jusqu'à son dernier jour. Personne ne le lui a expliqué. Il pensait qu'il s'agissait d'une erreur. Ils ont dû le prendre pour un autre. Mais qui et pourquoi ? Mystère. »

Bar et moi avons ricané bêtement. Noam aussi. On aurait dit que ses favoris souriaient de concert.

« Peut-être à cause de la bière ? ai-je suggéré.

– C'est exactement ce qu'il s'est dit. Il a continué à en boire tout le restant de sa vie. Et nous aussi. Il ne détestait plus les Anglais et il s'est tenu à carreau jusqu'à sa mort.

– Grâce à la bière ?

– On peut dire ça, oui. Rien ne vaut une bonne bière quand on est à cran. Après, on n'a plus de problème. Excusez-moi, je vais pisser.

– Des histoires sans queue ni tête, a dit Bar quand Fahmi a tourné le dos.

– Peut-être… mais il avait l'air sincère.

– Possible… Pourvu qu'il ne nous raconte pas des salades à propos de Tamer Sarsur. »

Tamer Sarsur. J'avais presque oublié la raison pour laquelle Fahmi nous avait accompagné au bar BaraBush. C'était Bar qui avait eu l'idée de l'inviter à Tel-Aviv. Fahmi a hésité, il avait peur des réactions des Juifs. Je lui ai dit qu'on ne le quitterait pas d'une semelle et que je le ramènerais chez lui, ce qui a achevé de le convaincre. Après sa première bière, il s'était détendu et s'était mis à raconter des histoires sur son grand-père.

Bar a attendu que Fahmi revienne des toilettes pour lui parler des Sarsur. Y avait-il un Tamer Sarsur dans son village ?

« Sarsur ? Il y en a plusieurs à Kafr Qasim. C'est une grande famille. Mais Tamer, non, ça ne me dit rien.

– Et Amin ? »

Il a réfléchi, les sourcils froncés.

« Non plus, désolé. Pourquoi ?

– Tamer et Amin sont frères. Ils habitent à Tel-Aviv, rue Weizmann. Amin a une échoppe de fruits et légumes, Tamer est infirmier à l'hôpital Ichilov. Nous recherchons des informations à son sujet.

– Quel genre d'informations ? »

Le silence est retombé. Bar m'a regardé.

« Allez, on lui dit ? Qu'est-ce qu'on risque ? »

Il a donc raconté brièvement l'histoire de Guetta, l'attentat, Shouli et le Palm (Fahmi a gloussé de rire quand Bar lui a demandé s'il savait ce que c'était), sans oublier Warshawski, Tamer et Amin.

« Nous essayons d'établir un rapport entre Tamer, Warshawski et Guetta. Vous pourriez mener une petite enquête à Kafr Qasim pour voir si on connaît Tamer là-bas ? Vous pourriez découvrir quelque chose, ou peut-être pas. Je ne dis pas que ça marchera, mais ça vaut le coup d'essayer. Rien ne vous y oblige. Un de ces jours, on pourrait faire un saut pour se rendre compte sur place, non ?

– Tu es fou ? me suis-je écrié.

– Pourquoi faites-vous ça ? a demandé Fahmi, un peu perdu.

– J'ai promis à Shouli de découvrir ce que Guetta fabriquait à Tel-Aviv, ce jour-là. »

Fahmi m'a fixé sans comprendre.

« Je croyais qu'elle était morte.

– C'est vrai, mais nous avions déjà commencé l'enquête avant. Sa mort n'a rien à voir. De toute manière, nous aimerions terminer ce que nous avons commencé. »

Il a avalé sa bière jusqu'à la dernière goutte.

« N'allez pas à Kafr Qasim. Vous n'arriverez à rien. Vous parlez l'arabe ? Nous avons secoué la tête. Alors, qu'est-ce que vous allez faire ? Aller à la mosquée et demander des renseignements sur Tamer en hébreu ? »

Nous n'avons rien trouvé à répondre.

Il s'est levé.

« O.K. Je vais voir. Je vais essayer, en tout cas ! Il a sorti les billets qu'il avait gagnés ce jour-là à Time's Arrow. *Yalla !* Vous me ramenez à la maison ? »

J'ai tiré mon portefeuille.

« Oui, mais rempochez ça, c'est ma tournée ! »

40

C'EST MA CIBLE, me suis-je répété au cours de la longue journée passée avec Croc. Tu peux t'en approcher, mais surtout pas t'y attacher. Il faut savoir saisir l'occasion, pas multiplier les obstacles.

Le boulot était facile et bien rémunéré, sauf qu'il s'obstinait à tout payer – le déjeuner, un hamburger en guise de dîner, une bière –, comme si j'étais un réfugié mourant de faim, un pauvre hère débordant de gratitude pour chaque shekel dont il me faisait l'aumône. Il commençait à m'agacer sérieusement ; du coup, je me suis mis à raconter n'importe quoi sur grand-père.

Il y avait un tas de belles filles à Tel-Aviv, je dois dire. Le dimanche, le bar était vide, m'a-t-on expliqué. Je devrais venir un vendredi ou un samedi soir pour voir la différence. Si prochaine fois il y avait, je me débrouillerais pour envoyer quelques-unes de ces jolies filles au ciel en compagnie de Croc.

Le *hic* était que je ne voulais pas mourir. Je n'étais pas un *chahid*. Je manquais de courage et de volonté. Que faire ? J'avais déjà tué, mais de loin. J'avais organisé des opérations, fabriqué des bombes, tiré depuis une colline sur la route.

J'étais un exécutant. Je suivais mon frère, mon grand-père, ma conscience, je n'étais pas le genre à brandir un couteau dans un bar bondé. J'avais bien essayé de le leur expliquer, au téléphone, mais ils pensaient que je devais m'investir davantage dans la lutte, et ils m'avaient fait un sermon sur Allah et la Terre sainte. Comme si ça allait changer quoi que ce soit ! Et la soirée à Tel-Aviv n'avait fait qu'empirer les choses : les vigiles, les regards soupçonneux, l'insupportable sentiment de solitude, à croire que j'étais déjà mort, un spectre rejeté par les vivants.

« Non, docteur Hartom. Il ne réagit plus, on dirait qu'il s'enfonce de plus en plus. Je lui ai fait un massage et j'ai éclairé ses yeux avec la torche, je lui ai parlé, il n'y a pas eu de réponse. Rien de rien, docteur !

– Je vois, Svetlana.

– Il ne va plus à la selle. Y aurait-il quelque chose…

– Ce n'est guère surprenant après tout ce temps. Nous pensions effectivement que son état pourrait s'améliorer ou empirer. Hum… les pupilles ne sont pas… O.K., nous allons… »

Le lendemain, j'ai commencé mon enquête sur Tamer Sarsur. Je n'avais rien de mieux à faire, de toute façon.

D'après Sa'id, que j'ai rencontré à la mosquée, il y avait au village des tas de Sarsur, dont la plupart allaient prier dans l'autre mosquée. Il ignorait leurs noms. J'ai posé des questions aux fidèles à la sortie de la deuxième mosquée. J'ai récolté des réactions plutôt hostiles et impatientes – au moment où je commençais à m'intégrer, il ne manquait plus qu'on aille me dénoncer à la police des frontières. Quelqu'un m'a dirigé vers un vieil homme coiffé d'un keffieh.

Il a éclaté d'un rire asthmatique en dévoilant des dents jaunies par la nicotine.

« Oui, je suis un Sarsur. Mais vous n'en croiserez pas beaucoup ici. À votre place, j'irais chercher le plus loin possible de la mosquée, vous auriez peut-être une chance. »

Je suis rentré à la maison pour téléphoner à Croc et lui dire que j'avais fait chou blanc. En cherchant le bout de papier où j'avais inscris son numéro, je suis tombé sur celui d'Ibrahim Hasuna. Je l'ai aussitôt appelé. Zahara lui avait dit que je fricotais avec les Juifs. J'ai vite mis les points sur les « i ». Lui non plus ne connaissait pas Tamer. J'ai tenté ma chance avec Majed, mon autre collègue de l'entrepôt. Il se souvenait vaguement de Tamer, qu'il n'avait pas vu depuis un certain temps. C'était sans espoir. En entrant dans la cuisine pour me préparer du thé, je suis tombé sur Wasime qui dînait avec son petit garçon.

« Comment allez-vous ? a-t-elle demandé. Vous étiez pas mal occupé ces temps-ci, on dirait.

– Oui, grâce à Dieu.

– Où est papa ? » a pleurniché Atta en me fixant de ses grands yeux bruns.

Il avait la figure maculée d'œuf, de fromage blanc et de beurre de cacahuètes

« Il ne va pas tarder. Au fait, quelqu'un vous a apporté un paquet aujourd'hui. Un ami, à ce qu'il a dit. Il a insisté pour le déposer lui-même dans votre chambre. Finis ton pain, Atta !

– Comment ? Qui ça ?

– Vous n'attendiez personne ? »

Je suis allé voir et j'ai trouvé une boîte en carton sous mon lit. Je l'ai ouverte avec précaution. Elle contenait un objet enveloppé de chiffons et de papier froissé. Je l'ai retiré délicatement. C'était lisse, rond comme une pomme, de couleur vert olive, le mot « Tsahal » gravé dessus. Je l'ai contemplé d'un œil horrifié : une grenade à main. Ils étaient cinglés ! Où l'avaient-ils dénichée ? Qui l'avait apportée, et comment le paquet était-il arrivé jusqu'ici ? Dieu tout-puissant ! Ça marchait comment, ce truc-là ? J'ai sauté en l'air quand mon téléphone a sonné. C'était la cousine de Halil.

« Tu l'as reçue ?

– Oui, à l'instant. Vous êtes malades. Où l'avez-vous trouvée ? Qui l'a apportée ?

– Laisse tomber. Demande-toi plutôt comment tu vas t'en servir. »

Justement. Je ne voulais pas mourir. Je ne voulais pas être un chahid. Ni passer le reste de ma vie en prison. Ne sachant comment l'expliquer au téléphone, j'ai préféré me taire.

« Il y a un problème ?

– Oui, je… »

Je ne savais pas quoi dire.

« Tu ne veux pas, c'est ça ? Tu sais que c'est dangereux… J'ai réussi à les convaincre que tu en étais capable et que tu souhaitais effectuer cette opération. J'ai organisé le… »

En entendant frapper à la porte, je me suis dépêché de couvrir le paquet avec le drap. C'était Wasime.

« Fahmi ? Ça va ?

– Oui, oui. J'arrive. Je voulais voir ce qu'il y avait dans le paquet. »

J'ai repris le téléphone.

« Allô ? »

La cousine de Halil a pris son temps avant de répondre.

« Alors ?

– Je ne sais pas. Écoute, je n'ai jamais dit que je voulais le faire. C'est-à-dire que… j'aurais peut-être une occasion. Mais… je refuse de mourir ou d'être arrêté.

– Aie confiance en Allah, il te guidera. Réfléchis. Allah t'aime. Tu y arriveras. »

Elle a raccroché. Je suis resté assis sur le lit un moment avant de retourner à la cuisine.

Atta était à moitié endormi. Wasime avait l'air gênée de m'avoir dérangé.

« C'était un paquet de mon frère », ai-je dit, histoire de meubler le silence.

Elle a souri en caressant son gros ventre. Elle était jolie.

« Dites-moi, Wasime, connaîtriez-vous un certain Tamer Sarsur par hasard ?

– Oui, pourquoi ?

– Non, c'est vrai ?

– C'est le frère d'une de mes meilleures amies. Il travaille dans un hôpital à Tel-Aviv. Quand sa mère est tombée malade, il n'est pratiquement jamais venu ici. Même pas à la fin. Il passe voir ses amis de temps en temps. Son frère Amin rendait visite à sa mère presque tous les week-ends. Il est très gentil. Vous les connaissez ?

– Moi ? Non. Quelqu'un à Rosh Ha'Ayin m'a posé des questions à son sujet. Je sais qu'il y a plusieurs Sarsur au village, alors… euh… »

Je me suis interrompu et j'ai avalé quelques gorgées de thé. Il était froid.

« Je peux demander à sa sœur si vous voulez, a repris Wasime. On se retrouve régulièrement. Nous pouvons aussi le contacter par Amin, ils habitent ensemble. Que veut savoir exactement votre ami ? »

Atta l'a tirée par la main, et elle l'a accompagné dans sa chambre sans me donner le temps de répondre.

Je commençais à désespérer de dénicher quelqu'un connaissant Tamer Sarsur. Quoi qu'il en soit, cela ne m'aurait pas été très utile non plus. Si je rencontrais la sœur de Tamer, l'amie de Wasime, ou son frère Amin, je devrais fournir des explications, et je ne voyais pas bien comment m'y prendre. Sur ces entrefaites, Wasime est revenue à la cuisine.

« J'ai trouvé ! Vous connaissez le restaurant Ramoon dans la grand-rue ? Les amis de Tamer y vont presque tous les soirs. Tamer y est toujours fourré quand il est là. Avi le patron le connaît très bien lui aussi. Vous devriez aller lui parler. »

« Il ne réagit pas. Je voudrais d'abord lui faire des examens neurologiques et parler aux médecins réanimateurs avant de prendre une décision. Entre-temps, les visites sont interdites.

– Mais vous croyez… ?

– Je vais procéder à quelques tests, Svetlana, je crois.

– Oui, docteur Hartom. »

« Quelle garce ! Tu l'as entendue, Fahmi ? Ne pars pas. Fahmi, tu m'entends ? Ne me quitte pas maintenant. »

Le lendemain, je me suis rendu au Ramoon – *La Grenade.* J'ai mangé lentement en savourant chaque bouchée. La cuisine de Ramallah me manquait, mais celle-ci en était assez proche : des salades fraîches, des steaks meilleurs que ceux du bar de Tel-Aviv, et un excellent café que j'ai siroté à petites gorgées. J'ai entendu l'un des serveurs héler le propriétaire. Il était tard, j'étais le dernier client. Avi était attablé en compagnie de trois autres, qui parlaient et rigolaient de plus en plus fort à mesure que la soirée avançait. J'ai bu un second café sans savoir comment orienter la conversation sur Tamer Sarsur. Le serveur en chemise blanche et pantalon noir s'est approché avec le regard méfiant des gens du cru pour les Cisjordaniens. Il sentait l'arak à plein nez.

« Tout va bien, monsieur ?

– Oui, merci. L'addition, s'il vous plaît. »

Je lui ai tendu un gros billet et lui ai laissé un pourboire ridiculement généreux quand il est revenu avec la monnaie. En voyant ses yeux briller, j'ai su que c'était le moment ou jamais.

« Dites-moi, connaissez-vous Tamer Sarsur ? »

Le serveur a brusquement relevé la tête.

« Tamer ? Bien sûr ! Que lui voulez-vous ? (Il a apostrophé les autres.) Hé, il connaît Tamer Sarsur ! Merci, monsieur, a-t-il ajouté en comptant l'argent.

– Qui connaît Tamer Sarsur ? » a tonitrué Avi.

Le serveur m'a désigné du geste.

« Vous le connaissez d'où ?

– De Tel-Aviv. Mais je ne le…

– C'est lui qui vous a envoyé ? a demandé quelqu'un d'autre.

– Pas vraiment. Je l'ai rencontré il y a quelque temps en ville. Il m'a parlé du restaurant et j'ai décidé d'essayer. C'est tout. »

Ils me dévisageaient sans réagir. Je me demandais comment relancer la conversation.

« Vous le connaissez tous ? »

Avi a pouffé de rire.

« Bien sûr qu'on le connaît. Depuis qu'on est grands comme trois pommes. Vous l'avez vu à l'hôpital dans son uniforme d'infirmier ?

– Oui. Ça lui va bien. »

Ils se sont tous mis à ricaner.

« Et vous connaissez aussi l'échoppe de fruits et légumes d'Amin ?

– Naturellement. Tout le monde les confond. Ils réclament des légumes à l'hôpital et un massage chez le marchand. »

Ils se sont gondolés de rire et j'ai remercié *in petto* Croc de m'avoir mis au parfum. Avi m'a envoyé le serveur avec une bouteille d'arak et un verre.

« Je me demande si la vieille arrive à les distinguer, a lancé quelqu'un.

– Et s'ils la sautaient tous les deux et qu'elle n'y voyait que du feu ? » a ajouté un autre.

Ils ont été pris d'un fou rire à n'en plus finir, le genre de rire homérique des hommes quand ils sont entre eux. J'ai souri sans trop comprendre. Avi, les larmes aux yeux, m'a demandé si je connaissais la vieille dame.

« La vieille dame ? Non, je ne l'ai pas vue. C'est qui ?

– La vieille Juive que baise Tamer. Il ne vous l'a pas dit ?

– Il n'arrêtait pas de s'en vanter au point qu'on lui a dit d'aller tenter sa chance à la maison de retraite

– Pense à vérifier après qu'elle est toujours en vie », a renchéri un moustachu, les cheveux aux épaules.

Une fois qu'ils se sont calmés, Avi m'a expliqué toute l'histoire. Tamer s'était vanté de coucher avec une femme juive à Tel-Aviv. Avi s'était mis à mimer la scène devant les autres, qui ont feint d'être épatés. Et quand ils ont appris qu'elle avait cinquante-quatre ans – lui en avait vingt cinq, ils n'ont pas arrêté de le chambrer. Il n'en a plus jamais parlé. J'ai pouffé à mon tour. Un rire aviné, fraternel et viril, un rire de fin de journée ; pour moi, c'était aussi un rire de libération, de soulagement. J'avais rempli mon contrat. Un petit détail dans leurs discours m'avait mis la puce à l'oreille. L'indice que Croc et son ami chauve cherchaient vainement. Je disposais d'un prétexte pour leur fixer un rendez-vous au bar BaraBush.

41

« BINGO ! » s'est exclamé Bar.

Difficile de dire s'il avait compris ou entendu quelque chose que je n'avais pas percuté. Deux jours auparavant, Fahmi avait téléphoné pour annoncer qu'il y avait du nouveau. Il proposait un rendez-vous au bar Bara-Bush, où les jolies femmes commandaient des *Orgasmes*. Nous sommes convenus du jeudi suivant et je suis passé le prendre à l'entrée du village. Au bar, il y avait une fête sud-américaine, le bruit était insupportable. L'endroit était bondé et l'acoustique assourdissante. Un cocktail détonant ! Il fallait littéralement coller l'oreille contre la bouche du voisin pour s'entendre. Bar était assis à côté de Fahmi, qui parlait de sa voix douce avec son accent chantant. Il avait appris que Tamer baisait une femme à Tel-Aviv. « Elle a cinquante-quatre ans ! » a-t-il précisé avec un grand rire. Bar et moi avons haussé les sourcils. Fahmi a dû ajouter quelque chose que je n'ai pas saisi, car Bar avait écarté les bras en criant : « Bingo ! »

J'étais dans le cirage, si absorbé par l'énigme de Guetta que j'étais totalement imperméable à ce qui se passait à Time's

Arrow. Ce jeudi matin-là, j'ai fini le projet belge et l'ai expédié à Guy. Nous l'avons revu ensemble. Après quoi, je lui demandé quel était le prochain programme.

« Le prochain ? Je ne sais pas. Il n'y a pas grand-chose à se mettre sous la dent en ce moment.

– Ah bon ?

– Tu n'es pas au courant ? »

Je l'ignorais. Au déjeuner, j'ai commandé un repas thaï que j'ai partagé avec Talia Tenne. Elle avait teint ses cheveux en rouge et verni ses ongles et ses doigts de pied de la même nuance. Le néon qui éclairait la petite cuisine révélait les premières rides sur sa peau claire couverte de taches de rousseur.

« En quel honneur ce déjeuner ? a-t-elle demandé.

– Tu pourrais m'expliquer ce qui se passe ici ?

– Je voudrais bien, seulement il n'y a presque rien à dire. Ils n'arrivent plus à commercialiser notre système. Les Indiens sont en train de tuer le marché. La réduction des effectifs et le déménagement à Rosh Ha'Ayin ont certes limité les dégâts pendant quelques mois, mais les investisseurs sont de nouveau sous pression. Jimmy est très stressé. Hier, il a engueulé Yoni Bronco parce qu'il aurait raté son coup avec les Scandinaves. Les Belges ne sont pas contents non plus. Ils auraient l'intention de nous laisser tomber. Le bruit court qu'ils auraient reçu une offre d'une autre société israélienne. Regarde tes mails, Croc, il y a une réunion cet après-midi. Ce n'est plus comme au bon vieux temps, Croc. Tu ne l'avais pas compris ? »

Non, je n'avais pas compris. Les cris, les changements d'humeur de Jimmy m'avaient complètement échappé. Quant à Yoni Bronco, je n'avais pas la moindre idée de son identité. Une seule chose était sûre en ce moment précis – la cuisine thaï n'était pas mauvaise du tout.

Au cours de la réunion, j'ai remarqué que Jimmy était moins enthousiaste, moins brillant que d'habitude. Il expédiait les affaires courantes, mais le cœur n'y était pas. Le grand Rafraf, le cerveau de la gestion du temps dans l'armée de l'air, le roi de Time's Arrow, monsieur *Chaque seconde compte* ressemblait à un homme brisé dans son élan.

« Connaissez-vous la loi de Hofstadter ? » a-t-il questionné. Seul le silence lui a répondu. « La loi de Hofstadter déclare que : “Ça prend toujours plus de temps qu'on croit, même si on prend en compte la loi de Hofstadter.” » Il a embrassé la salle du regard. Personne ne bronchait. « Et ça veut dire quoi, à votre avis ? Que les choses prennent plus de temps que ce qu'on prévoit. Ça signifie qu'il faut être patient. Même moi, qui me répète la loi de Hofstadter tous les matins pendant que je fais des pompes en regardant le journal sur la deuxième chaîne, je perds patience. » La voix de Jimmy, de plus en plus péremptoire, montait dangereusement dans les aigus, comme si quelqu'un avait augmenté le son au maximum. « Écoutez, a-t-il repris plus calmement. Aujourd'hui, personne n'a plus le temps. D'après un récent sondage, soixante pour cent des Européens manqueraient de temps. Y compris la Venture Capital Fund, l'un de nos investisseurs – Venture Capital Fund, quel nom ridiculement long, il faut au moins une seconde et demie pour le prononcer, c'est beaucoup trop. Ils sont sur les charbons ardents. Ils nous ont financé pour une durée de douze mois et, maintenant, ils veulent des résultats. Ils s'attendent à ce que je concrétise mes promesses – le Fed-Ex du vingt-et-unième siècle.

Jimmy a avalé une gorgée d'eau. « Tu comprends maintenant ? » m'a interrogé Talia du regard. J'ai acquiescé d'un signe de tête.

« Pourquoi courons-nous comme des dératés ? a repris Jimmy. Parce que nous vivons dans la terreur : la terreur du temps, du temps qui finit, la terreur de la mort. Nous avons peur du temps, nous cherchons le réconfort dans les structures que nous avons créées de toutes pièces, le cadre des heures et des jours, le début et la fin imaginaires des événements. Nous nous évertuons à fuir cette situation en dormant, en rêvant, en buvant, par la méditation ou les croyances mystiques. Ou alors nous nous tuons au travail pour entretenir l'illusion de tout contrôler. »

Je ne me souviens pas du reste. Seulement des bribes. Il a évoqué Chronos, le dieu grec du temps, et des tribus américaines ne possédant pas de termes pour dire « tard », « attendre » ni même « temps », Time's Arrow, une rivière coulant dans une seule direction, du passé vers l'avenir, une succession d'événements impossible à reconstituer. Il a parlé de Stephen Hawking et des dix dimensions. Nous l'écoutions, éberlués, en nous demandant où il voulait en venir ; il filait un mauvais coton, c'était sûr.

Après la réunion, nous sommes allés boire un café dans la kitchenette.

« Dire qu'avant on avalait toutes ses âneries ! a observé Bar. À croire que ça nous motivait. »

Je me suis retenu de dire : Vous voyez bien que ce n'est pas Jimmy qui a changé, c'est nous.

À la fin de la journée, j'ai appelé Fahmi que j'ai retrouvé sur la route de Tel-Aviv. Il portait sur la cuisse une banane en cuir que les randonneurs ont autour de la taille. Nous n'avons pas échangé trois mots pendant le trajet. Il paraissait sur les nerfs. Ce n'était rien, m'a-t-il expliqué. Il était pressé d'arriver.

L'endroit était plein de monde, mais je me suis débrouillé pour trouver deux places dans un angle. Fahmi avait l'air très content. Bar est arrivé. Il a raconté le match du Maccabi et entrepris de révéler à Fahmi les secrets du basket-ball, quand ma sœur Dafdaf m'a appelé et s'est lancée dans une discussion interminable. Elle s'était disputée avec son mari et voulait mon avis. Comme si j'étais un expert en la matière, moi qui n'avais pas réussi à me marier, ni à ne pas le faire, d'ailleurs. Je devinais qu'elle essayait de me dire quelque chose, mais je ne voyais pas quoi. Quelqu'un a augmenté le volume de la musique salsa, et j'ai dû raccrocher. Il était près de minuit quand nous avons finalement abordé le sujet de Tamer Sarsur. Bar a écarté les bras en hurlant quelque chose. Je me suis penché et lui ai crié à oreille :

« “Bingo”, ça veut dire quoi ?

– Hein ?

– Bingo ! C'est bien ce que tu as dit ?

– Tu n'as pas entendu ce qu'il nous a raconté ? »

J'ai secoué la tête.

« On s'en va ? C'est infernal ! Je n'en peux plus.

– Quoi ? »

J'ai indiqué la sortie.

« On s'en va. »

Fahmi avait l'air ahuri.

« On part déjà ? Pourquoi ? »

J'ai collé ma bouche contre son oreille.

« On ne s'entend pas. On file !

– Non, on reste encore un peu. Je veux regarder les filles.

– On va parler dehors. On reviendra plus tard. »

J'ai gagné la sortie en jouant des coudes. Arrivé à la porte, je me suis retourné pour voir Fahmi traînant les pieds derrière Bar, tel un enfant rétif, son sac accroché à l'épaule. Une fois dehors, j'ai eu l'impression d'émerger d'un aspirateur, comme si j'avais manqué d'oxygène pendant deux heures.

Nous avons décidé de gagner la plage du Hilton, où nous avons déniché trois chaises-longues. Nous nous sommes installés en écoutant le bruissement des vagues. L'endroit était désert. Une brise fraîche soufflait de temps à autre, rappelant que l'été touchait à sa fin. J'ai baissé le dossier de mon siège, histoire de prendre un bain de lune, et allumé une cigarette.

« Bon, alors, quelqu'un pourrait m'expliquer ce qui se passe ?

– C'est très simple, a dit Bar. Tamer baise la femme du professeur.

– Non ? Comment le sais-tu ?

– Les amis de Tamer ont raconté à Fahmi qu'il s'envoyait la femme d'*un médecin* de Tel-Aviv.

– Mais il est vieux, il a cent ans au moins. Et elle, elle a quel… ?

– Cinquante-quatre, si j'ai bien compris.

– Donc Tamer couche avec la femme de Warshawski. Quel rapport avec Guetta ? Et ça voulait dire quoi *bingo* ?

– Tu poseras la question à Warshawski, a répliqué Bar.

– Pourquoi moi ?

– Et qui veux-tu que ce soit ? C'est ton problème, pas le mien.

– Pas la peine, c'est très clair, Warshawski a payé Guetta pour qu'il tue Tamer », a lâché Fahmi, allongé sur une chaise-longue entre nous deux.

Nous avons tourné la tête dans un ensemble parfait.

« Quoi ?

– Il y a la question de l'argent. Et ce rendez-vous secret dont personne ne parle. Je vous parie que c'est ça.

– Mais Guetta était un gamin. Il venait de terminer son service militaire.

– Justement.

– Et par quel hasard aurait-il rencontré Guetta ?

– Comment voulez-vous que je le sache ? »

Nous avons gardé le silence quelques minutes.

« Je ne pense pas, Fahmi, ai-je finalement objecté. Ces choses-là n'arrivent pas chez nous. Supprimer une femme adultère n'a pas de sens : nous ne sommes pas… en Afrique.

– N'oubliez pas que c'est un Arabe.

– Et alors ?

– La vie d'un Arabe vaut que dalle. Le docteur a dû en tuer des tas en 1948, donc, un de plus, ça n'aurait pas changé grand-chose. Tamer baisait sa femme juive. C'était une raison suffisante pour l'éliminer. »

Le silence est retombé. Je ne savais plus quoi dire. Fahmi fourrageait toujours dans son petit sac en cuir, qu'il avait tripoté toute la soirée.

« Qu'avez-vous là-dedans, Fahmi ? »

Il a retiré sa main.

« Rien, c'est… euh…

– Vous savez quoi ? » a dit Bar.

Il gardait sa vieille casquette de base-ball sur la tête même par une nuit de pleine lune. Il l'a tournée légèrement de côté.

J'ai patienté en regardant les étoiles, bercé par le ressac des vagues.

« Fahmi a tapé dans le mille.

– Et maintenant, on fait quoi ?

– Pas *on*, Croc, toi. C'est ton problème. Si tu veux mon avis, tu devrais aller à Ichilov pour avoir une petite conversation avec le professeur.

– Et après ?

– Après, on avisera. »

Nous nous sommes attardés encore un petit moment sur la plage. Je songeais au discours surréaliste de Jimmy, tâchant de me rappeler chacune de ses paroles. Il me faisait un peu pitié. Fahmi a interrompu mes réflexions. Il voulait retourner au bar. Je n'en avais pas envie : le bruit me tapait sur les nerfs. Bar n'y tenait pas non plus. J'ai proposé à Fahmi de le raccompagner chez lui.

Il s'est enfermé dans le silence jusqu'à Kafr Qasim. Moi qui pensais que nous avions tissé des liens d'amitié, je commençais à déchanter. À croire qu'il était venu par obligation, comme pour finir le travail commencé à Time's Arrow. Or, cela n'avait rien à voir : nous ne l'avions pas rétribué pour les informations qu'il avait glanées, et il n'avait rien réclamé non plus. Jusqu'à ce soir, la question de Guetta semblait presque une plaisanterie de potache. Je ne comprenais pas ce qui avait changé. Pourquoi s'était-il donné la peine de nous rejoindre à Tel-Aviv si ce n'était pas par amitié ? Quoi qu'il en soit, j'ai préféré ne pas aborder le sujet. Nous avons roulé en silence jusqu'à l'entrée de Kafr Qasim. J'ai ralenti avant de stopper pour le laisser descendre, quand il a fourré la main dans sa petite sacoche en cuir – et c'est la dernière chose dont je me souviens.

42

« B*ONJOUR, MON CHOU. Comment vas-tu ? Voyons voir… Oh, tu n'as pratiquement rien fait. Du coup, j'aurai moins de travail. Mais ce n'est pas bon pour ton corps,* lyubimiy moi.

« C'est un grand jour pour toi. La commission médicale va se réunir pour étudier ton cas. Tout le monde sera là, ce matin. Ta sœur, ta gentille petite amie avec son parfum qui sent si bon, ton père. Bonne chance, mon chou !

« Ya polyubila tebya s pervogo vzglyada, *Fahmi. Le coup de foudre, Fahmi.*

« La commission va s'entretenir avec les réanimateurs et les neurologues. Ensuite, le Dr Hartom présentera ses conclusions au médecin-chef. »

Je ne sais pas trop ce que ça veut dire.

« Fahmi, tu m'entends ? Réveille-toi, sois gentil. Fahmi. Ya lyublyu tebya, *Fahmi.* »

La mosquée Al-Aqsa m'appelle. Lève-toi pour ton peuple, contre nos oppresseurs. Pour toi, mon peuple indestructible, nous combattrons ensemble. Criez fort : Allah Akbar, Allah Akbar ! Nous vengerons chaque goutte de sang, chaque larme versée par une mère privée de ses enfants. Chaque *chahid* disparu sera remplacé par un autre. Vous atteindrez bientôt la félicité éternelle auprès des prophètes. Affrontez la mort d'un cœur fervent. Frappez comme des braves. L'heure est venue…

« Poursuivez, docteur Hartom, je vous en prie.

– Merci, docteur Baram. Le patient a été blessé à bord d'un véhicule. La portière était ouverte, il s'apprêtait probablement à sortir, mais il avait encore un pied à l'intérieur. La localisation de l'explosion a une influence sur le type de lésions. Un espace confiné, comme une voiture, est particulièrement meurtrier.

– Bien sûr, l'implosion provoquée par le vide, en plus de l'explosion. C'est un miracle qu'il soit encore en vie. Et plus étonnant encore qu'aucun membre n'ait été sectionné.

– Exactement. Voilà pourquoi j'ai évoqué la portière ouverte. Il a dû hésiter et jeter la grenade hors de la voiture à la dernière minute avant qu'elle n'explose. L'enquête a situé la localisation de l'explosion à deux mètres du véhicule. Il y avait un autre passager, mais il ne se rappelle pas…

– Attendez, ne me dites pas qu'il s'agit de… comment s'appelle-t-il déjà… Croc… ?

– Si, c'est lui.

– Incroyable. Voyons un peu que ce que nous avons ici.

– Un petit fragment de métal dans le lobe frontal. Vous pouvez voir le point d'impact ici.

– Mmm… je ne l'aurais pas repéré si vous n'aviez mis le doigt dessus.

– Ce qui conforte la thèse qu'il s'est probablement ravisé à la dernière minute. Hormis la blessure au front, les éclats de métal n'ont causé que de légères blessures, ici, là, là et là. Le deuxième

passager a été commotionné et n'a souffert que de simples égratignures.

– Et la fonction cérébrale ?

– J'aurais pu déclarer la mort cérébrale, il y a quelques semaines, mais il réagissait au toucher, à la musique, aux odeurs, aux voix de ses proches.

– Mmm… quel genre de réactions ?

– La transpiration. La dilatation des paupières. L'érection. Des mimiques, des sons inintelligibles… »

J'avais eu un tas d'occasions – au bar, sur la plage, pendant le trajet. J'avais peut-être trop bu. Ou pas assez. J'ai essayé de me soûler pour surmonter la panique. Et puis j'ai tout gâché. Je ne pouvais pas. Il n'a pas ouvert la bouche dans la voiture, et puis nous sommes arrivés à l'entrée du village et après… que s'est-il passé ?

« *Mmm… très intéressant. Et vous dites qu'il y a eu une régression au cours des dernières quarante-huit heures ?* »

Nous nous trouvions sur la plage, Croc, son ami chauve et moi. Le ciel était plein d'étoiles ; il faisait presque aussi clair qu'en plein jour. Maintenant, il fait gris et il pleut à verse. Les muezzins m'appellent à la prière, mais je ne suis pas digne d'entrer à la mosquée. Je jouais avec la goupille de la grenade. J'avais le cerveau embrumé par les vapeurs de l'alcool. Pourquoi ne me passe-t-on plus Amr Diab ? Où est Lulu ? Et Rana ? Ce n'est pas une bonne musulmane, mais elle est si douce. Laisse-moi, mon frère, laisse-moi, papa, je m'en vais…

Croc a stoppé la voiture. Je jouais toujours avec la goupille. J'ai ouvert la portière. Le moment était venu. Je n'avais plus le choix.

Tu es content maintenant, Bilahl ?

Lulu ? C'est toi ? Où es-tu, Lulu ?

« C'est mon anniversaire aujourd'hui, Fahmi, j'ai quatorze ans. Souhaite-moi un joyeux anniversaire. Et dis-moi au revoir. Ils nous ont demandé de te faire nos adieux. Si tu m'entends… »

Notre refuge secret surplombant la vallée du Jourdain. L'hiver arrivera, la pluie tombera, mais quelle importance ? L'air redeviendra comme dans mon enfance. Il n'y aura pas d'armée. Ni de mur de pisé. La vie sera normale, Lulu. Tu grandiras et tu iras à l'université. Papa sera fier de toi. Bilahl sera libéré. J'oublierai Kafr Qasim, Croc, Tel-Aviv, les soldats avec leurs lunettes de soleil sur le nez, les mains dans les poches. Ils m'ont déshabillé et ont enfoncé mes chaussettes dans la fissure entre le plafond et le mur pour colmater une fuite. « Maintenant, tu vois, tu as réellement fait quelque chose pour ton peuple, m'ont-ils dit. Il ne pleuvra plus sur la tête de ceux qui te suivront ici. »

Je respire ton parfum, Lulu. Je peux… oh ! Je sens tes larmes ruisseler sur ma figure, Lulu !

J'ai fixé la grenade un long moment, peut-être une demi-heure avant de quitter la maison. Je l'ai regardée en pensant : ma terre, mon peuple, la *chouhada*, les images d'Al-Manar, la mosquée. J'ai fermé les yeux. Quand je les ai rouverts, elle était toujours là. J'ai ramassé la pomme verte et lisse et l'ai déposée dans un petit sac trouvé au fond d'une armoire de ma chambre. J'ai appelé Rana. Le téléphone a sonné trois fois. Elle a répondu. Je me suis tu. Elle a demandé deux fois : « Qui est-ce ? » J'ai dit « je t'aime » en silence, dans mon cœur, j'ai raccroché et je me suis dirigé vers l'entrée du village, la gorge sèche comme du sable. C'est là qu'il est venu me chercher. Et où nous sommes retournés vers minuit.

« Svetlana, dépêchez-vous, s'il vous plaît. Dites à Monsieur Sabich qu'il est l'heure de… vous vous sentez ? Svetlana ? Je vous en prie ! Reprenez-vous…

– Ça va, docteur Hartom. Excusez-moi. Ça va aller. Monsieur Sabich, si vous voulez bien… Oui, je sais, je comprends. Oh, mon Dieu. Tu vas rejoindre Dieu maintenant, Fahmi… »

Que te passe-t-il par la tête, alors que tu te trouves dans une Polo verte par une nuit claire, une grenade dans un sac en similicuir sur les genoux ? Le doigt dans la goupille, tel un anneau nuptial que tu n'as jamais eu, qu'il n'a jamais eu, qui vous unit par les liens sacrés du mariage, toi et la grenade, la pomme de la connaissance. Quelles réflexions te traversent l'esprit ? Les vapeurs de bière t'obscurcissent le cerveau, les jolies filles de Tel-Aviv dansent en réclamant des *Orgasmes*, le chuchotis des vagues, ces gens qui te disent quoi faire, où aller, en quoi croire, qui haïr, qui devenir. Grand-père Fahmi qui t'a appris l'héroïsme et voulait t'endurcir, maman qui t'a appris l'arbitraire des choses, Bilahl qui t'a appris la haine et exigeait que tu sois un bon croyant, Rana qui t'a appris la tendresse et la vulnérabilité, papa qui t'a appris la patience et rêvait de te voir à Beir Zeit, Lulu qui t'a appris le bonheur et se languissait si fort de toi. Que restera-t-il de toi après que tout le monde t'aura fait la leçon ? Qui étais-tu lorsque tu étais seul, et qu'un âne t'a aidé à rentrer en toi-même ? As-tu échoué parce que ton passé était plus fort que toi, qu'il t'a rattrapé en te demandant des comptes ? Et qui aimerais-tu être à présent, avec l'anneau au doigt et Croc à tes côtés dans sa petite voiture verte ? T'en soucies-tu ? Est-ce tellement important ? Tu cherchais un but dans la vie. Et si, maintenant, tu ôtais le doigt de l'anneau, ouvrais la porte, descendais de voiture pour rentrer chez Wasime et, demain matin, tu repartais au camp, ou à Murair, chercher du travail, manger, dormir, attendre, mûrir, te marier, vivre tranquillement, cela changerait-il quelque chose ? Tu passerais encore des journées et des nuits devant la télévision, les oreilles bourdonnantes de bruit et de fureur, les yeux remplis de scènes sanglantes, une odeur fétide plein le nez, un goût de brûlé dans la bouche. Et si tu fabriquais une bombe ? Si tu pourrissais dans la terre ? Si tu t'inscrivais à l'université ? Si tu partais en Australie ? Si tu balançais ou pas cette grenade ? Cela ferait-il une différence ?

Je quitte le village, Dayek est là, le temps passe au rythme des générations. Lulu, ma petite chérie, Rana, mon amour. Le temps passe en un millième de seconde. Je flotte dans la mer, la plage… la plage a disparu.

43

WARSHAWSKI PARAISSAIT AVOIR PRIS un coup de vieux depuis la dernière fois. Nous avions rendez-vous dans un petit café situé dans une rue latérale. « Pas à l'hôpital », avait-il insisté. Son crâne rose était visible sous ses rares cheveux blancs, sa barbe très soignée. J'ai surpris une lueur de détresse dans son regard, et aussi de la peur – que j'ai mis du temps à identifier. Le professeur Binyamin-Moshe Warshawski avait peur de moi. Au téléphone, je lui avais annoncé que je savais tout sur Tamer, sa femme, Guetta et l'argent.

« Vous voulez me faire chanter, c'est ça ? avait-il demandé.

– J'aimerais vous voir et entendre l'histoire de votre bouche.

– Et ensuite ?

– Ensuite, on verra. »

J'ai commandé un chocolat chaud pour moi et du thé pour lui. Dehors, il faisait beau, mais froid. J'avais recouvré l'ouïe après l'explosion. Au bout de plusieurs semaines de souffrance, mes blessures au mollet, à la cuisse et au bras étaient en voie de guérison. J'avais passé quelques semaines chez mes parents et, depuis mon retour à Tel-Aviv, je vivais avec ma sœur Dafdaf, venue s'installer chez moi, et mon frère, lequel avait effectué tout spécialement le voyage du Maryland. Ils filtraient les appels téléphoniques ou les e-mails provenant de *L'Arche de Noé*, de *À droite et à gauche*, etc. Ils refoulaient tout le monde, y compris Douchi.

« Allez-vous appeler la police ? » s'est enquis Warshawski.

Je l'ai regardé froidement. Il était mort de trouille.

« Je ne sais pas. Racontez-moi d'abord votre histoire.

– Qui êtes-vous ? Pour qui travaillez-vous ? »

Si je voulais apprendre quelque chose, je devais entretenir sa peur. Lui dire la vérité, en revanche, m'empêcherait d'exploiter cet atout.

« Nous sommes qui nous sommes. Quant à nos commanditaires, vous comprendrez que je ne puisse pas vous révéler leur identité. Quoi qu'il en soit, ne vous frottez pas à eux ou il vous en cuira, conseil d'ami. »

Il m'a demandé une cigarette. J'ai haussé des sourcils étonnés, mais je lui en ai offert une. Ses mains tremblaient.

« Je ne devrais pas fumer », a-t-il remarqué.

J'ai patienté sans mot dire. Il a fini par se lancer :

« J'ai découvert que ma femme avait une liaison. Certains signes ne trompent pas. Elle rayonnait littéralement. Dvora répète toujours que j'ai un œil de lynx. J'ai aussi une excellente mémoire. Il fumait, les yeux baissés, la cigarette vacillant entre ses doigts. Vous ne pouvez pas comprendre...

– Donc, vous avez découvert que votre femme entretenait une liaison ?

– C'était... la goutte d'eau... Nous étions au bord de la rupture... Ce pays... »

Il y avait quelque chose de troublant chez ce type. Je commençais à regretter d'être venu sans Bar. Je me sentais complètement dépassé.

« Et Dvora ? »

Il s'est massé les yeux derrière les verres de ses lunettes.

« Un jour, je suis retourné chez moi dans la journée. Cela ne m'arrive jamais, même si j'habite à côté de l'hôpital. J'étais très fatigué à cette époque… Je l'ai vu sortir de l'immeuble au moment où j'arrivais. Dvora était à la maison en robe de chambre. Elle travaille à la boutique du musée de Tel-Aviv. Elle ne rentre jamais au beau milieu de la journée, encore moins pour enfiler une robe de chambre. Elle m'a raconté qu'elle ne se sentait pas bien, mais je ne suis pas idiot. Je suis resté un petit moment avant de repartir. Trois ou quatre jours plus tard, je l'ai croisé dans les couloirs de l'hôpital en uniforme d'infirmier. Je ne l'ai pas reconnu du premier coup, et puis la mémoire m'est revenue. Le badge accroché à sa poitrine précisait qu'il s'appelait "Tomer". En menant ma petite enquête, j'ai appris qu'il était employé à mi-temps en kinésithérapie. Quelque chose m'intriguait. J'étais certain de l'avoir déjà vu quelque part. Son frère est marchand de fruits et légumes, l'échoppe en face de l'hôpital. »

Warshawski m'a dévisagé, l'air très content de lui.

« Et Dvora, comment a-t-elle réagi ? »

Il cherchait ses mots.

« C'est une… longue histoire… Il faudrait que je vous raconte ma vie, ce qui me prendrait une bonne semaine au moins. Je… Notre mariage battait de l'aile… Ce n'était pas la première fois. Si je n'étais pas tombé sur lui à l'hôpital, je n'aurais jamais…

– O.K., j'ai compris, ai-je menti. Que s'est-il passé ensuite ?

– J'ai rendu visite au primeur en face, et là tout est devenu clair. J'ai raconté à Amin qu'il avait un sosie à l'hôpital en la personne d'un infirmier. Il m'a appris que c'était son frère Tamer.

« Tamer ? Je croyais qu'il s'appelait Tomer ?

– Tomer, pour ne pas avoir de problème, vous voyez ? » a précisé Amin.

Je voyais. Je suis sorti et j'ai fait quelques pas dans la rue avant de m'effondrer sur un banc. J'avais la nausée... J'étais mortifié...

Warshawski a relevé la tête et m'a dévisagé. J'ai soutenu son regard sans broncher.

« Ce pays... Écoutez... Je ne connais pas vos opinions. À l'hôpital, je préfère tenir ma langue. Il y a une chasse aux sorcières contre ceux qui osent dire que nous sombrons dans le gouffre. Nous avons besoin d'un leader fort, un homme à poigne qui remette de l'ordre. Avez-vous lu *Loup gris*, la biographie de Mustafa Kemal Atatürk ? »

J'ai secoué la tête.

« Vous savez de qui il s'agit ?

– Le... ah oui, le Turc. »

Mal à l'aise, j'ai jeté un rapide regard circulaire. Le café était presque désert. Warshawski s'est penché en avant.

« Lisez-le, jeune homme. Le sous-titre est éloquent : *Étude intime d'un dictateur*. Je vais vous dire une chose... parcourez aussi *Mein Kampf*, a-t-il ajouté à mi-voix. J'ai les enregistrements des discours d'Hitler. Je peux vous les prêter, si vous voulez. Je n'ai pas besoin qu'on m'explique qui était Hitler, mais il faut être aveugle pour ne pas voir que nous avons un autre Weimar ici. L'humiliation, la honte, le peuple floué par des gouvernements faibles, le contrôle des médias par la gauche, le sexe, l'hédonisme qui deviennent des valeurs refuges, la *peur*... »

Il a pêché une autre cigarette dans mon paquet.

« Vous ne devriez pas fumer autant. »

Il a éclaté de rire.

« Je sais. »

Je n'avais plus envie de l'entendre. On aurait dit que la peur changeait de camp, qu'elle l'avait quitté pour s'insinuer en moi.

« Une nuit, j'ai songé mettre le feu à la boutique d'Amin, a expliqué le professeur. J'ai pensé m'en prendre directement à Tamer. Des rats m'empoisonnaient l'esprit, me rongeaient la cervelle, me soufflant mille projets plus farfelus les uns que les autres. Comprenez-moi. Acheter des fruits et des légumes à Amin ne me posait aucun problème. Ça me rappelle le jour où il y avait eu un attentat à Jérusalem. Je regardais la télévision et j'aurais voulu que… On est là, impuissants… Qu'ils aillent tous au diable, le monde entier et les autres… Les Arabes se fichent de nous. Il faut leur donner une leçon. »

Warshawski avait retrouvé sa voix. Il ne bafouillait plus, sa confession devenait un monologue.

Il était enfant quand sa famille avait quitté la Pologne et immigré en Israël à la fin de la Seconde Guerre mondiale. Il n'avait aucun souvenir de l'Europe, mais il se rappelait très bien son enfance en Israël : les célébrations du Jour de l'Indépendance, les attaques constantes des Arabes à Hadera. Ses parents appartenaient au mouvement clandestin *Etsel* à l'époque glorieuse. Au début des années soixante, il était opérateur radio à l'armée, à la base de Tsrifin. Voir les premiers colons célébrer la Pâque à Hébron, d'autres s'installer à Sebastia quelques mois plus tard l'avait rempli de fierté. Il était arrivé à la médecine nucléaire tout naturellement : sa mère voulait un fils médecin, et il était trop obéissant pour s'insurger. Le diplôme, la spécialisation, sa femme, les enfants. « Vous avez des enfants ? » Il s'est contenté de hocher la tête. Il demeurait une énigme. C'était un homme ordinaire, intègre, respectable, qui s'ingéniait à se détacher de sa personnalité. L'autre facette, la vraie, semblait liée à *Mein Kampf* ; et puis il se posait en donneur de leçons.

Il a commandé un autre thé et s'est servi dans mon paquet de cigarettes sans me demander la permission. Ses doigts tremblaient toujours – pas de peur, mais à cause de l'âge. L'e-mail que Bar m'avait envoyé ce matin-là m'est revenu en mémoire : Binyamin-Moshe Warshawski = l'Arabe l'a baisée. Ce n'était pas drôle.

« Et Guiora Guetta ?

– J'ai fait sa connaissance à Jérusalem. Je devais donner une conférence à l'hôpital Hadassah. Ils venaient d'installer un nouveau système, une merveilleuse machine. Notre département à Ichilov l'utilisait depuis un an – nous étions les pionniers en la matière. J'étais donc l'expert. Il s'agit d'une tomographie par émission de positrons avec un accélérateur de particules. Nous avons été parmi les premiers à employer cette technique. C'est un système unique, très complexe, qui offre une cartographie complète du corps, de ses pathologies, c'est… (Il a gloussé en surprenant mon regard.) Comme je devais rester trois jours à Jérusalem, j'ai préféré loger à l'hôtel King David plutôt que d'effectuer les allers et retours au milieu des bouchons. Guetta était l'un des vigiles de l'hôtel. Je ne l'ai pas remarqué le premier jour ; on ne fait pas attention à ces gens-là. Le lendemain matin, nous avons un peu bavardé dans le hall. Il voulait prendre une boisson au distributeur automatique. Je lui ai donné le shekel qui lui manquait. C'était la fin de l'été, il faisait très chaud, il y a un an environ. “J'ai une dette envers vous”, a dit Guetta. J'ai balayé cette allégation d'un revers de main : “Voyons, vous ne me devez rien. À votre santé.” Ce soir-là, je me suis mis à réfléchir. Jérusalem me déprime toujours. J'ai pensé à Dvora, à ce gamin… » On aurait dit qu'il revivait la scène. « À mon retour d'Hadassah, le soir suivant, je l'ai invité à boire un café avec moi à la fin de son service. Il m'a regardé d'un drôle d'air. Ce n'est pas ce que vous croyez, me suis-je dépêché de dire. J'ai peut-être du travail pour vous. »

Warshawski a retiré ses lunettes, qu'il a essuyées avec un pan de sa chemise. J'ai avalé une gorgée de ma seconde tasse de chocolat. J'étouffais, la poitrine comme dans un étau. Je revoyais Guetta à côté de moi dans le minibus, me montrant son Palm Pilot ; Shouli serrant sa tasse entre ses mains au café.

« Vous allez bien, jeune homme ? » s'est inquiété Warshawski.

J'ai fait oui de la tête.

« Guiora Guetta venait de finir son service militaire, a continué le professeur. Agent de sécurité, comme vous le savez, est l'un de ces jobs subventionnés par le ministère de la Défense afin de faciliter la reconversion des jeunes soldats récemment démobilisés. Il réfléchissait à ce qu'il ferait après. Il envisageait de créer une entreprise ou devenir programmeur en informatique. Il avait servi dans la police des frontières. On le surnommait *The Killer*. Il avait gravé trois X sur le canon de son fusil et passé deux ans à Gaza, où il en avait vu des vertes et des pas mûres. "Si tous ces gauchos venaient une semaine à Gaza, ils changeraient d'avis vite fait", m'a-t-il confié. L'occasion rêvée. Quelle chance ! Je n'étais pas venu à Jérusalem pour rien et n'avais pas rencontré ce jeune homme par hasard. Vous comprenez ? Je lui ai dit que j'avais besoin de ses services, offre qu'il ne pourrait pas refuser. Il y avait une grosse somme à la clé, mais c'était top secret. Je lui ai proposé un rendez-vous à Tel-Aviv pour en discuter. "Ne vous inquiétez pas, c'est tout à fait dans vos cordes, ai-je précisé. Voici un chèque de mille shekels pour la peine et le prix de votre discrétion. Quelle que soit votre décision. Vous pouvez disparaître, si ça vous chante. Sachez qu'il y a encore beaucoup plus d'argent en jeu." Pour finir, j'ai pris son numéro de téléphone et son adresse e-mail. »

J'ai demandé à Warshwaski de ne pas bouger, le temps que j'aille aux toilettes. J'ai regardé le jet d'urine arroser la porcelaine blanche en réfléchissant à la situation : je me retrouvais un beau matin dans un café, en compagnie d'un Juif polonais féru de Hitler qui avait engagé un gamin pour supprimer l'amant de sa femme, et ma présence s'expliquait par le fait que j'étais tombé amoureux de la petite amie dudit gamin – ce qui, d'une certaine façon, avait provoqué le décès de cette jeune femme – laquelle m'avait demandé de découvrir ce que son chéri fabriquait le jour où il avait été victime d'un attentat dans un minibus, où je me trouvais également. Adultère, assassinat, attentats-suicides : c'était monnaie courante. Plus surprenant, en revanche, était le rôle que je jouais dans l'histoire, puisque c'était moi qui faisais le lien entre les différents personnages, dans les toilettes d'un café en plus, vous parlez d'une incongruité…

« Nous nous sommes retrouvés au *Coffee Bean*, rue Yehuda Maccabi à Tel-Aviv, comme vous n'êtes pas sans le savoir, mon jeune ami, a repris Warshawski à mon retour. Je lui ai dit tout ce qu'il devait savoir sur Tamer et lui ai offert trente mille shekels, dont dix mille d'avance. Il ne s'est même pas donné le temps de la réflexion. C'est comme ça. Il a entré les coordonnées de Tamer dans son petit agenda électronique. Une fois d'accord sur la date, nous nous sommes serré la main. J'avais la frousse. Guetta était parfait, vous savez. Il était jeune, mais expérimenté, enthousiaste et sérieux. Il n'avait rien à voir avec la pègre et n'avait pas l'air d'un assassin non plus. C'était un job sur mesure. Il avait déjà tué, et trente mille shekels représentaient une fortune pour lui. Trouver une arme serait un jeu d'enfant, m'a-t-il assuré. Il était impressionnant, sûr de lui, beau, déterminé. Un vrai Juif. »

Je n'étais guère plus avancé, maintenant que je savais ce que Guetta était venu faire à Tel-Aviv. J'ai considéré le professeur polonais sans émotion particulière. Combien de temps Bar et moi avions-nous passé à « enquêter » ? Et maintenant que le mystère était résolu, je n'éprouvais rien. J'ai demandé l'addition et insisté pour payer. Nous avons enfilé nos manteaux et sommes sortis dans le froid.

« En fait, j'avais changé d'idée avant même de savoir que Guetta était mort, a signalé Warshawski, tandis que nous arpentions le trottoir. J'ai vainement essayé de l'appeler. Je lui ai laissé un message, j'ai envoyé un e-mail. Quand j'ai lu dans la presse qu'il était mort à cause des Arabes, je me suis senti coupable. J'avais commis une terrible erreur. À Jérusalem, par exemple, quand j'avais eu la certitude qu'il me fallait agir. La vie vous envoie parfois des signes qu'on pense savoir déchiffrer, vous comprenez ? Encore une jeune vie perdue à cause de ce maudit pays défaitiste. »

Et maintenant, qu'allais-je faire ? me suis-je demandé. J'étais bien avancé. Warshawski, en mode automatique, continuait à déballer sa vie. Un vrai déluge de mots. On aurait dit qu'il ôtait un poids de sa poitrine. Je me suis gardé de l'interrompre.

« Dvora et moi sommes toujours ensemble, si l'on peut dire. Elle m'a tout avoué. J'ai feint l'ignorance. Au fond de moi, je lui avais déjà pardonné. Elle m'avait profondément blessé, mais j'avais eu ma revanche à son insu. Un ou deux jours après l'attentat, j'ai reçu un appel de la petite amie de Guetta : elle voulait savoir pourquoi il se rendait à Tel-Aviv. J'ai raccroché et jeté le portable à la poubelle. J'ai changé de numéro dès le lendemain.

– Je dois y aller, ai-je dit sur un ton d'excuse.

– Qu'allez-vous faire ?

– Je ne sais pas. »

J'ai tourné les talons et pris le boulevard King David pour rentrer à la maison. C'était le milieu de l'après-midi. Guy m'avait promis de m'appeler s'il avait besoin de moi à Time's Arrow. Il ne l'a pas fait. J'ai retiré le chèque d'Itzik du tiroir de ma chambre : à ce rythme, j'aurais sans doute besoin de l'encaisser. Je me suis affalé sur le divan, ne sachant que faire. Je manquais d'énergie pour m'occuper de Warshawski. J'ai songé à tout raconter à Almaz, mais j'y ai renoncé. À quoi bon ? Guetta était mort. Le téléphone a sonné, je n'ai pas répondu. Que Warshawski perde son travail ou se retrouve en prison ne changerait rien. Cela ne me concernait plus. J'en avais fait assez. J'ai jeté un regard circulaire sur les murs blancs et nus, et pris une profonde inspiration, les yeux clos. J'ai effleuré machinalement la cicatrice sur mon front. J'ai repensé à Shouli. Le moment où nous nous étions frôlés en changeant de place parce qu'elle voulait regarder la rue… son sourire. Une douleur sourde m'a envahi. Le téléphone a sonné encore une fois. J'ai décroché. C'était mon frère.

Nous sommes allés chercher Dafdaf à son bureau dans la voiture de location de mon frère, avant de prendre la route de Jérusalem.

Maman nous attendait à l'entrée.

D'après les médecins, c'était un infarctus relativement mineur. Papa était couché dans son pyjama d'hôpital. Il était livide, un tube respiratoire dans le nez. Il m'a regardé. J'ai saisi sa main glacée et j'ai éclaté en sanglots incoercibles. Je suis sorti. Une infirmière en larmes était assise dans le couloir. Une Russe. Elle m'a considéré comme pour me supplier de me calmer, me réconforter ou se consoler elle-même. Seulement je n'arrivais pas à m'arrêter. Elle non plus.

Composition et mise en pages : FACOMPO, LISIEUX

Achevé d'imprimer en septembre 2011
sur les presses de Normandie Roto Impression s.a.s.
61250 Lonrai
pour le compte des Éditions Payot & Rivages
106, bd Saint-Germain - 75006 Paris
N° d'imprimeur : 11-3379
Dépôt légal : octobre 2011

Imprimé en France